日本近世史を見通す

4 地域からみる近世社会

岩淵令治・志村　洋【編】

吉川弘文館

刊行にあたって

日本近世史の研究は、豊かな成果をうみ出している。

時の経過とともに、研究する側での関心の持ち方や、問題意識といえるようなものも、当然変化してきている。そうした変化に伴って、さまざまな研究の成果も、豊富かつ多様にもたらされたのであった。こうした、現在の歴史学研究の成果を、そして近世史研究がこれまでに到達した見地を、このシリーズでは集成してみたい。

しかし、こうした豊富さは、その反面で否応なしに、大きな課題をも出現させている。きわめて多様な研究成果のすべてを見渡して論じることが困難になり、従来「研究の個別分散化」といわれてきた事態を克服することもまた、非常に難しくなった。専門家は、以上の状況に苦慮しつつも、日日なんとか対応しているのだが、一方ではそれぞれ専門とする分野も大きく分け隔てられたままであり、また研究分野の間で充分な相互理解が確保されているとは、とうてい言い難い面があるのもまた、現状である（政治史研究と社会史研究のギャップは、その最たるものであろう）。また従来、近世の初期から幕末期までを貫いて見通すような、通史の観点が現れていないことも問題視されていた。世界史と連関させて近世日本をとらえるアプローチも、いまだ不充分である。近年、シリーズ企画や研究講座のような出版物が相次いで企画されてきたにもかかわらず、このような問題の所在は、大きく変わっていないのではないか。本シリーズではひとまず、こうした認識の上に立って、それぞれの専門的な研究成果をただ持ち寄るのにとどまることなく、視角や問題意識についても可能な限りでの総合化を目指し、近世という時代を見通すことをねらっている。

このシリーズでは、時代をみていく視角を総合化する試みとして、次のような工夫をこらしている。全体を七巻から構成するものとし、最初の三巻については、歴史の通時的な経過を示す、通史的な研究の成果にあてている。続く四巻から六巻までは、テーマ別の編集とし、この時代を考えるうえでは不可欠と思われるような、重要な研究動向を取りあげた。以上の全巻をあわせ読むことで、大きく展望を得たいというのが、ここでの考えである。参考文献の提示などは必要な限りでの提示にとどめ、全体にわたって、一読して理解しやすい内容を、幅広く盛り込むことを期した。また、最終巻の七巻では、シリーズ全体での議論を集約し、関連する問題についての討究を行ったうえで、近世史研究において今後に残された課題についても検証することとしたい。

まず、劈頭《へきとう》に位置する**第一巻『列島の平和と統合―近世前期―』**では、おおよそ織豊《しょくほう》政権の時代から四代将軍・徳川家綱《とくがわいえつな》の時代まで、すなわち一六世紀末から一七世紀後半までの時期を扱っている。近世社会における秩序の形成について、政治過程や対外関係を中心として論じ、「平和」の到来と軍事体制との関係、キリスト教禁教と対外方針の転換にまで説き及んでいる。続く**第二巻『伝統と改革の時代―近世中期―』**では、元禄時代と呼ばれる将軍綱吉《つなよし》の時代、つまり一七世紀末以降、田沼《たぬま》時代と呼ばれる一八世紀後半までの時期を取りあげる。長期にわたって社会の伝統化が進行する一方、初発の危機的な状況を迎えて、幕政・藩政ともに改革政治による対応を余儀なくされる段階である。通史の最後は、**第三巻『体制危機の到来―近世後期―』**が、対応している。一九世紀以降、「大御所《おおごしょ》時代」と呼ばれる時期に深化した政治的・社会的矛盾のなか、到来した対外危機に対して近世国家による対応はどのようなものであったか、また巨大な世界史的動向のなかで、幕末の政治変動はいかなるものとなったかが問題とされる。

研究史上に大きな位置を占めている、重要なテーマ群にあたっては、次の各巻を用意した。**第四巻『地域からみる近世社会』**では、研究史の焦点の一つであった地域社会論を中心に論じている。都市と農村、社会と支配権力のあり方について、広く目配りを効かせての解明を進めている。**第五巻『身分社会の生き方』**は、最重要課題の一つである身分論をベースとして、近世に生きた人びとの生活過程に踏みこんだ検討を行っている。諸集団と個人、人・モノ・カネの動き、生死に関わる状況といった問題群に注意したい。**第六巻『宗教・思想・文化』**では、近年に格段の進展をみせた宗教史と思想史における研究、その双方をともに見渡して、近世文化史全般にもわたる総合的な見地を獲得することをめざしている。分野横断的な論点の提示がますます期待されるところである。以上、政治史研究や国家論の検討にもとづく成果を盛り込んだ通史的研究の巻のみならず、近世社会の重要な諸動向を追究したこれらテーマ別の巻をあわせて提示することで、総合的かつ動態的な歴史過程の把握をめざしたい。

本シリーズの刊行をもって、既存の研究動向をことごとくカバーしたなどと豪語するつもりはもちろんない。全体としての構成には充分に反映しきれなかった研究視角や動向が、なお多く存在していることは承知している（ジェンダー・環境・災害・医療の歴史など）。しかし、今回ここに集成したような数々の論点に向き合うことを抜きにして、今後の研究を前進させることは難しいだろう。本シリーズでの見地から発して歴史像が広く共有され、そのうえでいっそうの議論が喚起されるよう、強く願うものである。

荒木裕行　岩淵令治
上野大輔　小野　将
小林准士　志村　洋
多和田雅保　牧原成征
村　和明　吉村雅美

目次

第5章　諸身分の交点としての江戸〈久保町〉　岩淵令治……117

プロローグ

地域からみる現代社会

志村　洋
岩淵令治

過ぎ去った近世

「村落史？　なぜそんなマイナーなテーマを研究しているのですか？」

二十数年前に筆者の勤めていた大学で教室の最前列にいた学生から投げかけられた言葉である。当時の筆者の勤務校は、学生たちがトカイナカ（都会と田舎の中間という造語）と評した北関東の地方都市にあった。マイナー云々は退屈に感じられた授業のせいではあろうが、地方のトカイナカの街に住む若者にとっても、村社会はもはや縁遠い世界であった。それから二〇年ほどが経った今、村落史のみならず、近世史という学問領域そのものが、現代の私たちの社会とは直接関わりのない、狭いアカデミー内の一分野として一般的には意識されるようになってきた。

かつて、終戦間もない頃には、近世史研究は現実社会の諸課題を考察する有力な方法として期待をもって社会に受け入れられていた。そして、その中心の一つに村に関する研究が存在していた。農山漁村の衰退が明らかとなった高度成長期になっても、村を対象にした研究は近世史研究のなかで重要な位置を占め続けてきた。しかし、少子高齢化社会に突入し、「限界集落」や「地方の消滅」までもがささやかれる現在、近世の村や地域を問題にする意味はどこにあるのだろうか。

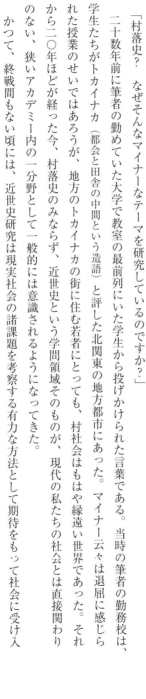

地域とは

地域とは何をさす言葉なのであろうか。江戸時代には農村部は「地方《じかた》」もしくは「在方《ざいかた》」、都市部は「町方《まちかた》」と呼ばれた。近世史研究で地域が自覚的に取り上げられるようになったのはそう古くはなく、一九七〇年代といわれている。

戦後歴史学の黎明期である一九五〇年代には、封建遺制の克服と近代的個人の形成が人文社会諸科学での主要な検討課題であった。日本近世史の領域では、戦前の日本資本主義論争の系譜をひく幕末農村経済史や、世界史の発展法則理解にもとづいた太閤検地研究などが注目され、西欧的な封建時代とは異なる日本固有の時代区分として「近世」という概念が定着するようになった（朝尾直弘『日本近世史の自立』校倉書房、一九八八年）。

郷土史・地方史・地域史

そうしたアカデミズムでの動向とは別に、日本各地には戦前期より郷土史家による郷土史研究の伝統があった。しかし一九五〇年代以降、郷土史はお国自慢的、非科学的などの批判をうけて、科学性にもとづいた「日本史研究の基礎」を標榜する地方史へと変わっていった。以後、地方史研究者によって身のまわりの事物についての実証的な歴史研究が深められていったが、アカデミズム史学の下部構造ではないかという批判も同時に存在した。

一九六〇年代、現代日本の経済的発展を肯定面のみで捉えようとする近代化論的な言説が内外でもてはやされるようになると、アカデミズムでも大きな変化が起きた。現代人の克服すべき課題はもはや封建遺制などではなく、独占資本に支えられた国家であるという認識が一般化し、研究上の焦点も国家支配の諸特質を解明しようとする国家史へと移っていった。また、そうした国家史研究への傾倒に異を唱えるかたちで、一九七〇年代には、現代社会の中央集権的性格を批判する地域主義の立場から、一国史的な国家史を相対化する視角として地域史が提起されるようになった。

地域の把握方法をめぐる諸潮流

一九八〇年代になると、国家論と地域史的研究とが融合するようなかたちで新たな研究が展開していく。〝国家〟と人々の生活の場である〝社会〟とがせめぎ合い、時にはもたれ合う場として、〝地域〟が捉えられるようになったのである。なかでも一九七〇年代末以降に登場した幕領組合村研究（久留島浩『近世幕領の行政と組合村』東京大学出版会、二〇〇二年）

と、非領国地域における国訴《こくそ》・郡中議定《ぐんちゅうぎじょう》研究（藪田貫『国訴と百姓一揆の研究』校倉書房、一九九二年、平川新『紛争と世論』東京大学出版会、一九九六年）は、一九八〇年代以降に興隆する地域社会研究を導く大きな呼び水となった。近世後期に幕領の村々が自主的に組合を形成し、組合村が支配向きの御用と村々自身の用向きを担うようになったことを論じた幕領組合村研究と、特権的都市商人の流通独占に反対する村々が国・郡規模で幕府に合法的な訴願闘争を展開し、また、地域の共通課題について村々が自主的な取り決めを結んだことを論じた国訴・郡中議定研究は、村請《むらうけ》制村落論（深谷克己『百姓一揆の歴史的構造』校倉書房、一九七七年）や豪農・半プロ論（佐々木潤之介『幕末社会論』塙書房、一九六九年）といった一九七〇年代の主要学説を乗り越えようとしたもので、村々連合レベルでの地域自治を高く評価するものであった。

そうした研究は後に地域運営論などと括られるようになるが、地域の把握方法を巡る議論でもあったため、地域内部の社会構造分析を重視する立場の研究者から各種の異論が示され、一九九〇年代には論争的な状況となった。社会の全体を単位的社会の集合と捉えて、各々の単位的社会を編成・統合する複数の「磁極」的存在の関係性を問うた吉田伸之の社会的権力論（吉田伸之『地域史の方法と実践』校倉書房、二〇一五年）は社会構造論の代表である。

それとともに、領主支配を実現するさまざまな存在にも光があてられるようになった。領主の支配業務を金銭で請け負う郷宿や用達といった商人たちや、大庄屋・大山守《おおやまもり》・郡中取締役などといった、武士に準ずる身分を与えられ領内の治安維持や広域支配にあたった存在（中間支配機構）に関する研究などである。また、家臣・百姓・町人・職人・宗教者など、一藩の内外に集うさまざまな身分集団の総体を一つの世界と捉えて、その世界を多面的に描き出そうとする藩世界論・藩社会論や、近世後期に藩の地方行政機構が高度に官僚制化を遂げ、村役人層がその実質を担うようになった大藩に着目して、その状況を〝近世の到達点〟〝近代社会形成の起点〟と評価する研究なども生まれた。

新自由主義時代の地域社会研究

このように、地域をめぐる議論は一九八〇・九〇年代以降多様化し、その全てを見通すことはたやすいことではない。

しかし、一九九〇年代に地域運営論と地域社会構造論との討論を通じて浮かび上がった諸論点――政治⇕経済、制度⇕実態、運動⇕構造、集団⇕個――の統一的把握は今なお追究すべき課題である。また、過去に歴史学がその時々の現代的課題意識とともに展開してきたことをふまえるならば、現在において近世の村や地域を語る意味はどこにあるのかを改めて考える必要がある。伝統的地域社会の破壊、地域間格差の拡大再生産、社会的格差の拡大と貧困の固定化など、人びとの暮らしにとって深刻な社会問題が顕在化する現代において、近世の村落研究や地域社会研究がいかにしてアクチュアリティのあるものとして人びとに共有されるようになるのか。今、その方法を見直していくことが求められている。

幻想の近世都市像

本書の後半は、対象を都市に移し、都市における地域社会を検討する。

二一世紀も最初の四半世紀の終わりが近づいている現在、近世はますます遠い過去になってきている。村がマイナーになったとすれば、近世の都市については、明るい幻想が吹聴されるようになった。

近世を明るい時代とみる傾向は、近世を経済成長の原点とみる一九六〇年代の近代化論にもみられるが、都市について顕著になったのは、一九八〇年代のバブル期、ポストモダンの流行期であった。近代化論と同様の評価に加え、現代社会の諸問題の相対化を可能にする、いわば理想郷のような見方も加わった。さらに近年では、「観光立国」のもと、日本の伝統文化が喧伝されるなかで、庶民文化の原点として、江戸という理想郷はますます輝きを増しているように思われる。

しかし、社会構造の分析を欠いたこの幻想は、村への関心が薄くなっていくことと表裏の関係にある。果たして理想郷としての近世都市像に、意味はあるのか。現代社会における諸問題解決の導きの糸とするためには、近世社会の現実を直視することが不可欠であろう。都市に生きる人びとにとって、地縁と別個のネットワークや集団は重要であったが、居住する地域社会も大きな意味を持った。住民が多様化し、また新型コロナウイルスの大流行を経てますます個人化がすすむことで、現代都市の地域社会は大きく変容をとげた。近世都市における複雑な地域社会を検討する意義は大きい。

近世都市史研究の胎動

近世史における地域研究のあゆみは上述の通りであり、都市についても大きな問題意識は村落研究と軌を一にする。ただし、都市内部の地域が研究対象となったのは、村よりもかなり遅い。近世都市の研究史の詳細は、すぐれた先論（吉田伸之『近世都市社会の身分構造』東京大学出版会、一九九八年ほか）に委ね、主に地域社会研究についてふれておきたい。

一九五〇年代においては、日本の都市史研究はもっぱら西欧の自治都市と対比する意識が強く、近世都市は、統一権力による中世自治都市の転化ないし屈服、あるいは権力によって設定された「封建都市」として検討された。一九六〇年代に入ると、都市は主に社会経済史研究のなかでいわば流通の装置として扱われた。一九七〇年代の国家論のなかでは、都市における変革主体の抽出、都市における下層民研究が行われ、この段階になってようやく都市社会自体が近世史研究のなかで正面から扱われるようになった。地方史研究としては、たとえば江戸・東京に関して一九七二年より刊行がはじまる『江戸町人の研究』（西山松之助編、吉川弘文館）から、江戸東京学や江戸首都論（大石学編『近世首都論』岩田書院、二〇一三年など）に至る一連の研究があげられよう。この時期に都市が研究対象となった背景には、都市人口の増大や、高度成長のひずみによる都市問題の発生という現実も伏在していたように思われる。

近世都市史研究の展開

しかし、都市内部の地域社会に関して検討が本格的にはじまるのは、一九八〇年代である。建築史学における町屋敷を基礎とした都市研究の方法（玉井哲雄『江戸町人地に関する研究』近世風俗研究会、一九七七年）に学びつつ、吉田伸之と朝尾直弘による町人身分の議論を経て町《ちょう》（「個別町」）を基礎とする都市史研究が確立した（『朝尾直弘著作集』第七巻、岩波書店、二〇〇四年、吉田『近世都市社会の身分構造』ほか）。ようやく村と同等の地域研究の社会の単位が見いだされたのである。

町と町人身分を基礎においたうえで、吉田によって町における階層分解と都市社会の変容が論じられ、また塚田孝によって中後期におけるさまざまな諸集団の展開をふまえた「共同組織」の「重層と複合」という複合的な都市社会の分析方法が提起された（塚田孝『近世日本身分制の研究』兵庫部落問題研究所、一九八七年）。今井修平は、都市社会の解明において地縁的結合とともに職縁的結合・擬制的家結合を分析する必要性を説き、とくに地縁的結合と職縁的結合の重層性を検討した（今井修平「近世都市における株仲間と町共同体」『歴史学研究』五五〇、一九八六年）。吉田の都市社会論は、さらに城下町の成立過程の検討を経て、身分別居住と地域を編成する「磁極」に注目した分節構造論の提唱に至った（吉田伸之『巨大城下町江戸の分節的構造』山川出版社、二〇〇〇年）。また塚田の社会集団論は、本シリーズ五巻でとりあげる身分的周縁論の展開につながった。

一方、一九八〇年代後半から九〇年代にかけては、先述の村々連合レベルでの地域自治研究に触発されて、中後期の地縁組織（町共同体を超えた惣町結合）による住民運動が注目された（西坂靖「大坂の火消組合による通達と訴願運動」『史学雑誌』九四―八、一九八五年、塚本明「近世後期の都市の住民構造と都市政策」『日本史研究』三三一、一九九〇年、杉森哲也『近世京都の都市と社会』東京大学出版会、二〇〇八年、など）。その後の町役人の検討など都市の行政や中間層を検討する潮流も、同様の問題意識に因っていると思われる。また、それまで生業や成立過程などによって細分されていた城下町以外の都市を、「在方町」としてとらえる視角も提起された（渡辺浩一『近世日本の都市と民衆』吉川弘文館、一九九九年）。

都市史研究の課題

以上、地域社会を念頭に、都市史研究のあゆみについてごく概略をみてきたが、課題として以下の点をあげておきたい。まず、研究が三都に集中している点である。近年も『シリーズ三都』（東京大学出版会、二〇一九年）が刊行されるなど、三都研究はさらに進められているが、在方町や藩領の城下町の研究は少ない。とくに在方町は行政の領域としては村であるが、都市史と村落史の境界ないし重複する重要な研究対象である。また、城下町研究は、分節構造論が提起されても、具体的な研究は町人地を対象としたものが多く、三都についても武家地・寺社地研究や、磁極相互の諸関係、さらに都市全体の問題解決といった点には検討の余地が残されている。

本巻の概要

本巻の前半では村落や村落地域を主題にした論考を、また後半では都市域を主題にした論考を収録した。個々の論考が示す論点には、当該研究分野内にとどまらない有効性や可能性があるだろう。以下、それぞれの概要を紹介する。

第1章「城廻り村と家中名請地」（**志村洋**）は、各地の大庄屋研究の成果から浮上してきた城廻り（陣屋元）地域の特質という論点について、近世後期の信州松本藩を例に、城下町人や藩士による高請地（検地帳に登録された年貢地）所有の問題から解明しようとしたものである。地方と町方で別々に議論が展開してきた既往の地域研究の間隙を埋めようとする試みでもある。

第2章「古村と新田村の労働調達競争」（**萬代悠**）は、近世後期河内国の鴻池新田に関して、町人請負型新田村の周囲に存在した古村の状況にスポットをあてた論考である。著者は、新田開発がもたらした競争と軋轢、労働稀少化という従来の開発史論では欠けていた視点を導入することで、開発がもたらした農民各層の利害相反と地域格差の拡大を明らかにし、あわせて、格差拡大の背景には領主権力との遠近の違いがあったことも指摘する。

第3章「近世前期の開発と土豪・百姓・隷属農民」（**小酒井大悟**）は、近世前期東国（武蔵国と上野国）の村を対象に、開発の経緯が土豪―百姓、百姓―隷属民関係に与えたものを検討する。村の立地や開発のありかたによって百姓や家抱《けほう》（隷属農民）の土地との結びつき方には違いがあることを指摘し、新田開発が土豪支配の否定や隷属農民の自立に直結したとする従来の小農自立論的解釈に対して新たな視角を提示している。第2章とは全く異なる地域が描かれており、改めて、直接生産者の土地とのつながり具合――小作権の地域的特徴ともいえる――が重要な論点であることを知ることができる。

コラムⅠ「漁村」（**東幸代**）は、若狭国三方上中郡の一漁村の例から漁村史研究全体に関わる論点を述べたものである。船乗り稼ぎなどの漁業外渡世が不漁時のセーフティネットとして常に存在していたことや、漁村同士の村を超えた結合の存在、漁村社会は近世初期から域外からの経済的インパクトに左右される社会であったことなどを指摘し、対象地域の個性について深い理解が必要な漁村史研究は、究極の地域史研究であると述べる。

第4章「「勧農」と「取締」の幕末社会」（岩城卓二）は幕末期石見国幕領の鉱山地域を事例にして、一九世紀になって登場する幕府の「勧農」政策と新たな「取締」行政の意味を、取締役に就任した地域の鉱山師堀氏の立場から論じている。鉱山師としての身分意識を強く持つ堀氏が地域の窮民救済を家の務めとして認識し、近世的社会秩序を維持・回復するための施策である「勧農」を実行する手立てとして取締を主体的に担ったとしている。

第5章「諸身分の交点としての〈久保町〉」（岩淵令治）は、武家地・寺社地に近接して所在した江戸の〈久保町〉をとりあげ、住民のうちとくに大店《おおだな》・旅人宿・宗教者について、町域外との関係に注目しながら分析した。武家地については大店の出入関係のほか、武家を介した領民への年貢の先貸しなどの関係、領民の旅人宿への宿泊を指摘した。また、寺社地との関係では、旅人宿が触頭寺院の業務を補助したことなどを明らかにした。以上を通じ、諸身分の交点としての都市の地域社会という視座を提起している。

コラムⅡ「インフラ」（高橋元貴）は、城下町江戸で人為的に築かれた堀川のインフラ維持管理の実態を検討し、城堀も含め、土砂堆積のために頻繁な浚渫《しゅんせつ》が不可欠であり、その維持は堀川沿いの地域社会に強く依存していたことを明らかにした。こうした社会と空間の関係論は、文献史学と建築史学との学際的研究のなかで築かれてきた重要な論点である。

第6章「在方町の社会構造と行財政システム」（酒井一輔）は、佐原村（現千葉県）と池田村（現大阪府）を主な対象として、農業と非農業が併存し、住民の生業も多様な在方町において、自生的に成立した非公式な住民組織「町」が村請制組織を代行するようになり、公的費用の賦課・徴収において、石高制の枠組みでは捕捉困難な非農業部門の民富を捉え、世帯間の経済力の高低に応じて傾斜配分できる戸別差等割によって合理的に実現できた点を重視する。そして、幕藩制支配の機能不全に在方町がいち早く対応し、移行期の社会秩序が形成されたと評価する。在方町の特質から、近世の地域社会の展開を見通した論考である。

第7章「災害と都市社会」（渡辺浩一）は、連続複合災害（大地震・高潮と暴風・コレラ流行）が発生した安政期の城下町江戸をとりあげる。被害状況、被災後の不景気、大店層・寺社・一般の商人・裏店層の被災後の状況を詳述する。そして、都市社会には、社会全体としては大店を核とした求心的ネットワークとともに、直接的な人間関係を通じて相互に援助し合い、それが人間関係のない人びとにも還流する補助的なネットワークが存在し、両者によって人間は生存し得たが、大災害が連続すると後者は十分には機能せず、即座に多数の人びとの生活が破綻する、ととらえる。この都市社会全体の構造と対応から、「災害からは復興するもの」という「復興パラダイム」の相対化という、重要な提起を行っている。

本巻のめざすもの

本巻の特徴は、村と都市の地域社会研究を一冊の書としてまとめているところにある。各論文は専論であり、近年の「地帯」論（吉田伸之「序章」『みる・よむ・あるく 東京の歴史』一、吉川弘文館、二〇一七年ほか）や建築史学・都市史研究で提唱された領域史（伊藤毅編『イタリアの中世都市』鹿島出版会、二〇二〇年ほか）など、村・都市も含めた地域のとらえ方に直接応えるものではないが、問題意識が村と都市に個別に閉じているわけではない。複数の章やコラムを横断的に参照することで共通する諸論点を発見することができるだろう。物流や人を通じた村と都市の諸関係や域外社会からのインパクトの問題、地域や村同士の対抗関係、土地との結びつき方（非農業部門の展開度）、領主層との遠近、複合的な生業構造によって可能となる生存、人の移動の視点、環境と生存、生産・生活を支えるインフラの整備と維持、窮民救済、土豪・御用商人、都市近郊農村のありよう、町・村という単位を越えたネットワーク等々。今後深めていくべき論点は多々残されている。

本巻収録の各章・コラムは、それぞれの著者が自身の専門研究分野の論点をふまえて新たな歴史像を示そうとしたものである。著者各人が持つ現代的課題意識は明示的には語られてはいないが、本書のなかに読者諸氏みずから課題意識に触れる小さな何かが見いだせたならば、本書の目的はほぼ達成されたものと考える。

第1章　城廻り村と家中名請地

志村　洋

はじめに

天明八年（一七八八）七月、播磨国揖東郡《いとうぐん》の小藩林田藩《はやしだはん》で、陣屋《じんや》（無城大名や上級旗本《はたもと》などの政庁）が所在する村（陣屋元《じんやもと》村《むら》）庄屋《しょうや》の「不正」を巡る訴訟が一人の小百姓によって起こされた。訴えたのは陣屋元の林田村に住む持高二石余の百姓庄大夫。訴えられたのは村の庄屋役と林田組村々の大庄屋役を世襲してきた三木家《みきけ》の当主弥兵衛である。林田の三木家は戦国期の英賀《あが》城主三木通秋《みちあき》の一族であり、後に林田藩の陣屋となる聖岡《ひじりがおか》一帯の地を支配してきた名家である。三木家は、元和三年（一六一七）に大名建部《たけべ》氏《し》が林田に入封すると、聖岡を陣屋用地として藩に差し出し、百姓身分ながら林田の家中屋敷街の一角に広大な屋敷を構えた。三木家は近世後期になっても家勢を保ち、天明期（一七八一〜八九）頃には村高の約四五％を占める高四〇三石余を所持する大地主として地域に君臨していた。

この訴訟の前年には、天明の飢饉を背景にした大規模な打ちこわし騒動が林田で起きていた。当時大庄屋であった三木弥兵衛は、騒動後に取り計らい向き不行届を理由にして、藩から役儀剝奪と苗字帯刀剝奪の処分をうけている。庄大夫の出訴は、三木家の一時の衰勢を背景にして企てられたのである。

訴訟での争点には、御膳米《おぜんまい》や御救米《おすくいまい》、御種米《おたねまい》などといった三木家が主導した林田村民への種々の割付けも挙げられていたが、大きく問題視されたのは三木家をはじめとする村役人の役引高であった。役引とは、石高割りで割賦される年貢以外の諸役が特定の人間や土地に限って免除される制度のことで、当時の林田藩では、村役人の職にあった者や特別な由緒を持つ家などに対して認められていた。役引高が多ければその分だけ一般百姓の負担分が多くなるため、役引高の多寡は小百姓の大きな関心事だったのである。天明期当時、三木家に認められていた特権は、一〇〇石を超える役引高と御免高と称する七〇石分の村役負担免除などで、三木家は林田村にとどまらない、まさに藩領内にそびえ立つ大社会的権力であった（姫路市三木逸郎家文書、個人蔵）。

ところが、この百姓庄大夫の訴えは多くの林田村民には支持されず、同家の特権の多くは温存された。地域住民や藩にとって、三木家が過去に果たしてきた功績や役割は、簡単に否定できるものではなかった。その証拠に数年後には三木家は大庄屋役に復帰している。

三木家のような伝統的な支配力をもとに地域社会に君臨する土豪百姓は日本各地に存在した。しかし、一八世紀の半ば頃になると、支配地域で起きた年貢滞納の引責や自家の経営不振、村入用《むらにゅうよう》勘定の不正などを契機にして、大庄屋や庄屋といった村々の支配役から外されたり、零落して土地を離れる者が続出する。例えば信州松本藩では宝暦期（一七五一～六四）から安永期（一七七二～八八）にかけて、安曇郡《あずみぐん》の大町組・池田組・松川組の各組で立て続けに大庄屋の入用勘定不正疑惑が持ち上がり、大庄屋の更迭や、勘定での「私欲」を正す動きがとられるようになっている。また、幕領では、これらよりやや早い正徳三年（一七一三）に、著名な大庄屋廃止令が出されている。正徳の幕領大庄屋廃止令では、大庄屋の給米負担のために小前《こまえ》百姓にしわ寄せが行っていること、「身の上を高ふり、私の事を営」む大庄屋が代官の手代・役人と馴れ合って小前百姓に難儀を掛けていることなどが問題視されている（『御触書寛保集成』一三三七）。

こうした各地の事例から、近世地域社会の一般的な展開像は、土豪百姓層を軸にした中世的な地域秩序が一七世紀後半から一八世紀初め頃に解体・再編され、一八世紀に近世的な地域秩序が確立していくといった流れで理解されている。そして一八世紀半ばには、村々連合（＝組合村）が土豪百姓層に替わる新たな地域の統合核として登場し、引き続き社会的権力として生き残りに成功した一部の土豪百姓も、名子《なご》や被官《ひかん》といった多数の隷属百姓を抱える農奴主《のうど》的存在から質地地主、豪農へと自己転生していったなどとと解釈されている（吉田伸之「社会的権力論ノート」）。

このような一八世紀半ばの社会変容を、地域支配や地域運営という文脈から捉えなおすならば、幕領では「組合村―惣代庄屋」制の成立、藩領では大庄屋制の官僚制的再編が注目すべき新事象として挙げられる。いくつもの藩でみられた、旧土豪層を出身地から切り離す転勤大庄屋制の導入などは、官僚制的再編の最たる例である（志村洋「大庄屋と組合村」）。

しかし、従来の多くの研究では、そうした近世初期以来の特権的な土豪百姓層を、小百姓の村政民主化運動や藩の政策などによって単に否定されるべき、「古い」存在として描いてきたのではないだろうか。「特権」や「専断」を容認し、時にはそれを支持さえしていた地域の実像は、村政の民主化云々とは切り離して、別途明らかにされるべきテーマである。とくに三木家のように領主権力の膝下で力を奮ってきた家々は、惣代庄屋制や官僚的大庄屋制の時代になっても、権力者の間近に居住していたがゆえの固有の権力性を有していた可能性がある。

城廻《しろまわ》り（陣屋元）大庄屋の固有の性格は未解明の研究分野であり、近いところでは、一八世紀半ばの信州幕領を例に、陣屋元名主や郡中代《ぐんちゅうだい》の性格を、後にそれらを凌駕する郡中惣代との対比で、御用請負人として論じた研究が目につく程度である（山崎圭『近世幕領地域社会の研究』三章）。今後、大庄屋などの政治的中間層を論じる際には、彼らを一つの階層として捉えるだけでなく、彼ら個々の領主権力との親疎・遠近も考慮する必要がある。そのためにはまず、三木家などの城廻り（陣屋元）大庄屋が居住していた地域そのものの固有の性格について考える必要がある。

このような関心から本章では、城廻り村（陣屋元村）特有の役引高の問題や、従来意識的に検討されることのなかった家中名請地《かちゅうなうけち》の問題に光を当ててみたい。

1 家中名請地

家中名請地とは、士《さむらい》身分の者が直接検地帳《けんちちょう》上の土地名義人となって登録された田畑などのことである。通常、石高に結ばれた田畑（高請地《たかうけち》）は百姓身分がその名義人＝土地所有者となり、年貢受取者側である士身分の者が検地帳に登録されることはない。しかし、いくつかの藩では例外的に家中名請地が存在した。例えば『国史大辞典』では、

諸藩の家臣で地方知行《じかたちぎょう》を受けるものが、兵農分離の結果、本来ならば百姓名請地として検地帳に登録された土地・百姓を支配すべきところ、みずから知行地の一部を名請地として検地帳に登録し、その年貢を俸禄と相殺した場合があり、これを給人《きゅうにん》名請地もしくは家中手作地《かちゅうてづくりち》と呼ぶ（後略）（「給人名請地」の項）

と書かれ、仙台藩・奥州一関藩《いちのせきはん》・羽州米沢藩《よねざわはん》・武州川越藩《かわごえはん》・越前丸岡藩《まるおかはん》・信州松本藩などで確認できるとしている。また、信州諏訪藩《すわはん》でも給人手作地の存在が明らかになっており、近世初期には給人家族による手作経営だったものが一七世紀半ばには百姓を用いた小作経営に変化したこと、享保期（一七一六〜三六）に量的なピークがあったことなどが指摘されている（佐々木潤之介「譜代小藩の権力構造」）。

右のうち、東北諸藩などの例は地方知行の変形として理解可能であるが、松本藩などでの家中名請地は、それらとは性格をやや異にする。本章で紹介する事例は、大名が家臣に百姓付きの領地を与える地方知行制をはじめから採用しなかった藩や、地方知行制から俸禄米制《ほうろくまいせい》へ移行した後の時代の出来事であって、とくに城廻りや陣屋元の村々にて確認することができる。例えば、多額の役引高が問題になった上記天明八年（一七八八）の林田村訴訟では、かつて村内に二〇〇石余もあった「御家中様御持高」が天明期当時には二〇石余に減っていたものの、なお残存していたことが三木家側の反論文書のなかで述べられている。また、近世後期、播磨国神東郡《じんとうぐん》・神西郡の交代寄合旗本・福本池田氏領や、同郡の三〇〇〇

石旗本・屋形池田氏領においても、それぞれの陣屋元村の田畑名寄帳や年貢算用帳簿のなかに、旗本家臣と考えられる者の名前を確認することができる（神河町鵜野金兵衛家文書、市川町屋形区有文書）。この両池田氏領の場合は、家臣の田畑所有を地方知行からの派生で理解することは困難であり、近世のある段階で旗本家臣が百姓から耕地を買得した結果か、あるいは、百姓身分だった者が耕地を持ったまま旗本家臣に取り立てられたかのいずれかと考えられる。

近世中後期になると、百姓身分のなかから士身分に登用される者が珍しくなくなる。しかしそのような場合は、身分上昇する戸主や嫡子の代わりに他の親族が百姓の家株を継いで、田畑はその継承者の名義に書き換えられるのが通常である。また、近世後期の武蔵国における八王子千人同心《はちおうじせんにんどうしん》の場合のように、他の百姓のなかから番代《ばんだい》などと呼ばれる代理人を立てて、その者に田畑を委ねる形がとられたりすることもある（吉岡孝『八王子千人同心における身分越境』）。このように、士身分の者は田畑所有の実態はどうであれ、正式の名請人にはならないのが近世の一般原則であり、その理解にたてば、林田村・福本村・屋形村などでの家中名請地は特殊な形態ということになる。

現在のところ、近世後期の家中名請地はほとんど事例が明らかにされておらず、家中名請地は近世前期の一部大名領に限られた特殊事例というイメージが強い。しかし、城廻り村（陣屋元村）に関わる問題としてみると、幕府の政権所在地である江戸にも、諸藩での家中名請地と似た関係が存在している。大名の江戸抱屋敷《かかえやしき》である。

周知の通り、大名・旗本の屋敷が集中する都市江戸では、大身の大名などは幕府から下賜された拝領屋敷だけでは足りず、みずから町人地や百姓地を買い取ってそれを藩の下屋敷《しもやしき》などとして用いることがあった。抱屋敷となった土地には依然年貢や地子《じし》が課されたため、大名は何らかの形でそれを負担しなければならなかった。江戸下町の本所《ほんじょ》・深川《ふかがわ》地域や北部の近郊農村などには、一八世紀後半にも多くの抱屋敷が存在し、災害時の避難所や別荘として利用されるなど、抱屋敷には下屋敷的な機能が求められていた（原田佳伸「村の中の武家地」、中野達哉『江戸の武家社会と百姓・町人』、岩淵令治『江戸武家地の研究』）。この大名抱屋敷については、従来から江戸周辺農村の都市化や都市域の拡大現象として理解されてきているが、中小の大名城下町や旗本陣屋元でみられる家中名請地も江戸と同種のものとして理解できるのだろうか。そこで以下では、『国史大辞典』でも紹介されている信州松本藩の事例を具体的に検討する（以下の叙述で依拠する史料はとくに断らない限り本折井家文書と東折井家文書である〈いずれも個人蔵〉）。

2　松本城の周辺村

松本藩は、信濃国の中部、筑摩《ちくま》・安曇《あずみ》両郡に所領高六～八万石で存在した中規模譜代《ふだい》藩《はん》である。松本藩では第一次戸田《とだ》氏《し》時代――元和三年（一六一七）から寛永十年（一六三三）――に地方知行制が撤廃されており、その後の歴代領主においても地方知行制は採られなかった。一方、家中名請地が確認できるのは、寛永十九年（一六四二）入封の水野《みずの》氏《し》時代からであり、慶安年間（一六四八～五二）に実施された総検地時の記録を最古として、享保十一年（一七二六）入封の第二次戸田氏時代に至るまで家中名請地を確認することができる。松本藩の家中名請地は城廻り地域特有のものであるため、まず城廻り村々の概況から確認する。

城廻り村々の概況

松本城の城廻り十五ヶ村は庄内組と称し、城至近の白板村《しらいたむら》の大庄屋が支配した。村々の土地環境は、明治初期の『長野縣町村誌』に、「其色赤黒其質美悪相交り、中央以北は漸々高燥にして、水利便ならず。従て旱に苦むを常とす。粟、麦及び桑に適し、以南は旱湿にして水利稍便にして、稲粱多く菜種に適せざる所多し」（「深志村」の項）とあるように、高燥な城の北側と湿潤な南側とでは微妙に異なっていた。

近世後期の状況は、中山道贄川宿《なかせんどうにえかわ》ほか四ヶ宿への代助郷《だいすけごう》勤めに反対した、文政六年（一八二三）の庄内組村々嘆願書からうかがうことができる。それによれば、

表1-1　延享3年　庄内組村々の役高と無役地高

村名	御免状高	役高	無役地		
				うち町分	うち御屋敷附
庄内村	1545.058	370.753	941.440	559.820	2.225
蟻ヶ崎村	669.880	348.236	280.303	178.181	51.415
宮渕村	334.054	307.240	1.499		1.499
白板村	255.054	145.230	30.000		
渚村	308.099	250.988			
両嶋村	67.136	47.029			
征矢野村	170.847	146.049			
鎌田村	116.721	93.025	4.527		4.527
小嶋村	423.515	247.418	114.426	21.819	7.577
三才村	160.483	145.410	0.843		0.843
筑摩村	191.826	153.581	14.574		1.685
中林村	174.789	106.706	17.755		0.546
埋橋村	444.968	186.687	212.303	140.719	5.272
桐原分	949.237	49.276	824.166		141.930
松本分	624.829		593.373		92.376

単位は石.『松本市史　第4巻　旧市町村編Ⅰ』(松本市, 1995年) より作成. 小数点第四位で四捨五入. 桐原分, 松本分は史料上町分石高が不記載のため, 表の通りとした.

①庄内組の村々は昔より「御城附第一」の村として藩から人夫を提供する役割を担わされ、城内外の御普請御修復人足役や、城下火災のときの駆け付け火消し人足役、御堀浚い人足役などの御公役を担ってきた。

②村々のなかには御家中御屋敷附や町人持無役地といった「諸役御免許之地」が多く、村方百姓が持つ土地が少ないために難渋している。

③土地が狭く高年貢率なうえに御家中御屋敷附や町人持地があるために、他村へ小作に出たり、城下町へ日雇い稼ぎに出る百姓が多い。

といったことが述べられている。持地の耕作だけでは百姓は生活できず、城下での日雇稼ぎや奉公、他村での小作に依存していたこと、城廻り特有の御公役負担が重く、加えて「諸役御免許之地」の多さが百姓の負担になっていたことが分かる。

右にある「諸役御免之地」は大別して、⑴町分と称する松本町人の高請地《たかうけち》、⑵御屋敷附と称する松本藩家中の高請地、

(3)寺社の除地《じょち》・その他から構成された。延享三年（一七四六）の場合は表1―1の通りで、無役地は庄内組十五ヶ村のなかでも庄内村・松本分・桐原分《きりはらぶん》・蟻ヶ崎村《ありがさきむら》などの村に多く、松本分や桐原分に至っては村高のほとんどが無役地であった。無役地の合計石高は、庄内組の総石高が約五〇〇〇石であるのに対して、庄内村・松本分・桐原分の三ヶ村だけでその半分の約二五〇〇石にも達している。庄内組で無役地が異様に多かったのは、大半の土地が松本町人や他村からの入作百姓、松本藩家中などによって高請されていたためである。

無役地と通常の高請地との違いは、土地に課せられる年貢以外の諸役のうち、幕府から賦課される国役金などを除いた、村関係の石高割の諸懸りが免除される点にあった。享保十年（一七二五）の蟻ヶ崎村を例にすれば、村高約六五〇石のうち、約一九五石分が松本藩家中の自分畑と神主の持地および町人の持地であり、それらの土地については「諸役御免・大豆不納」の扱いとされている。またこれ以外にも同村では約九二石分が他村からの入作百姓や寺院、山守が持つ土地になっていたが、こちらについては「諸役御免・大豆納申候」とされた。諸役は前記の町分や御屋敷附と同様に免除だったが、藩所定の大豆上納役は通常通り負担しなければならないという意味である。

この無役地で重要なことは、質入や売買で土地の所有者が当該村の居付き百姓に移っても、無役地としての取り扱いは不変であったことである。例えば、享保四年に蟻ヶ崎村の神主大沢石見が自分の無役地畑四筆計三反八畝歩を白板村の百姓に譲渡しているが、その際に畑地は、大沢家が将来神職を廃業しない限り、第三者に又譲渡しても無役地のままであることが確認されている。つまり無役地は、最初（検地の際）は町人や寺社、藩家中といった持ち主の身分に応じて認められたものであったが、その特権は個々の土地に結びつけて属地的に取り扱われたために、後にその持ち主が百姓身分の者に変化しようとも、免除特権は原則として消滅しなかったのである。

地庄屋と出入作

このように城廻りの村々には松本町人の高請地が多く、そのために、村々での町人持地の年貢収納には、早い時期から

表1-2　弘化3年桐原分御通拝見帳での連名者

地　区	村名・人数	計
庄内組	**桐原分69**，白板村26，蟻ヶ崎村16，宮渕村2，渚村1	114
松本城下	四番組55，東町42，安原町38，和泉町37，上横田町22，中町5，壱番組4，上丁4，小池町1	208
岡田組	神沢57，水汲村7，浅間村7，松岡村5，大村3，惣社村2，横田村1，矢崎1，塩倉1	84
山家組	湯原村23，藤井村4，新井村3，上金井村3，下金井村2，南方村1，薄町村1，西桐原村1	38

「桐原分御通拝見帳」（山本英二氏所蔵）より作成．単位は人．

特殊な方法が取られていた。一七世紀初頭段階では、町人が暮らす城下各町の庄屋が村方の年貢を取り集めていたが、寛永十八年（一六四一）には村方にある町人持地の年貢収納を専管する地庄屋が別に設置されることになった。地庄屋は、庄内町分・松本町分（別称松本分）・桐原町分（同桐原分）といった庄内組内の特別地区ごとに一名ずつ置かれ、幕末に至るまで上記の三つの町分——総称して三ヶ分ともいう——の年貢収納にあたった。また地庄屋は、町人の持つ高請地が三ヶ分以外の庄内村・蟻ヶ崎村・埋橋村《うずはしむら》・小嶋村・中林村・筑摩村といった在方の村々にも散在していたため、周辺村における町人持地の年貢収納にもあたった。地庄屋が年貢収納に関わった庄内組地域の合計石高は、享保十年（一七二五）の時点で組総石高の約半分にあたる二五〇〇石余にも達した。

　このように城廻りの村々では、田畑が松本町人と村の百姓によって複雑に分け持たれていた。とりわけ町人持地が多い松本分や桐原分などでは、耕地が錯綜して存在していたために、村境も判然としなかった。耕地の持主が村境を越えて広範囲に広がっていたことは、各種の年貢帳簿からも明らかであるが、具体例として、桐原分における弘化三年（一八四六）の土地所持者の内訳を示そう。

　表1-2は、後述する御家中御屋敷附地や上《あが》り地《ち》などを除いた、桐原分田畑の所持者人数を居住地別にまとめたものである。桐原分の田畑は、城下北部および東部の町人町や郭外武家地を取り囲むような形で存在していたが、表より、桐原分に高請地を持つ者は、庄内組内の村々にとどまらず、松本城下各町や岡田組・山家《やまべ》組の村々にまで広がっていたことが

分かる。注目すべきは松本町人の多さであり、地元の桐原分や隣接する岡田組神沢《かんざわ》の人数には及ばないものの、一町で三、四〇人もの者が桐原分に田畑を持っていたことがわかる。また、山家組西桐原村や南方村などの、桐原分の中心から約四キロ程度離れた村からの入作者も少なくない。

一九世紀半ばには少なくとも七〇戸ほどの居付き百姓が存在していた桐原分であったが、一七世紀の間はほぼ無人村の状態であった。元禄四年（一六九一）の「桐原分田畑検地帳」（松本市立博物館所蔵）によれば、後述する家中御屋敷附畑などを除いた桐原分の田畑総面積六二町二反二畝二歩のうち、五〇・七％の土地が松本町人の名請地となっている。そして、一九・六％が百姓、一四・八％が松本藩家中、寺社が六・三％、五％が中間《ちゅうげん》や小人《こびと》などの無姓の武家奉公人、その他が三・六％となっている。また、全体の約二割分の土地を名請していた百姓身分のなかに桐原分に人別を置く者はいなかった。元禄期（一六八八～一七〇四）に桐原分の田畑名請人になっている百姓は、居村が不明な無姓の武家奉公人層を除けば、隣村の白板村・蟻ヶ崎村・岡田組神沢などの者ばかりであり、幕末の弘化期と比べて入作者の範囲がかなり狭い。また、名請人一人あたりの田畑所持面積は、百姓の場合で約三反、松本町人で約一反一畝、藩家中で約一反、武家奉公人で約四畝となっている。

これらのことから、桐原分での土地所有形態は、近世前期の、おもに多数の松本町人や藩家中が一反前後の比較的小規模な土地を持ちあった形から、近世後期の、居村百姓や比較的広範囲な所からの入作百姓も含めた多様な形へと変化していったということができる。

それでは、城廻り村々への出作者を多く抱えた城下町側の状況はどうであったろうか。大庄屋の御用留書帳に記された、宝暦三年（一七五三）十一月の安原《やすはら》・和泉《いずみ》両町から三ヶ分地庄屋あての願書には次のようにある。

〔安原町〕安原町の儀は作面に渡世《（ママ）》つかまつり候小作者多くこれあり。毎年大豆粉作り売り代替御年貢御皆済つかまつり候。当年の不作故御年貢の当て相違仕り当惑至極

〔和泉町〕当町の儀、軽き者どもに御座候らえば、商売方薄く、作方のみ渡世致し来たり候……年々大豆勝に作り、大豆をもって御年貢手当てに仕来り候……当秋などは下作仕る者少なく、過半余り、地持よんどころなく麦蒔き付け候えども、手入なども成りかね難儀

安原町と和泉町は善光寺街道沿いに伸びた城下町北東部の町人町であり、零細な住民が比較的多く居住した枝町《えだまち》に分類される地区である。両町には商工業だけでは生活できず農業を兼業する者が多かったが、それらの者は毎年城廻りの村々で大豆や麦を栽培し、大豆粉の販売代金などをもって年貢上納に充ててきたことが明らかである。また、この年は長雨で大豆作に大きな被害が出たために、畑地主は冬期の麦作に期待していたことも明らかとなる。

以上のように、城廻り村々には、城下町人の高請地や藩家中の高請地が多く存在し、零細な町人は村の百姓と同様に農業に従事し、畑作物の販売代金を年貢上納に充てていた。こうした状況のなかで、彼らが耕作した土地の多くは無役地とされたため、城廻り村に賦課された諸役は残りの居付きの百姓が引き受けなければならなかったのである。

これらのことを前提にして次節では、無役地の一角をなした御家中屋敷附・家中新切（家中によって開墾された耕地）などと呼ばれる松本藩の家中名請地について検討を加える。

3 松本藩の家中名請地

松本藩の家中名請地は、寛永十九年（一六四二）入封の水野氏時代以降にみられるが、大別すると、城下の武家屋敷に付属する形をとる家中御屋敷附地と、付属ではない家中新切《かちゅうしんぎり》の二種類に分けられる。ただし、家中御屋敷附地であっても、土地のありかはその武家屋敷のある町とは別の、在方の村々にあることがほとんどである。従来、この松本藩の家中名請地に関しては、およそ次のようにいわれてきた（『東筑摩郡・松本市・塩尻市誌』第二巻歴史下）。

①家中の新切地開発は、明暦二年（一六五六）から宝永四年（一七〇七）までの五二年間に盛んに行われ、その期間に四〇数ヶ村で計七四町九反余の新開が高に結ばれた。
②家中新切は城下近傍の庄内組・岡田組・山家組・出川組・島立組・成相《なりあい》組の村々に多く、地種は九割が畑地で、等級は下畑・下々畑が大半であった。
③面積は大きいもので約二町歩、小さいもので一畝歩以下と幅があったが、広大な家中名請地は家老などの上級藩士に多く、足軽や中間・小者の場合は一反未満が多かった。
④家中名請地は、家中相互の間で売買もされたりしたが、享保十年（一七二五）の水野氏改易を機に収公され、以後農民の所有地となった。
⑤家中新切は家中への増給的施策というよりも、家中の遊休労働力を新切に投入させ、それによって藩の年貢収納増をねらったものと考えられる。家中にとって家中名請地は手作経営地としての意味合いは薄く、小作料搾取権としての意味をもった。

上記の説明はおおむね正しいと考えられるが、『東筑摩郡・松本市・塩尻市誌』では近世後期の実態に関する検討を欠いており、④⑤については推測が含まれている。とくに、大名水野氏の改易で家中名請地は消滅したかのような理解は正しくなく、実際には、家中名請地は上り地とリンクする形で幕末まで機能していた。また下畑や下々畑が大半だったという指摘についても、後述の家中御屋敷附を考えれば正確さに欠ける。

家中名請地の性格と特徴

近世後期に関する限り、家中名請地の問題は藩が採用していた上り地制度との関係なしでは理解できないが、その問題に触れる前に、家中名請地の基本的性格について簡単に触れよう。

まず御屋敷附地であるが、これは城下の拝領武家屋敷に関連付けられていたため、時により藩命による上地《じょうち》（召し上げ）

や持ち主変更が行われた。例えば、文政八年（一八二五）の白板村庄屋の「御用書留帳」には、宮渕村内の御屋敷附畑について、「神田忠吾屋敷附の儀、同人屋敷替これあり候につき、当秋麦蒔き入れより上り地にあいなり候間、その意を得らるべく候」という内容の通達が記録されている。家臣神田忠吾の屋敷替えが行われたため、その屋敷附畑は麦作期から上地することになったという通達である。藩家中にとって家中御屋敷附地は、耕地であると同時に武家屋敷に準じた意味をもつ土地であった。

次に、その他の家中新切地であるが、こちらは質入や譲渡が可能な土地であり、譲渡の相手が百姓身分であることもあった。例えば、享保十四年（一七二九）十月に、先代藩主水野家の元家中佐藤弥左衛門（享保十年時禄高一二〇石）が蟻ヶ崎村内の上畑五畝六歩を代金一両にて売却しているが、その譲渡先は庄内組大庄屋の折井伴右衛門であった。そのときの譲渡証文には「棹請《さおうけ》佐藤平大夫」と記されており、畑は水野氏時代に禄高一〇〇石の家中佐藤平大夫が名請した土地であったことが分かっている。同様に享保十一年五月にも、元水野家家中の山田十左衛門（同禄高二三〇石）が大庄屋折井伴右衛門に対して蟻ヶ崎村内の畑二筆計五畝歩を金一両・十ヵ年賦で質入れしている。

家中新切が旧来の荒地から転じて家中新切として検地帳に登録されるまでには、当然ながら何らかの開発行為が存在する。新切の開始にあたっては、藩から土地が下賜されることもあったが、基本的には家中自身が荒地の所有者である百姓などと開発の契約を結ぶ必要があった。例えば元禄四年（一六九一）に家中の園田又右衛門が白板村で下々田一畝歩の新切を開始した際の手形証文には、「白板村勘五郎ひかい《（控え）》の内、下々田壱セ歩預り置申し候。御国替御座候わばかゑし《（返し）》申すべく候。そのうち手前え作り申さず候わば其方へあづけ置き申すべく候」などと記されている。自分で作付けしなくなったときは其方＝勘五郎に土地を預けるといっていることから、園田又右衛門は新切成就後には手作経営を第一に考えていたことがわかる。残存史料が乏しいため安易な一般化はできないが、一七世紀末ごろまでは家中名請地での手作経営は相当数残っていたと思われる。

また家中新切のなかには、江戸の大名抱屋敷のように、農業用途ではなく、下屋敷用として荒地を開発する例もあった。嘉永六年（一八五三）十二月に、上級藩士の稲村平兵衛（禄高四五〇石）が白板村内の永引地七畝二三歩を借り入れたときの証文には、下屋敷の建設が目的であることが明記されている。翌年正月に地主の大庄屋との間で手交された証文には、年々の御年貢諸役銭と借地料の手当として金五両を稲村側が差し出す代わりに、一切の入用・諸懸りは大庄屋側で取り賄うよう取り決められている。こうした必要相当額の金銭を武士側が地元の百姓に支払って、その他の雑務を地元民に委任する方法は、江戸の大名抱屋敷でも見られることである。

入上米《いりあげまい》（年貢に小作料を加えたもの）の納入方法に関しては、領主交替直後の享保十二年（一七二七）の大庄屋御用留に、「御家中御屋敷附御年貢の儀、御会所え御勘定これあり候。これにより御屋敷附小作に預かり候者共は残らずその御屋敷へ一言申し、籾納め候様に」という藩通達が記されている。このことから、水野氏時代には、納入は原則的に家中と小作人との相対で行われていたと考えられる。、また多くの場合、実際の年貢納入手続きは、手作の場合でも小作の場合でも、秋の収納時に担当の村役人へ年貢手形を提出することで処理されている。手形による年貢決済では、春中より家中・百姓・町人の三者間でさまざまな貸借があったため、手形での引継（立替）が頻繁に行われていた。そのため、藩は混乱を防ぐ目的から宝永元年（一七〇四）五月に、人ごとに御屋敷附地の年貢俵数と百姓地の年貢俵数を明記した書付を提出させ、当事者同士の相対差引は禁止する旨の通達を出している。

元禄四年桐原分の御屋敷附畑

以上、簡単に家中名請地の基本的性格を述べてきたが、本節の最後に、元禄四年（一六九一）の桐原分における家中御屋敷附畑の実態について要点を示しておく（松本市立博物館所蔵「桐原分家中屋敷附畑検地帳」、図1−1も参照）。

①桐原分での御屋敷附畑は合計二八八筆・面積一四町一反五畝一五歩に上ったが、この面積は御屋敷附以外の同村の家中新切の面積（約一二町歩）を凌ぐ広さであった。また等級では上畑が四八・一%、中畑二九%、下畑一六・二%、

下々畑六・六%となっており、上畑がもっとも多かった。同村では家中新切においても上畑や上田の占める割合が高く、従来、下畑・下々畑が大半とされてきた家中新切の全体的傾向とは様相が異なっていた。

②御屋敷附畑の所在地は、城の北側に位置した徒士足軽屋敷地区の外縁部に多く、なかでも字大門沢・字合戦場・字狐塚などといった、城の北西部を流れる大門沢川・西大門沢周辺地域に畑地の半数以上が集中していた。それに対して、中級家臣が多く居住した郭外侍屋敷地区に近い字岡宮・字横田・字新町裏・字元町といった城の東側地域には二六%ほどしか御屋敷附畑は見られなかった。全体的にみて附畑と御屋敷の場所は別々であり、その状況は上級家臣でも下級家臣でも同じであった。

③御屋敷附畑の持ち主である家中の人数は一五五名に上った。またその階層は、松本城三ノ丸内に屋敷を持つ上級門閥藩士から、郭外武家屋敷に住む中下級藩士や、徒士足軽町に住む切米一〇石未満の軽輩者に至るまでさまざまであった。畑主の階層別割合を城下の武家屋敷区分から類推すると、上士・中士・下士以下の比は五：六：八となっており、家老・用人・物頭といった上級藩士も珍しくなかった。桐原分における家中一人あたりの畑所持面積は、家老大野勘右衛門（禄高一五〇〇石）の八反五畝歩余を最大にして、平均すると上中級藩士で一反前後、下級藩士以下で五畝程度であった。

このように、桐原分の例一つをみても、松本藩の家中名請地は江戸の大名抱屋敷などとは異質な性格を有していた。家中一人の持つ畑面積は小さくとも、上士から下士まで畑の名請人になっていたことは注目に値する。家中名請地は「無役地」であることを除けば、一般的な百姓高請地と同様の農作用地として認識され利用されていたと考えられる。

4　松本藩の上り地

家中名請地は、近世後期になると、藩の上り地政策とリンクすることで荒廃地の活用策として機能するようになる。上り地は、藩が任命した上り地掛の指揮監督の下、耕作に適さない永引地や手余地《てあまりち》（耕作放棄地）に新規に作人を割り当て、年貢を収納するシステムであり、天保十一年（一八四〇）八月の上地掛折井武重郎の「上納高目録控」（南折井家文書、関西学院大学所蔵）では、上り地からの上納籾が計六九七俵余となっている。庄内組で上り地が史料上確認できるのは一八世紀半ばの宝暦期（一七五一～六四）頃からで、組内から三名の百姓が上り地掛に任命されている。

上り地制度のポイントは、家中自身では起返《おきかえし》（復興）が不可能な土地を上地して、上り地掛の主導で起返に必要な用水路整備や請作人（小作人）の割り当てを行い、年々の作柄に応じて機敏に請作人の交替や年貢・小作料の減額調整を行った点にある。家中御屋敷附地と上り地の構成比は、文政二年（一八一九）以降の桐原分を例にすれば、おおむね一対九であり（ただし上納年貢高ベース）、一九世紀はじめには上り地化された御屋敷附地が圧倒的であった。

上り地は、城廻り村々で手余地の問題が顕在化した享保期（一七一六～三六）頃より次第に増えていったと思われるが、史料的限界から、組全域での増減動向を跡づけることはできない。そこで、桐原分の隣村宮渕村に残された宝暦三年（一七五三）以降の「年貢上納払通帳」をもとに、御屋敷附地と上り地双方の年貢上納高の変化を追跡すると次の通りとなる。

①宮渕村には史料が残る宝暦三年から幕末までの約一一〇年間、額は少額であるものの、御屋敷附地からの上納年貢が常に存在し、寛政四年（一七九二）頃までは上納高がほぼ一定であった。ところが、天保期（一八三〇～四四）前後に上納高が激減し、反対に幕末の安政五年（一八五八）頃には上納高が一一〇年間で最大の値を示している。

②一方、上り地からの上納年貢は安永元年（一七七二）に初めて上納払通帳に登場し、天保五～十年（一八三四～三九）

には各年の上納高が安永元年の約四倍にまで増加している。しかし天保十一年以降は減少に転じて、文久元年（一八六一）には安永元年の水準までに減っている。

③御屋敷附地年貢と上り地年貢の合計額は、年が下るごとに次第に増加する傾向にあり、文政十年（一八二七）以降は宝暦三年の三倍にまで達している。また、天保の飢饉とその数年後の期間、合計額は全く落込みを見せていないが、それは上り地での年貢増加分が御屋敷附での減少分を大きく上回っていたためである。

宮渕村は庄内組内でも家中名請地が少ない村であり、この村の例をもって組全体への一般化は慎まなければならない。しかし、少なくとも宮渕村では、上り地は荒廃した家中名請地を復興させるために一九世紀初め頃から積極的に活用され、とくに飢饉の打撃をうけた天保期には大きな成果を上げていたといえる。上り地の制によって息を吹き返した城下周辺の家中名請地は、少なくなかったのである。

上地年貢帳

では、上り地で実際に耕作に携わっていた請作人は、どういった人たちであったろうか。一九世紀前期の上り地の状況を、文化十一年（一八一四）の「亥年貢帳」（南折井家文書、関西学院大学所蔵）からうかがうと次の通りである。

この史料は、個々の上り地の年貢籾高と実際の納入状況を請作人ごとにまとめたもので、五二〇人を超える請作人が、それぞれの居住町村ごとに記されている。請作人の居住地は松本城から半径約四キロ圏内にあり、請作人が多く住む地区を順に挙げると、西安原（武家地）六五名、地名無し某所（武家地か）四八名、安原町（町人地）四〇名、神沢村三八名、蟻ヶ崎村三六名、小嶋村三一名、博労町（町人地）三〇名、沢村二九名、中条村二一名などとなっている（図1-1）。なお、西安原は西町・御堂町・御旗町・同心町・御徒士町《おかちまち》といった城の北西側に位置する徒士足軽町の総称と考えられ、某所は、書かれた請作人の姓名から、善光寺道を挟んで西安原の反対側にある徒士足軽町と考えられる。また安原町は善光寺街道沿いの町人町である。請作人数の多い西安原から蟻ヶ崎村までは、いずれも松本城の北側ないし北西側にあたる地域であ

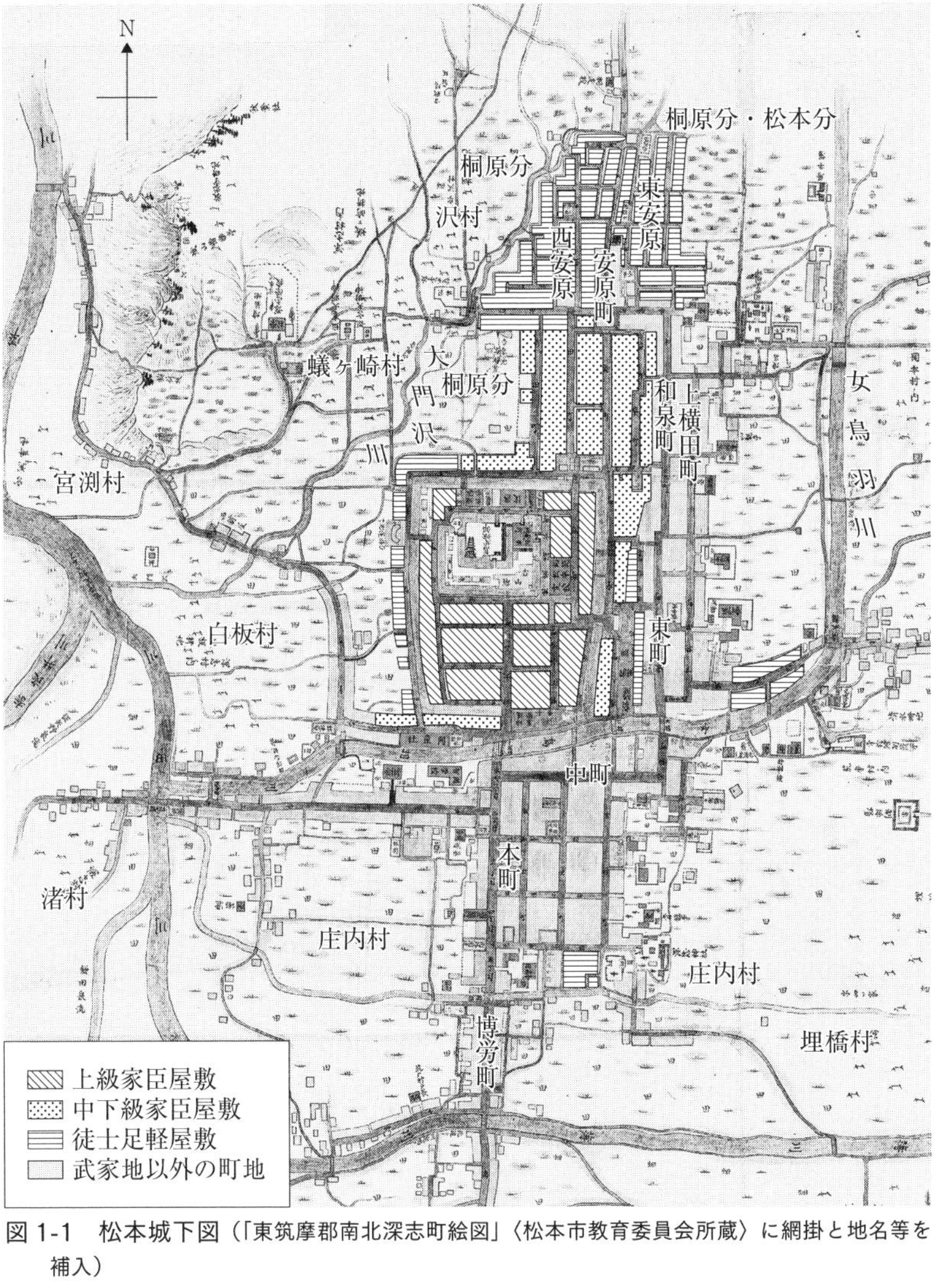

図 1-1　松本城下図（「東筑摩郡南北深志町絵図」〈松本市教育委員会所蔵〉に網掛と地名等を補入）

る。

友成覚右衛門、大門沢元七斗
一、六斗　　　　　　　　○　小沢浮右衛門
　　　　　桐原分より済

右は西安原の項に記された小沢浮右衛門の事例である。一つ書きの真下にあるのが請作人の名前で、右側に小さく記されているのが当該屋敷附地の名請人と耕地の所在地および元の年貢高である。請作人の小沢浮右衛門は、西安原の御堂町東側に屋敷を持つ九石三人扶持の下級藩士（中小姓）であり、友成覚右衛門は、松本城三ノ丸内の大名町に屋敷を持つ五〇〇石の上級藩士であった（各禄高は嘉永七年の値）。この記事には、①字大門沢にある友成覚右衛門名義の年貢地が上地され、その地が小沢浮右衛門に預け渡されていること、②年貢高は元の籾七斗から減額されて六斗に定められていること、③その年貢は桐原分の庄屋を経由して藩に納入されていることが記されている。この事例では年貢は現籾で納められているが、請作人が藩家中のときには、扶持米切手や金銭で納められることが多かった。

上地年貢帳には、小沢浮右衛門のような上り地を請作する藩家中が一一三名登場する（連名での請作の場合は便宜的に一名と勘定）。つまり、この年の請作人約五二〇人のうち、二〇％以上は家中だったということになる。家中身分の請作人一人が納める平均年貢高は約五斗で、百姓身分の請作人と比べれば少額だが、決して無視できない額である。請作人として記された家中の禄高は、文化期（一八〇四〜一八）当時の禄高帳がないため四〇人弱程しか明らかにならないが、判明する範囲での上位は、嘉永七年（一八五四）に一六石三人扶持で郡代官役にあった松野詰右衛門や、一三石三人扶持の藤沼九郎之丞（中小姓）などである。ただ、松野のような禄高一〇石を超える者は比較的少数であり、家中請作人の大半は九石三人扶持から五石二人扶持程度の下級武士――徒士同心クラス――である。嘉永期（一八四八〜五四）の彼らの役職をみていくと、御作事奉行、御武具方吟味役、御殿番、御蔵定役、御勘定同心、組士、御物書など雑多であり、役職での偏りは

みられない。

上り地の置かれた場所と家中請作人の居住町との関係性をみてみると、西安原地区の各町に住む家中は、西安原の後背地にあたる大門沢川沿いが多いなどの傾向は見出せるが、全く別方角の上り地も同時に請作することもあり、一貫性はない。また、同じ徒士足軽町内に住む家中同士であっても、上り地の場所がかけ離れているという事例はごく一般的にみられる。一部の上り地のなかには、「右畑、深尾利野右衛門作り候に付、右方へ申上ル事。右畑ヲ安原町幸二右衛門となり（隣）ニて土取候義せんぎの事」などといった注記もみられたりする（御蔵定役川村須磨右衛門〈五石二人扶持〉の請作地。傍点は筆者による）。

以上から、藩家中による上り地の請作は下級藩士が中心であり、また、大半の上り地は、住居用途などではなく、純粋に農地やそれに準ずる土地として請作されていた可能性が高い。

松本居住貫属士族屋敷附払下願

これまで述べてきた松本藩の家中御屋敷附地は、廃藩置県で藩が消滅すると、明治新政府の地租改正事業にともなって官有地として接収された。そして明治十一年（一八七八）に及んで、元の所有者を主な対象にした払い下げが実施されることになり、旧松本藩士族（旧藩士）や関係小作農民から二〇六件の払い下げ願いが長野県に提出された。本章の最後に、払い下げの願書綴である「松本居住貫属士族屋敷附払下願」（長野県立歴史館所蔵）をもとに、幕末期の家中名請地の実態について述べよう。

払い下げ願いのあった「士族屋敷附」の総面積は約二四町八反九畝歩、筆数では三五五筆にのぼっている。約二五町歩は、松本地方の平均的な近世村一村の耕地面積に匹敵する規模である。地種別では畑地のみの出願が一八〇件、宅地のみが一一件、田地のみが六件、その他が九件となっている。畑地が九割を占めているが、残りの一割には田地や宅地、荒地、芝地も含まれていた。

［士族岡俊純、信楽村字小島上・畑四筆・計三反六畝八歩］

右は従来屋敷附と唱え、私家においてほとんど百五十年来進退仕来り候ところ、地租御改正の際御引き上げ、今般さらに御払い下げあいなるべき趣拝承つかまつり候、ついては痩地薄土に候えども永年直作仕来り候あいだ、前書代価をもって御払い下げあいなり候よう願い上げたてまつり候

［士族友成金作、岡本村字千躰堂上・畑一筆・二畝一〇歩］

右は太田貞固屋敷附、先般上地つかまつり候えども、これまで私小作つかまつり、桑植え付け進退まかりあり、今般御払い下げ御達によって前書代金をもって御払い下げなし下されたく願いたてまつり候

右の史料は、士族岡俊純と士族友成金作の願書の一部である。岡俊純は一五〇年間自家で直作（自作）してきた畑四筆・計三反六畝余の払い下げを願い出ており、友成金作は元小作人の立場から太田貞固名義の御屋敷附畑の払い下げを願い出ている。この二例のように、御屋敷附地は、旧藩時代にその土地を「直作」していた士族の者かその当時の小作人に払い下げられている。願書綴にある二〇六件のうち、六九件（約三三％）が江戸時代にその土地を自作していた旧松本藩士族からの出願（計約五町二反五畝歩）となっており、残りの一三七件（約六六％）が元小作人（請作人）からの出願（計約一九町六反四畝歩）となっている。申請一件あたりの平均面積と平均筆数は元自作人と元小作人とでは違いがあり、元自作人の場合が一件あたり一・三九筆、七畝一八歩であるのに対して、元小作人の場合は一・九筆、一反四畝一〇歩となっている。元小作人が申請する土地のほうが、元自作人のそれよりも二倍の規模になっていたことになる。

全体の約三分の二を占める元小作人としての申請は、平民身分の者が大多数であった。しかし、元小作人のなかにも前記の友成金作のような旧松本藩士族が十数人含まれていた。自作・小作合わせて全体の約四割が旧松本藩士族からの出願であったことは注目に値する。幕末段階においても一定数の藩家中が直接田畑に関わっていたことになる。

申請二〇六件のうち約半数は定型的な文面であり、土地利用の実態に触れた願書はそれほど多くない。そうしたなか、

字田町裏の田地四畝八歩の払い下げを願い出た士族服部筑膳の願書には、次のようなことが書かれている。

①対象の土地はもともと藩士柳沢信貞の屋敷附地であり、いったん藩に上地されていたが、藩主戸田光則の時代（一八四五年以降）から自分が借地してきた。

②今回願い出た土地の半分は、慶応年間（一八六五〜六八）に田町（郭外北側の武家地）が再開発される際に、町並みの西側奥行に凸凹があるため、藩から一同に与えられた土地のひとつである。従前の借地分と合わせて永世拝借することになった。

③自分が拝借する以前は田地であったが、拝借後は畑地に転換してきた。

④莫大な費用を掛けて土地に手を加え、桑を植えてきた。近年ようやく成木したので、是非とも払い下げを願いたい。

このように、御屋敷附地を与えられた家中は、自らの資金を投じて土地を開墾してきた。前に宮渕村の例でみた幕末期の御屋敷附年貢の増大という事態の背景には、ここに示されるような土地の新規下げ渡しも含めた藩による城廻り地域の再開発策があった。新たに屋敷附地を与えられた家中は、耕作放棄された土地を麦・雑穀・蔬菜畑や桑畑に転換するなどして、藩の政策に応じていたのである。

右の願書では、願人の服部筑膳が過去に莫大な資金を投じてきたことが述べられているが、同様の趣旨を述べた願書は他にも多い。例えば、字大門沢の畑壱反壱畝二三歩の払い下げを願い出た士族川井広海の願書には、亡父の川井郡次郎が天保年中（一八三〇〜四四）より桑を五百本植え付けて自作してきた土地であるということが述べられている。そうした主張が多いのは、大門沢川近辺での起返には地形的に実際に多額の経費が必要だったという事情もあるが、過去の投資実績を主張することで他者の申請参入を排除し、相場よりも安い価格での払い下げを願ったという背景がある。

桑畑として土地を活用していたことが明記された願書は二一件あり、そのうち少なくとも一一件が士族（旧松本藩士）からの出願である。松本藩では天明三年（一七八三）頃から養蚕奨励のために領内での桑苗植え付けを奨励し、文化期

（一八〇四〜一八）には国産生糸や絹類が生産されるようになっている。幕末の家中による土地再開発は、藩の養蚕奨励策にも合致したものであった。

また、元小作人への払い下げ決定には過去の耕作歴が考慮されたらしく、多くの願書にはいつ頃から請作してきたかが述べられている。その年代をみていくと、もっとも古いもので一七八〇年代からの小作が四件あり、それ以降は、一七九〇年代一件、一八〇〇年代五件、一八一〇年代三件、一八二〇年代五件、一八三〇年代一三件、一八四〇年代三四件、一八五〇年代四三件、一八六〇年代三件となっている。明らかに一八三〇年代以降のものが多く、一八五〇年代からの小作がもっとも多い。払い下げを希望した元小作人にとって、当該の土地は二、三〇年間という長い期間耕作し続けてきたものが大半であり、家産の一部という意識がうまれていたのであろう。

おわりに

本章では、近世の地域社会研究において、今後は、城廻り（陣屋元）村の特質や、城廻り地域を支配した大庄屋の特質解明が必要であるという指摘を行った。紙幅の都合から、具体的には、松本城周縁村落の特徴を、無役地とされた町人名請地と家中名請地の二点から明らかにするに止まったが、城廻り大庄屋の問題に関しては、一例として、丹後国久美浜《くみはま》幕領において、弘化期（一八四四〜四八）に陣屋元村に住む郡中代が、陣屋詰御役人から得た情報や人脈を梃子にして、在方の郡中惣代らを凌ぐ政治力を発揮していた例があることを指摘しておく（志村洋「大庄屋と組合村」）。以下では、行論中明らかにしてきたことを再確認して、本章を閉じることとする。

松本では、城下枝町の住民は、商工業のかたわら周辺村で農業を兼営し、藩家中の一部も自身の名請地からの小作料収入を家計の助けとしていた。城下周縁村のひとつ、桐原分の場合には、近世前期には、多数の松本町人や藩家中が一反前後の小規模な土地を名請する状況がみられたが、近世後期には、一七世紀中にはみられなかった村居付きの百姓が増加し、入作百姓の範囲も広がるなど、土地の所有者が多様化していった。

松本藩の家中名請地は、城下の拝領武家屋敷にひも付けられた家中御屋敷附地とそれ以外の家中新切に分けられた。前者は高請地でありながら拝領屋敷に準じた扱いをうけたが、後者は百姓との間での売買も行われた。名請人となった家中は、家老層から足軽以下に至るまで幅広く存在した。兵農分離を経た近世社会では、士身分は年貢納入義務を負う名請人にはならないのが通常であったが、実際には城廻り村々では名請人になることがあったのである。

家中名請地の多くは近世中期には亡所（耕作放棄地）化していたと考えられるが、近世後期になると、藩の上り地政策とリンクすることで復興が進むようになった。上り地では、藩に任命された上り地掛の指揮監督の下、用水路整備が行われ、亡所化した土地には新規に請作人が割り当てられ、適宜交替も行われた。文化期（一八〇四～一八）には上り地の請作人は五二〇人余に上っていたが、そのうちの二〇％は徒士・足軽以下の松本藩家中であった。家中御屋敷附地の多くは住居などではなく、純粋に農地やそれに準ずる土地として活用されていたと考えられ、幕末期には桑畑などとして用いられていた。

この松本のように、城下町人が農業を兼業していた例は他の地域でもみられた。例えば、近世初頭の城下町建設時に村落が都市域に組み込まれた丹波亀山《かめやま》や、住民が新城下町に移った後も旧村に出作地をもった大和郡山《やまとこおりやま》などでも同様の状況がみられる（松本四郎『城下町』）。ただ問題は、従来ではその理由を、城下町域の拡大に伴う周辺農村の都市化か、城下町建設時の歴史的経緯かのいずれかで理解してきていることである。少なくとも信州松本の場合は、町人や家中による高請地所持は城下町域の拡大――田畑の宅地化――といった文脈ではなく、城下居住者の広義の農業経営への関与として捉えることが正しい。そうした城下町人や家中の持つ田畑がひろく存在していた点が、一般の在方の村とは異なる城廻り村（陣屋元村）の特徴といえるのではないか。

百姓以外が高請けした土地は、名請人の身分や職分に応じて、年貢以外の諸役が免除される無役地とされることが多かった。陣屋元〆庄屋などに認められていた（時には過剰とも思えるほどの）役引高も同様の性格を持っていただろう。しかし時が経ち、村の住民構成が変化し、土地を持つ者の属性が次第に変化していくと、村の小百姓のなかにさまざまな問題意識がうまれるようになる。一八世紀に頻発した特権的村役人に対する特権否定運動の背景には、上記のような、身分にもとづく支配原則と土地にもとづく支配原則との隙間に生じた新たな問題が横たわっていた可能性がある。

ところで、広義の「士身分」による農地経営には、それぞれの地域に応じて、本章での事例とは異なる性格のものがあったと思われる。例えば、困窮した武士が藩に許可を得て在郷住宅した萩藩の事例や（森下徹『武士という身分』）、城廻り村の百姓が通勤形態で足軽奉公に上がっていた津山藩の例（磯田道史「津山藩領山北村の足軽・中間奉公」）などがある。旗本陣屋役人の田畑所有も、松本藩の家中名請地とは別種のものだろう。さまざまな「士身分」の農地経営の実態についても、今後注意深く検討していく必要がある。

〔参考文献〕

磯田道史「津山藩領山北村の足軽・中間奉公」『日本研究』二四、二〇〇二年
岩淵令治『江戸武家地の研究』塙書房、二〇〇四年
金井　圓「「家中名請」について」同『近世大名領の研究』名著出版、一九八一年
佐々木潤之介「譜代小藩の権力構造」『歴史学研究』二六八、一九六二年
志村　洋「大庄屋と組合村」『岩波講座日本歴史14　近世5』岩波書店、二〇一五年
志村　洋「近世後期、城下町周縁村落における水車業」『関西学院史学』四八、二〇二一年
中野達哉『江戸の武家社会と百姓・町人』岩田書院、二〇一四年

原田佳伸「村の中の武家地」宮崎勝美・吉田伸之編『武家屋敷』山川出版社、一九九四年
東筑摩郡・松本市・塩尻市郷土資料編纂会編『東筑摩郡・松本市・塩尻市誌』第二巻歴史下、一九六八年
松本四郎『城下町』吉川弘文館、二〇一三年
森下　徹『武士という身分』吉川弘文館、二〇一二年
山崎　圭『近世幕領地域社会の研究』校倉書房、二〇〇五年
吉岡　孝『八王子千人同心における身分越境』岩田書院、二〇一七年
吉田伸之「社会的権力論ノート」久留島浩・吉田伸之編『近世の社会的権力』山川出版社、一九九六年

※本稿は、JSPS科研費17K03114「近世、城廻り（陣屋元）地域の大庄屋に関する研究」（研究代表者志村洋）による研究成果の一部である。

第2章

古村と新田村の労働調達競争

萬代　悠

はじめに

近世に至って開発された新田村《しんでんむら》の研究は多く存在するが、新田村の近郊に位置した村の研究はほとんどみられない。新田村については、一七世紀後半以降、幕府の土木・建築事業を町人らが担うという民間請負の広がりのもと、町人請負新田の開発が全国的に進んだことがよく知られている。町人請負新田とは、財力のある町人が出願や入札を経て幕府から耕地開発を請け負い、近隣から多大な労働を調達して耕地を造成し、百姓を小作人として定着させた新田である。幕府にとっては町人の財力によって新たな年貢収入を得ることができ、町人にとっては年貢と必要経費を差し引いた残余を取得し、開発当初には数年間の年貢免除を得ることができた（木村礎『近世の新田村』）。

このような民間請負の拡大が招いた問題については、すでに賄賂の横行や入札の談合が指摘されている（藤田覚『田沼時代』）。ただし、新田開発自体に目を向けると、民間請負の広がりは地域内部での競争と軋轢《あつれき》を生んだことにも注意すべきである。幕府による請負業者優遇策（年貢免除期間の設定）は町人請負新田の開発を促し、その結果、耕作労働者の確保をめぐって近隣村（古村《ふるむら》）との間に競争と軋轢が生まれた。町人請負新田（新田村）は古村から労働を調達したからである。

近代に比べて労働の大規模、長距離移動が制限的であった近世の場合、地域内部で限られた労働資源を新田村と古村が奪い合う形になった。とくに近世後期の非農業部門の成長は労働者の就業選択肢を増やしたので、労働は稀少な資源と化した（萬代悠『近世畿内の豪農経営と藩政』）。古村の村役人や地主たちが農業労働を村内にとどめ置くには、近隣の新田村、あるいは非農業部門との競争に打ち勝つ必要があった。

本章では、町人請負新田がもたらした競争と軋轢、労働稀少化という従来の研究に欠けていた視点を組み込み、これらに対し古村、新田村の地主たちがどのような選択をとったのかを明らかにする。

なお、近世の新田村には、著名なものとして土豪開発新田がある。とくに近世初期の関東の場合、百姓の定着が十分ではなく、年貢負担の過重に耐えかねて百姓が領外に移動する「欠落《かけおち》」や「逃散《ちょうさん》」も多くみられた。開発主である土豪は、入村する百姓の定着にも努める必要があった（小酒井大悟『近世前期の土豪と地域社会』）。これに対し、早くから「家」が成立し、百姓の定着がみられた畿内の場合、近世初期の関東のように大規模な人口移動は難しかった。したがって、開発主の町人は、近隣から通勤労働を調達し、その通勤小作人を定着させる必要があった。とくに畿内では非農業部門の成長が著しかったので、地主たちは、小作人の勤続意欲を満たし、他の就業機会に流れないよう努めることになった。

1　旧大和川筋の町人請負新田

大和川付け替えと新田開発

近世畿内で代表的かつ大規模な町人請負新田としては、大和川《やまとがわ》の付け替え後の河床《かしょう》に造成されたものがある。図2―1に示したように、旧大和川水系は、大和から河内に出たあと、石川水系と合流して北へと進路を変え、久宝寺川《きゅうほうじがわ》や玉串川《たまくしがわ》、菱江川《ひしえがわ》などを経て淀川《よどがわ》水系と合流していた。しかし、古くから旧大和川流域では洪水が慢性的に発生し、農業生産性の低

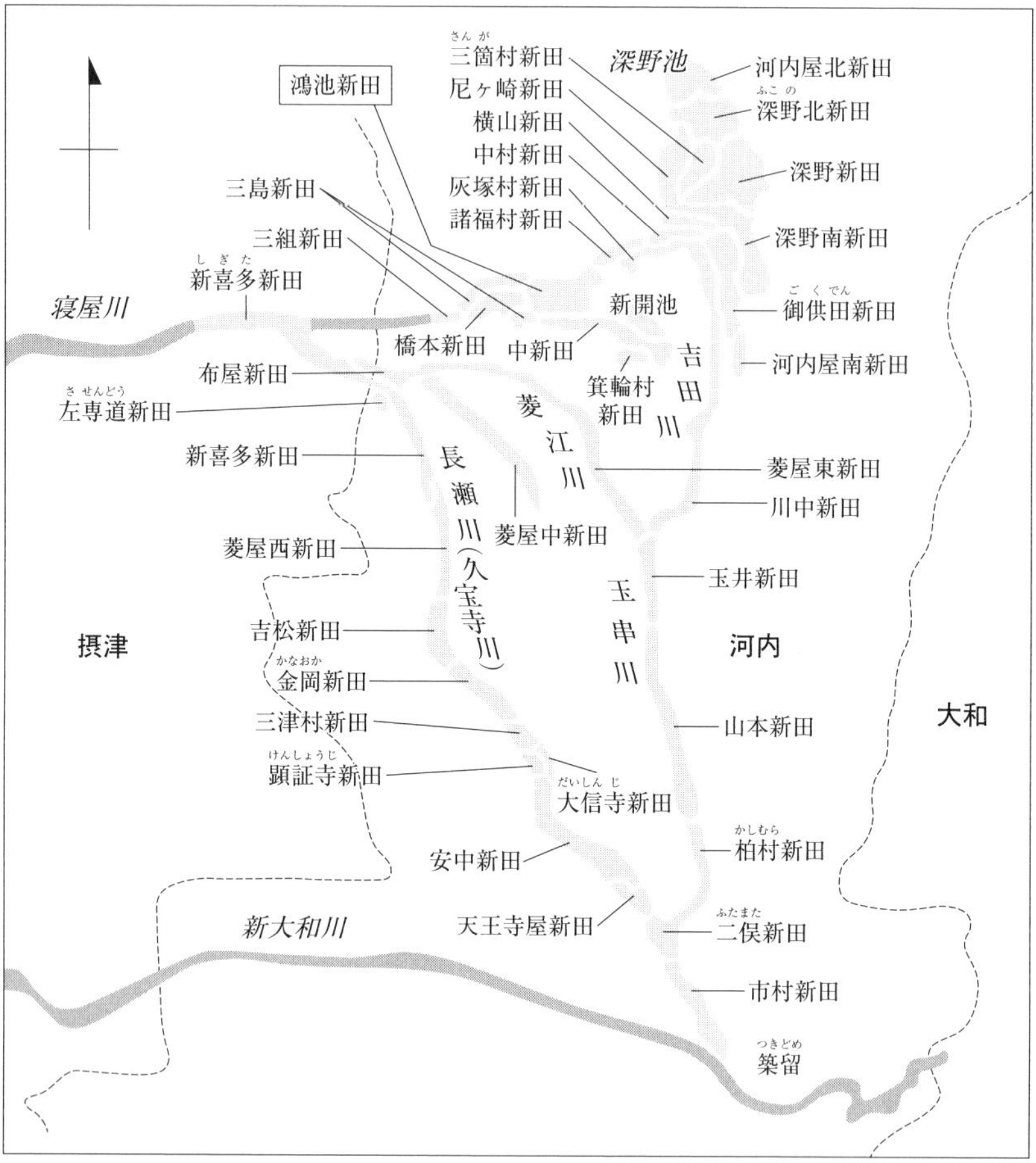

図 2–1　旧大和川筋の主な新田

長山公一（大阪春秋編集室）編著『大阪春秋』収録の 15 頁図の一部を削除，加工して作成．

下を招くことが多かった。河内平野においては、河川の勾配《こうばい》が緩く、上流からの土砂が堆積して河床が高くなりやすかったからである。現存する記録によると、洪水が多発したのは一七世紀以降というが、これについては狭山池《さやまいけ》（現大阪府大阪狭山市）の事例のように、商品経済の拡大のもと、上流域で新田開発や山林草木の伐採（商品化）が活発になり、土砂崩れが発生しやすくなったことも原因かもしれない。

とくに一七世紀後半に至ると、旧大和川水系では、洪水による水害が頻発した。これに対し、被害をうけた旧大和川下流域の百姓たちは、おおむね万治二年（一六五九）以降、大和川の付け替えを幕府に嘆願し続けた。この嘆願は、河村瑞《かわむらずい》賢《けん》による付け替え計画の否定や、約四〇年にわたる付け替え反対派との衝突を乗り越え、宝永元年（一七〇四）四月に着工を果たし、同年九月末には付け替え工事が完了したという（山口之夫『河内木綿と大和川』、村田路人『近世の淀川治水』、市川秀之「近世前期における河内狭山池集水域の開発とその影響」）。

こうして、旧大和川筋には多くの河床が地上に姿をあらわし、使用されなくなった堤防などを含めて、これらは新田畑として開発されることになった。そもそも大和川の付け替えは、旧大和川筋の新田開発を織り込んで計画されたと思われることに注意したい。大坂代官の万年《まんねん》長十郎が幕府に提出した開発願いによると、新田開発をする理由は二つあった。一つは、開発初年のみに開発主が納めた地代金《ちだいきん》の確保である。地代金とは、新田開発を請け負う町人が開発権と所有権を得るために幕府に納めた金銭であり、万年はこの地代金を大和川付け替えの経費にあてる計画を立てた。もう一つは、新大和川筋の潰れ地（河床）化による年貢減少分の補塡である。万年は、新田の年貢収入により減収分を補塡しようとした。万年の具申がどの程度幕閣に容れられたかは不明だが、新大和川の開鑿《かいさく》が完了した直後、幕府は実際に旧大和川筋の町人請負新田の開発を奨励したので、数多くの新田（図2–1）が誕生した（布施市史編纂委員会編『布施市史　第二巻』）。以下では、著名な町人請負新田である河内国若江郡鴻池《わかえぐんこうのいけ》新田（現大阪府東大阪市）を紹介する。

鴻池新田の開発

鴻池新田は、その名の通り、代表的な大名貸商人である鴻池屋善右衛門《こうのいけやぜんえもん》（以下、鴻善とする）が所有、経営した新田である。ただし、開発はやや複雑な経緯をたどった。当初、河床の開発権については、京橋一丁目（現大阪府大阪市都島区）の大和屋《やまとや》六兵衛《ろくべえ》と河内国讃良《ささら》郡《ぐん》中垣内村《なかがいとうむら》（現大阪府大東市）の長兵衛が両名義で入札し、宝永元年（一七〇四）十一月に落札した。ところが翌宝永二年四月十七日には、鴻池屋善右衛門（三代宗利《むねとし》）・鴻池屋善次郎（四代宗貞《むねさだ》）両名の名義に譲り替えられ、鴻善が名実ともに開発主となった。

宝永二年四月二十七日の鎮守祭を経て開発工事がはじまり、宝永四年にはおおむね開発が完了したという。名義変更の経緯については不明な点が多いが、鴻池新田会所での勤務も経験した草間直方《くさまなおかた》（鴻池屋伊助）の著作『鴻池新田開発事略』によると、「（六兵衛と長兵衛は）前々より出入り致シ右新田抔《など》の儀企《たくら》み功者《こうしゃ》ニこれ有り候《そうろう》者ニ付き、此者の名前を以《もつ》テ入札これ有り」とある。もともと六兵衛と長兵衛は鴻善に出入りし、入札・出願の技術（根回しや入札額設定）に長けていたので、鴻善は彼らに入札代行を依頼したことになる。

ともあれ、年貢免除期間が終了し、宝永五年（一七〇八）八月には万年長十郎らが初の検地を実施した。その結果、課税対象となる田畑・屋敷地の面積は一二〇町一畝一六歩、石高（課税基準高）は八七五・五三八石となり、これ以外には堤・池・井路などの敷地面積五八町七反六畝六歩が非課税地と認められた。このとき、開発地には「鴻池新田」という名称が与えられた。年貢率は、宝永五年～享保九年（一七二四）には検《け》見《み》取《とり》（毎年の予想収穫量に応じた年貢高）で平均三〇％、享保十年（一七二五）～享保十九年（一七三四）には定免《じょうめん》（過去平均で算出した年貢高を一定期間固定して徴収）で四一％（潰れ地などを差し引いた毛付免《けづけめん》で三八％）、延享元年（一七四四）～寛延元年（一七四八）には定免で三五％（毛付免で二八％）であった。早くから年貢は銀納であったようである。正徳四年（一七一四）においては、近隣の古村五か村が鴻池新田の再検地を幕府に訴え、享保四年（一七一九）に再検地が実施されたので、台帳面積は一五七町八反八畝、石高は一七〇六・八八八石となった。このように鴻池新田は、旧大和川水筋で最大の新田であった。一方で鴻善は、宝永七年（一七一〇）以降にも近隣の中新田（前島・東寺島・西寺島新田）、三島新田、橋本新田の一部も購入し、新田経営を拡大していった。

なお、鴻善が実際に新田で執務するのではなく、鴻善の手代数名が支配人として新田経営の実務を担った。支配人は、鴻池新田の敷地内に建てられた会所で勤務したが、あくまで鴻善の監督下にあり、適宜、大坂の鴻善から指示を仰いだ。鴻池新田会所は、修復や復元工事を経て現存し、史跡・重要文化財に指定されている（池浦正春「町人請新田の構造に関する歴史地理学的考察」、藤田貞一郎「町人請負新田の経営的性格」）。

鴻池新田の小作人

新田の一部を借り受け、耕作する小作人には、居付《いつき》百姓（新田村百姓、「村抱《むらかかえ》百姓」）と通勤小作人（「入作《いりさく》」小作人）の区別があった。

居付百姓とは、自らの希望で、新田の敷地内に移住してきた小作人である。鴻池新田の場合、居付百姓の家数は享保十八年（一七三三）時点で四〇軒、天保元年（一八三〇）時点で六〇軒であり、人数は享保十八年時点で二八〇人、天保元年時点で三四七人であった（池田純子「鴻池新田の地主小作関係について」）。明治十七年（一八八四）の調査によると、宝永二年（一七〇五）から存続した居付百姓は二〇軒であり、その出身地は西摂津、大和、紀伊にも及んだ。鴻池新田がある河内国若江郡の出身は、わずか二軒に過ぎなかった。鴻善は、居付百姓と契約書（「御新田下作《げさく》証文之事」）を取り交わし、契約者に対しては田畑だけでなく家屋も貸与した。契約書の文言には「御下作米毎年霜月中に急度《きっと》指し上げ申すべく候」とあるように、田畑の場合、居付百姓には小作料（年貢諸役と地主徳分の合計）納付の義務がともなったが、家屋については賃料の記載がないので、これは無償貸与であったと思われる（川上雅「徳川期鴻池新田における地主・小作関係の特質」、藤田貞一郎「町人請負新田における下作百姓の住家」）。

通勤小作人とは、近隣の古村に居住しながら、耕作のために新田に出入りした小作人である。鴻池新田の場合、通勤小作人は文化九年（一八一二）時点で一〇〇〇人余であった（池田純子「鴻池新田の地主小作関係について」）。商人地主の研究に取り組んだ中井信彦によると、鴻善は近隣古村の上層農らに大口の小作地を割り当て、上層農らはその一部を自ら小作した一方、大部分を自己の裁量で村内の多数の百姓に小口の小作地を割り当てたという。この論文が発表された一九五〇年代当時では、明治維新の原動力を探るという問題意識のもと、前近代における階級的支配と搾取の構造、変化に関心が集中した。中井も例外ではなく、資本家階級として成長する鴻善らが新田地主として小作人を支配、搾取する段階から、労働者階級に相当した小作層が鴻善らへの抗争を繰り返し、資本家階級に妥協させる段階へと発展する、という見取り図を描いていた。中井の念頭には、巨大な商業資本である鴻善が周囲の上層農らを支配下に置き、鴻善が上層農を、上層農が中下層農を搾取したはずだという先入観があったので、鴻善が小作地を割り当てたとするような、やや強制的な表現になったと思われる。

　地主が小作人を強く縛り、強力に支配したとする解釈は、いまだ一部で共有されている印象がある。しかし、大口の小作地耕作を請け負った上層農は、鴻善から「肝煎《きもいり》」に任命され、小作地の広さに応じて給米を受け取り、小作料の一割程度を免除される特権を得ていたことに注意すべきである。しかも寛政十一年（一七九九）の大坂代官の触書によると、すでに宝永元年前後には、新田開発が小作人の不足を招くことも予測されていた。当然、通勤小作人は居付百姓とは異なり、不誠実を働いても家屋を没収されることもない。よって、近隣古村の上層農は、家族労働や村内労働の余力を勘案して、鴻善から借り受ける小作地の広さを選び、相応の利得（給米取得と小作料免除）があったからこそ鴻善と小作契約を結んだと考えるべきである。なお、先述の触書によると、「下作之儀は新田隣郷村々より請け負い申すべしとの趣《おもむき》証文、其の節《せつ》公儀え《へ》差し出し候由」とあるが、その証文については今のところ確認できず、近隣古村への小作地「割り当て」面積が決まっていたという記述もみられないので、少なくとも近隣古村の上層農が借り受ける小作地の面積は、鴻善との交渉に左右されたと考えられる（中井信彦「町人請負新田の性格と機能」、同「商人地主の諸問題」）。

このような「肝煎」の存在は、河内国若江郡菱屋《ひしや》新田（菱屋東・中・西新田の総称、現大阪府東大阪市）の近隣古村にもみられる。当該地も、代表的な豪商である三井（大坂両替店《だな》）が所有、経営した新田である。享保六年（一七二一）の検地以降、菱屋新田の台帳面積は合計七九町七反二六歩で、石高は八二一・七三八石であった。菱屋新田の場合、享保十八年時点で七二三人の通勤小作人がおり、享保十七年から天保十四年（一八四三）には全耕作面積の約六八〜七五％を耕作していた。三井も近隣古村ごとに「田地世話人」を配置し、「田地世話人」は、小作料納入額に応じて三井から手数料を得たという（中井信彦「町人請負新田の性格と機能」）。「田地世話人」が鴻善の「肝煎」に相当した。

鴻池新田の土地柄

田畑の割合についても説明する。正徳二年（一七一二）時点で田地が約三〇％、畑地が約七〇％を占めたが、文政四年（一八二一）に至ると、田地が約五五％、畑地が約四五％となった。作付の別については、正徳二年時点では田地はすべて稲作、畑地の約一四％は稲作、残りは綿作であったが、文政四年には田地はすべて稲作、畑地はすべて綿作となっていた。綿作の割合は、約六〇％から約四五％に減少したことがわかる。

ほかの旧大和川筋の新田と同じく、鴻池新田には採草地がなかったから、綿作はもとより、稲作にも干鰯《ほしか》や油粕などの購入肥料（金肥《きんぴ》）が用いられた。とくに綿作については多くの購入肥料が必要であったばかりか、収穫量は気象状況に左右されやすく、豊凶によって著しく収穫量の差が生まれたので、綿作はハイリスク・ハイリターンであったことが知られている。一八世紀後半以降には、綿作が全国的に展開し、綿の価格は以前ほど高値ではなくなり、肥料価格も上昇していった。鴻善は、自らの出費で、次第に安定志向の稲作への転換（稲作畑の稲作田への変換）をしていったと考えられる。稲作への転換は、ほかの畿内の地主にもみられる現象であった（川上雅「徳川期鴻池新田における地主・小作関係の特質」、森杉夫「商品生産と農民層の動向」、萬代悠『近世畿内の豪農経営と藩政』）。

鴻池新田の土地生産性については、稲作が反収《たんしゅう》（一反当たりの収穫量）二・五石〜三・〇石、綿作が一五〇〜二八〇斤程度であったと推定されている。畿内農村の場合、すでに一七世紀後半には土地と労働の生産性を高めるための技術進歩が顕著であった。肥料については、元禄期（一六八八～一七〇四）頃には肥効の高い窒素《ちっそ》系、燐酸《りんさん》系の購入肥料（干鰯や油粕）が普及し、多投されるようになった。元禄～享保期（一六八八～一七三六）には稲の脱穀を省力化する千歯《せんば》扱《こ》きも普及した。近世中期に至ると、深耕を可能にする備中鍬《びっちゅうぐわ》が普及し、近世後期には稲の苗を強く育てる薄蒔きや稲の生育状況に応じた施肥《せひ》も広まった。実際、畿内の地主の稲作反収をみると、すでに一八世紀初頭には土地生産性が高く、一九世紀においても緩やかに生産性向上が持続していた。畿内の地主手作地（家族労働と雇用労働を用いて耕作する土地）の反収と鴻池新田のそれを比べると、稲作については鴻池新田の反収は最高水準を示していた。綿（実綿）の計量単位には、一斤当たり二〇〇～三〇〇目（約七五〇～一一二五グラム）のばらつきがあったので、地主間の単純な比較はできないが、それを割り引いても、鴻池新田の綿作反収は比較的高水準であった。これら高水準の反収を維持できたのは、鴻善が自らの費用で土地改良、雑毛作による休閑の設定に取り組み、小作人に対しては購入肥料の多投を奨励していたからであった（池浦正春「町人請新田の構造に関する歴史地理学的考察」、中井信彦「商人地主の諸問題」、萬代悠・中林真幸「近世の土地法制と地主経営」）。

鴻池新田の小作料

このような購入肥料の多投が実現できたのは、実は、鴻善の小作料設定に秘密があった。延享二年（一七四五）に鴻善が代官に提出した願書によると、小作料の設定方法は、総収穫量から、その三〇％を肥料購入代金として先に割り引き、残り七〇％のうち三〇％（総収穫量の二一％）を小作人の取り分とする、というものであった。

本来、肥料は小作人が自ら調達すべきものであったから、仮に肥料購入代金も小作人の取り分として計算すると、小作人への分配は総収穫量の五一％になる。残り四九％のなかから鴻善は幕府に年貢を納めたので、年貢が総収穫量の二〇％（年貢率三〇％で石高の一・五倍の収穫量があったと仮定）として、領主、地主、小作人の分配比は二〇％、二九％、五一％になる。同時期の和泉国岸和田藩の場合、裏作込みで領主、地主、小作人の分配比は三八％、三一％、三一％であった。年貢率が低位であった新田のためか、鴻池新田では領主の取り分が少なく、小作人の取り分が多かったことがわかる。しかも、鴻池新田の場合、一八世紀中頃以降、畑地二毛作の禁止から容認へと方針が変化し、裏作の麦も小作人の収入となった。菱屋新田においては、通勤小作人は裏作で一反当たり定額〇・三石の小作料を納めたが、居付百姓はそれを免除された。鴻池新田についても通勤小作人には裏作麦の小作料が課されたようだが、少量とあるので、裏作収入も小作人の分配を高めたといってよい。なお、鴻善が肥料購入代金を先に割り引くということは、その三〇％を肥料購入に用いず使い込む小作人も出現するかもしれない。しかし、鴻池新田の支配人と「肝煎」は、施肥を怠る小作人が出ないように監督、巡回したというから、そのような不誠実もある程度は防げたのであろう（池浦正春「町人請新田の構造に関する歴史地理学的考察」、中井信彦「商人地主の諸問題」、東大阪市文化協会編『鴻池新田の綿と人びと』、萬代悠『近世畿内の豪農経営と藩政』）。

鴻池新田の場合、小作人の取り分は比較的多く、とくに多大な経費となる肥料購入代金分の割り引きは、小作人にとって新田小作を選択する誘因になったに違いない。開鑿前後から小作人不足が予想されていたこと、地主負担で土地改良や休閑設定がなされたこともふまえると、鴻善は、自らの利益最大化を目指しながら、外部からの小作労働の調達に熱心であったことがわかる。ひとたび不作・凶作が頻発し、人口が減少すると、古村と新田村で小作労働の奪い合いが生じた。一八世紀末の菱屋新田の場合、近隣古村は領主に出作（通勤小作）抑制令の発令を要求し、三井は小作人に干鰯購入代金を無利息で貸与した。菱屋新田の小作人たちは、小作人不足を利用して三井に小作料減免を要求し、要求が通らない場合には小作地放棄をほのめかすほどであったという。これを中井は抗争と捉えたが、適切な賃金（小作の場合、小作人取り分）を得られなければ外部の就業に移動できるような、就業機会の増加と労働市場の統合が進んでいたことを示している（中井信彦「町人請負新田の性格と機能」、三井文庫編『三井事業史　本篇第一巻』）。

以上から、地主が小作人を支配、搾取したという解釈は、一面的であったことがわかる。一面的に過ぎないとしたのは、小作人の取り分が比較的多かったとしても、それは小作人の生活水準の高さを意味しないからである。小作人の多くは、

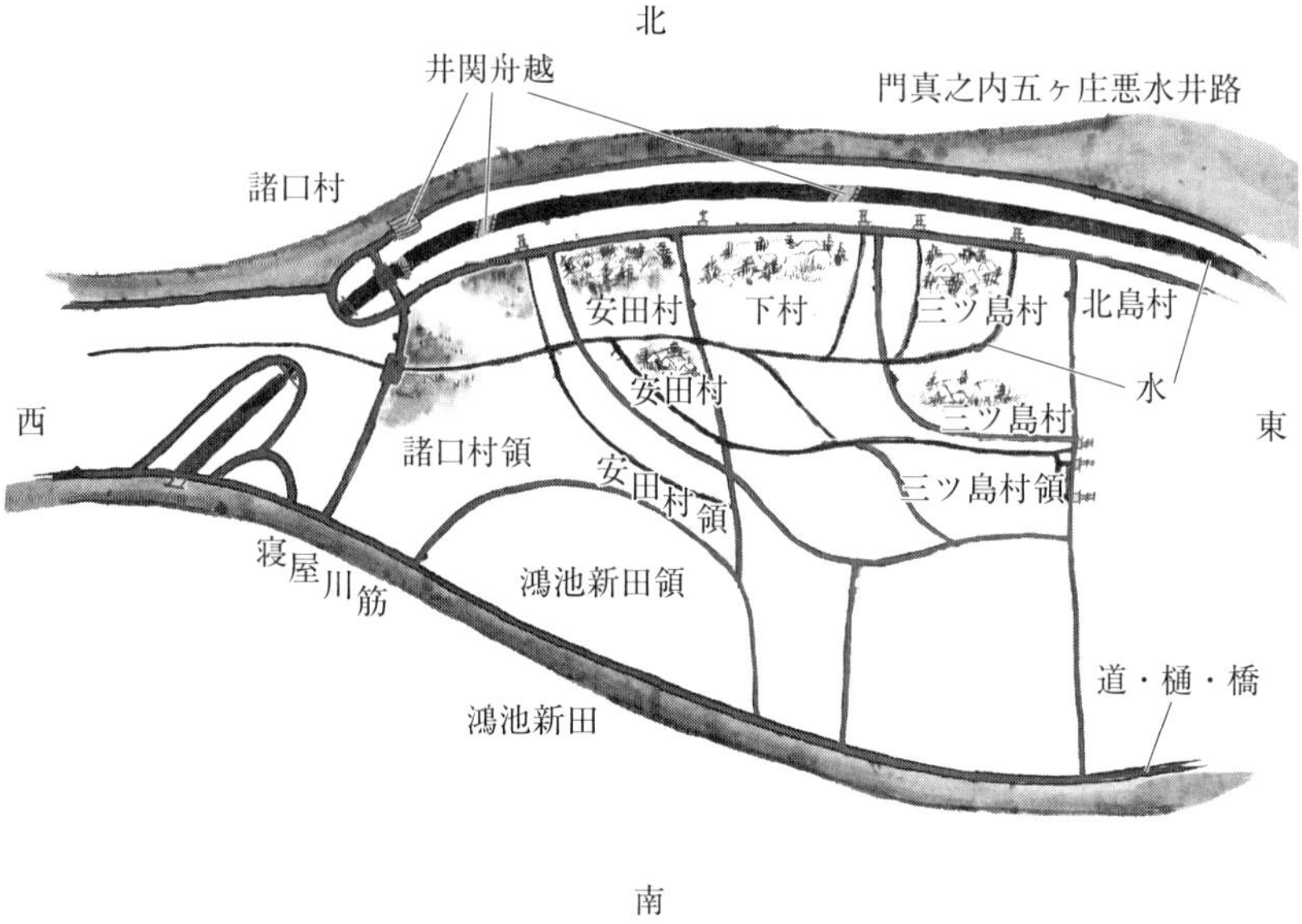

図 2-2　19 世紀前半の安田村絵図
村絵図 8（「三木家文書」）をもとに作成.

貯金もなく、副業をすることで生計を立て、ひとたび不作に見舞われると破産の危機に陥るような者であったと思われる。狭小な小作地しか持たなかったわけであるから、広大な土地から収入を得られた新田地主とは歴然の差である。そのような状況下で、少しでもよい条件、多くの分配を得られる小作契約を結ぼうとする、それが畿内の小作人の姿であった。そして、小作人の就業選択肢が広がったのが、次に述べる非農業部門の成長である。

2　町人請負新田近郊の古村

安田村

本節で紹介するのは、鴻池新田の隣に位置した河内国茨《まっ》田郡《たぐん》安田村（現大阪府大阪市鶴見区）である（図2-2）。引用史料は、大阪市史編纂所（大阪府大阪市西区）に寄託されている「三木家《みきけ》文書」であり、現時点で当該史料群を用いた専論はない。安田村の支配は、寛政十年（一七九八）には幕領（京都大仏前鞘《さや》町代官）、寛政十一年からは摂津国高《たか》槻《つき》藩《はん》の預かり所、天保十一年（一八四〇）には幕領（京都二条代官）という変遷をたどった。村高は二七〇・五一三石であり、天保元年（一八三〇）時点の課税対象石高は二五六・七二七石であった。年貢率は、文政二年（一八一九）から天保九年には検見取により平均六〇％余で、最高六七・四％、最低三八・〇％を記録した。天保十年、十一年には検見取により六七・三％、六七・一％、天保十二年から二年間は定免により六七・三％となった。

人口は、一八一〇年代（二〇〇人程度）に比べて一八五〇年代（二七〇人程度）まで増加傾向を示しており、一八四〇年前後の凶作を経験しても激減しなかった。ただし、一八六〇年前後には二〇人程度減少し、停滞した。

階層構成は、表2-1に示した通りである。これは、文政三年（一八二〇）については年貢割付帳、嘉永四年（一八五一）については宗門改帳から作成した。史料の性格上、安田村に所有した土地の石高を降順に示したものであるから、村外に所有した土地の石高は反映されていない。仮に所有地石高二〇石以上を上層農、一〇石以下を下層農とした場合、数名の上層農が村高の約半分を所有し、多数の下層農が零細な耕地片を所有していたことがうかがえる。安田村においては、年貢納付義務のともなう土地を持たない無高《むたか》も多く存在し、文政三年頃から嘉永四年の間に二倍に増加した。先述した一九世紀中頃の人口増加は、無高の増加によって生じたと考えられる。

表2-1　安田村の階層構成

所有地石高	文政3年（1820）11月	嘉永4年（1851）3月
100石以上	1	0
20～100石	0	3
10～20石	3	5
5～10石	7	6
3～5石	1	3
2～3石	5	1
1～2石	1	1
1石未満	10	10
高持百姓	28	29
無高	（11）	24

単位は軒．寺，宮田，「寄合作」地，入作百姓（他村居住の高持百姓）を除く．入作百姓については，所有地石高1～2石程度の数名と，24石余の七左衛門（河内国茨田郡諸口村）である．文政3年11月時点の無高の軒数は不明であるので，参考に文政元年（1818）3月のそれを示した．

ただし、表2-1の階層構成は、必ずしも貧富の差を示す指標にはなりえない。なぜなら、これはあくまで所有地の石高を示したものであり、零細な土地しか持たない者であっても、非農業部門に従事することで蓄財を果たした者もいたからである。例えば、凶作の天保八年には、食糧不足のため、村人の保有する米穀の調査が行われた。その際、とくに多く保有していたのは、後述の治郎右衛門を除くと、庄屋の甚右衛門《じんえもん》（玄米二三・五石、白米〇・五石）、当時相役の庄屋の惣兵衛（玄米八石、白米〇・五石）、年寄の惣左衛門（玄米六石、白米〇・三石）、五人組頭の七郎右衛門（玄米一〇石、白米〇・五石）であり、ほかの大多数は少量の麦や雑穀を保有する程度であった。所有地石高については、甚右衛門が九八石余、惣兵衛が二二石余、惣左衛門が一二石余、七郎右衛門が一六石余であって、これだけをみるとおおむね所有地石高に応じて保有米穀が多い。しかし、注目すべきは「商人」とある治郎右衛門で、彼は玄米一三石、白米〇・三石を保有しながら、所有地石高は「無高」であった。このように無高であっても、村内第二位の保有米穀を誇る者も存在した。

三木甚右衛門家

「三木家文書」を構成する史料の多くは、三木甚右衛門家によって作成、保管されてきたものである。三木家は、遅くとも文化八年（一八一一）には安田村の百姓代、文化十年（一八一三）には年寄を務め、文政五年（一八二二）からは基本的に庄屋を務め続けた。所有地石高は文政三年（一八二〇）、天保元年（一八三〇）には一〇八石余を誇っていたが、天保八年には九八石余、嘉永四年（一八五一）には六〇石余に減少し、五八石余で明治三年（一八七〇）を迎えた。とはいっても、三木家が村内最大の地主であった。三木家の商業・金融活動については不明な点が多いが、先述の米穀調査によると、甚右衛門は商人の治郎右衛門に玄米一〇石を売却したとあるから、三木家は地主経営から得られる米穀を近隣の在郷商人に販売していたことになる。文政四年頃まで庄屋を務めていたのは惣兵衛であり、惣兵衛は文政三年時点で所有石高一二石余であった。「三木家文書」には一八世紀の史料がほとんど現存していないから、三木家よりも所有石高が大幅に少なかった惣兵衛家が庄屋を務めた理由については判然としない。

非農業部門の成長

近世畿内においては、町場であれ農村部であれ、製造業やサービス業などの非農業部門が広く展開し、農間余業としての賃稼ぎの機会が多かったことがよく知られている。一七世紀以降、綿織物や燈油《とうゆ》、蔬菜《そさい》といった大衆的消費財の需要が増大すると、この需要に応じて、畿内では商業的農業が広く展開し、一七世紀末から一八世紀後半にかけては農村加工業の展開も進んだ。やがて、このような非農業部門の展開、都市化の進展は、農村部での飯米需要を生み出した。とくに大坂・堺・兵庫の周辺地域では、おおむね一八世紀後半以降に他国米の購入が活発化し、非農業に重きを置く百姓が増加していった。実際、大坂の周辺農村では小売業が展開し、百姓のなかには「小商人」化して小売業を本業とする者も続出したという（八木哲浩『近世の商品流通』、本城正徳『幕藩制社会の展開と米穀市場』、萬代悠・中林真幸「近世の土地法制と地主経営」、萬代悠『近世畿内の豪農経営と藩政』）。

大都市の大坂とはやや離れていたとはいえ、安田村も例外ではなかった。とくに一九世紀以降には、高槻藩の法令や村《むら》議定《ぎじょう》（村掟《むらおきて》）、地域協定の内容から、安田村において製造業、飲食業、小売業が広く展開していたことが知られる。例えば文化六年（一八〇九）十二月、高槻藩は、次の内容を領内村々に命じた。

近年村々ニおいて百姓家業菓物《くだもの》又ハ菓子類等商《あきない》ひいたし候者相聞こえ、不埒《ふらち》之事ニ候、已後《いご》右体之商ひ相止め、野業（農）出情（精）致すべし、他所より村内え《へ》入り込み候商人を差し止め申すべく候、右之段小前《こまえ》百姓ニ至る迄、心得違いこれ無き様相達し置き申すべきもの也

菓物とは、フルーツ（果物）を指すのではなく、酒の肴《さかな》や軽食を指している。一方、菓子類には嗜好品も含まれていたかもしれないが、「三木家文書」を読む限り、菓物（または肴）との区別は曖昧であった。菓物、菓子類は、煮売《にう》りと並列で用いられたことも多いので、具体的には、干物や、野菜・魚・豆類などの煮物に相当したと思われる。

高槻藩は、本業として菓物・菓子類の商売をする百姓がいることを耳にし、これを不届きとして、以降は菓物類の商売を禁止し、農業に励むべきこと、そして、菓物類の行商人を村内に入れてはならないことを命じた。これをうけて安田村では、「他所より入り込み候菓物又ハ菓子・肴類之商人衆中ハ、村内へ立ち入り候義ハ堅く断り申すべく候事」や、「村方

ニおいて菓物亦《また》は菓子・肴類之類商ひ堅く無用、幷《ならび》に是《これ》迄売り来り之者迄も堅く相止め候様銘々《めいめい》書き付けこれを取り置き申すべく候事」を村内全員が遵守することを誓った。高槻藩の命令にしたがうとともに、これまで容認していた特定の菓物商人であっても、それを差し止めることを取り決めたのである。

文化十二年（一八一五）六月には、倹約の一環として、「菓物之類、譬壱銭《たとえいっせん》売り之品ニよらす《ず》村方ニおいて商い事堅く無用、附《つ》けたり、何事これ有り候は《（ママ）》、村方ニおいて菓子屋類一切置へ《べ》からす《ず》」とすることを村内全員が取り決めた。ごくわずかな販売額であっても菓物類の商売を禁止し、どのような事情であっても（村外への販売目的であっても）、村内での菓物店の設置を禁じており、禁止条項がより厳しくなっている。

不作に見舞われた年にも同様の禁止が取り決められた。文政十一年（一八二八）八月には、天保元年（一八三〇）までの三年間の倹約事項として、安田村の全員が、「菓もの商人」、「酒商人」、「肴商人」、「小間物《こまもの》商人」、「呉服物商人」の商売を禁じた。三年間の期限付きではあったが、小間物（日用品や装飾品）、呉服物（衣料品）を扱う小売も禁止された。天保七年（一八三六）にも、「菓もの之儀は村内ニて一切売るべからす《ず》」とすること、「他村より諸商人入り込み之儀は、番人六助へ差し留め申し付け置き候ニ付き、急度差し留め申すべき事」などを全員が取り決めた。番人に行商人の立ち入りを見張らせるほど、行商人が頻繁に来訪していたことがわかる。

このような取り決めは、地域協定にもみられる。とくに一九世紀以降、個別の村や所領のみでは十分に対処できない問題を解決するために、村々を代表する惣代《そうだい》庄屋たちが国や所領を越えて会合し、自主的な規則を決めることが多くなった。これが「郡中議定」などと呼ばれた地域協定である（藪田貫『新版　国訴と百姓一揆の研究』、谷山正道『民衆運動からみる幕末維新』）。天保十三年（一八四二）六月には、質素倹約と農業精励を重視した天保改革に影響をうけつつ、河内国茨田郡の惣代一三名と摂津国東成郡《ひがしなりぐん》東西榎並庄《えなみのしょう》（現大阪府大阪市城東区・都島区）の惣代四名が、深刻化する地域問題の解決に取り組むために協定を結んだ。この協定書の一文に「農業透間《すきま》たり共、菓もの・煮売り、其外無益之品等売り買い、又ハ不実《ふじつ》之余業、田畑差し障りニ相成り候猟師等決《けっ》して致し間敷《まじ》く候事」とあり、地域全体で菓物類などの商売が禁止されるほど、これらの商売が広く展開し、問題化していたことがわかる。

では、なぜ菓物類の商売拡大が問題となったのか。惣菜、嗜好品などを売買すること自体が奢侈《しゃし》、風俗悪化として禁じられた側面もあったかもしれないが、一番の問題は、手軽な諸商売に労働が移動し、村内に手余《てあま》り地（手不足で耕作不能の土地）が発生することであった。村共同体が村内百姓の農業経営を維持するためにさまざまな規制を加えたこと自体は、研究史上においてもよく知られている（渡辺尚志『近世の村落と地域社会』）。この意味では、村議定が村内での特定商売を禁止したことも、村共同体の規制の一つであったといってよい。

労働の選択と移動についても説明を加えておく。近世日本の場合、家族構成員を基幹労働力とする小農家族経営が農家の基本的な存在形態であった。とくに家長は、世帯総収入の最大化を目指して、農業生産と非農業生産への家族労働配分量を適宜決定し、家族労働を健康面や環境面で綿密に管理した。例えば家長自らは自作《じさく》（所有地の耕作）、妻は家事労働、長男は小作と賃稼ぎ、次男は住み込み奉公、長女は糸稼ぎというように、家長は家族のだれを、どれにどの程度就業させるかを選択する必要があった。実際、農家は家族構成の変化などに応じて、農業労働から得られる賃金と非農業労働から得られるそれを予測、比較し、家族労働投入の最適な組み合わせを追求していたと考えられている。これは、無高の家においても同様であったはずである。よって、とくに就業機会が豊富にあり、労働市場の統合が進んでいた場合、農業労働よりも非農業労働のほうが利得が多いと家長が判断すれば、非農業労働への家族労働配分量を高める事態もありえた。この一つが手軽な諸商売の増加である。都市部に移住する者もいたが、ここで想定しているのは、村に居を構えながら非農業労働に重きを置く者である。なお、労働移動は一方通行ではなく、農業労働のほうが有利と家長が判断すれば、借り受ける小作地を増やして農業労働の比重を高めた（斎藤修「大開墾・人口・農業経済」、谷本雅之『日本における在来的経済発展と織物業』、平野哲也『江戸時代村社会の存立構造』、萬代悠『近世畿内の豪農経営と藩政』）。

実際、文化四年（一八〇七）十二月に高槻藩が領内に通達した倹約令によると、少なくとも文化六年までは、「諸商人之儀、不益之売り買い候は無用、村限りニ改め申すべし、是迄商内《あきない》ニ付き百姓致さざる者も人数相応ニ小作致すべし、右ニ準《じ》し他所よりも不益之商人村内へ入り込ませ申す間敷《まじ》く候事」ことを命じていた。高槻藩は、村内で商売する諸商人の調査を村役人らに指示し、これまで諸商売に携わり農業に従事していなかった者に対しては、家族人数に応じて小作をするよう命じたことになる。これは裏を返すと、村内で非農業に重きを置く者が増加し、耕作労働力が不足していたことを示している。このような無高に対する農業強制令は、都市近郊農村の場合、早くも一八世紀末にはみられる（萬代悠『近世畿内の豪農経営と藩政』）。安田村にほど近い河内国茨田郡三ツ島村《みつしまむら》（現大阪府門真市《かどま》）の場合、文政九年（一八二六）、庄屋の樋口兼助《ひぐちけんすけ》は、諸商人の増加が手余り地の拡大を招くことを懸念し、それへの対策案を具申した建白書を領主に提出したという（常松隆嗣『近世の豪農と地域社会』）。

非農業部門の成長は非農業労働に重きを置く百姓の増加を促し、そうした非農業収入に頼る無高層や行商人は食品を購入せざるをえなくなったので、小売業や飲食業の消費需要も一層増大した。こうして、次々と村内に諸商人が発生した。需要の高さは、禁止されるほど行商人がいたことからもうかがえる。一九世紀前半の畿内の場合、すでに農業技術の進歩は頭打ちであったから、とくに零細農や無高にとっては、停滞傾向の労働生産性を高めなければならない農作業よりも、非農業の賃稼ぎか、非課税もしくは低率課税で需要が高い小売業や飲食業に労働を配分するほうが期待収入が高いと判断する場合が多かったと考えられる。このような状況に対して、地主は自らの取り分を減らすなどして非農業部門との競争に打ち勝ち、農業労働を調達する必要があった（萬代悠『近世畿内の豪農経営と藩政』）。

新田への労働移動

しかし、安田村の地主、とくに甚右衛門が労働調達をめぐって競争する相手は、非農業部門だけではなかった。最大の競争相手は、隣に位置した鴻池新田であった。これまでも安田村と鴻池新田とは、農業労働を奪い合う関係にあった。ところが、とくに一九世紀前半の非農業部門の成長により、小作人の就業選択肢が増え、安田村（古村）、鴻池新田、非農業部門の三者で労働を奪い合う関係が激化した。一九世紀初頭については安田村の人口がまだ後年よりも少なかったことをふまえると、限られた労働資源の一部が非農業部門に流れ、そしてその残りを、安田村の地主甚右衛門と鴻池新田の地主鴻善との間で奪い合うような、熾烈《しれつ》な競争が発生していた。

文化十年（一八一三）二月、当時年寄であった甚右衛門が高槻藩に次のような願書を提出した。

①安田村百姓の惣七が、昨年から鴻池新田会所に出入りし、安田村百姓に鴻池新田での綿作小作を紹介、斡旋していた（「当村方百姓之内、惣七と申す者前年より鴻池会所へ出入り仕《つかまつ》り、則《すなわ》ち鴻池新田御田地之内、当村へ家殊《(毎)》ニ綿作地所取り次ぎ仕《つかまつ》り、下作致させ居《お》り候」）。

②鴻池新田の綿作地は水害や干害の影響をうけやすかったので、鴻善が自らの費用で工事を実施し、それらの一部を稲作地に変換した。

③鴻池新田では年貢率が低く、稲作地に転換したので、綿作地に比べて追加の施肥なども要さず（小作人の追加出費も少なく）、安田村の田地を小作するよりも鴻池新田の稲作地を小作するほうが小作人取り分が多い。

④よって、小作人らは安田村の田地を手放し、鴻池新田の稲作地を通勤小作するようになった。

⑤文化八年（一八一一）にも、村役人から通勤小作人に対し新田稲作地への通勤小作を止めるよう申し付けたが、小作人は納得せず、むしろ通勤小作が増えた。

⑥鴻善は、次々と稲作地への転換工事を実施しており、内々に聞くところによると、惣七が安田村百姓に新田通勤小作を勧めているようで（「右惣七より村方百姓内へ新田稲作ニ罷《まか》り出《い》で候様相勧《すす》メ候様ニ相聞こへ《え》」）、なおさら安田村では小作人が田地を地主に返還し、通勤小作に流れている。

⑦綿作地への通勤小作については認めてもよいが、新田稲作地の通勤小作については今後禁じ、惣七にも斡旋を止める

よう命じてほしい。

これに対し高槻藩は、他村稲作地への通勤小作を厳しく差し止めることを命じた。

上記のように鴻池新田の近隣には、古村と新田村をつなぐ仲立《なかだち》人が存在した。古村の百姓は、仲立人の紹介、斡旋によって鴻善と小作契約を結び、新田通勤小作に流れていった。これに対し甚右衛門ら村役人は、とくに新田稲作地への通勤小作を禁じたが、効果はなかった。最終的には、村一番の地主であった甚右衛門が、高槻藩の強制力を頼って新田稲作地への通勤小作を禁じようとした。庄屋の惣兵衛ではなく、年寄の甚右衛門が願書を提出したこと、願書には庄屋や組頭に対し鴻池新田会所へ説得に行くよう高槻藩から命じてほしいとも記されていることから、当時、所有石高一二石程度の惣兵衛にとっては、通勤小作の禁止に熱心ではなかった可能性がある。なお、甚右衛門の願書に「肝煎」の語はみられないので、鴻池新田の「肝煎」制度についても何らかの変化があったのかもしれない。

甚右衛門が新田綿作地への通勤小作については容認し、新田稲作地へのそれは禁じたいとしたのも特徴的である。これまで鴻池新田では綿作地のほうが多かったから、安定志向で飯米も確保したい百姓は、安田村で稲作地を借り受け、一方で、巨利を選好するか、貨幣取得機会を増やしたい百姓は、鴻池新田で綿作地を借り受ける形が多かったと思われる。綿作の場合、豊作時の収入が大きく、換金しやすい利点があった。しかし、一八世紀後半以降、綿価格の低落と肥料価格の上昇（追加出資の増大）が目立ちはじめたことをふまえると、次第に新田綿作地への通勤小作を選択する者が減っていったのではないか。とくに一九世紀以降には非農業部門が成長し、就業機会が増えたので、古村の百姓は、新田綿作地への通勤小作にあてていた労働を非農業労働にあてるようになったと思われるからである。

これに対し鴻善は、通勤小作人を呼び戻すために、自らの出費で稲作地の増大を試みたとすれば、時期的にも整合している。安田村の百姓には、安田村で稲作地を借り受けるか、鴻池新田で稲作地を借り受けるかの選択肢が生まれた。鴻池新田の場合、安田村に比べて格段に年貢率が低く、鴻善は小作料を多く割り引けた（小作人取り分を多くできた）こと、前節で述べたように肥料購入代金として三〇％が定率で割り引かれ、肥料代金が高騰しても稲作であれば出費が比較的少なかったことから、安田村の百姓の多くは、安田村の小作よりも鴻池新田稲作地への通勤小作を選択したといってよい。当然、安田村では小作人が不足し、百姓たちは稲作地を十分に耕作できず、年貢の上納に支障をきたした。年貢収入の減少に困るのは、領主の高槻藩であったから、高槻藩は甚右衛門の要求を一部承認したと考えられる。

しかし、甚右衛門と高槻藩の思う通りに、ことは運ばなかった。天保改元直前の文政十三年（一八三〇）十二月、庄屋甚右衛門が高槻藩に提出した願書によると、安田村百姓は鴻池新田への通勤小作を止めることはなかった。そのたびに甚右衛門が手余り地の発生を訴え、高槻藩は村人に対し新田通勤小作の禁止を命じていた（「当村百姓之儀は鴻池新田え《へ》出作毎分仕り候ニ付き、村方御田地手余り之段、是迄度々《たびたび》御願い奉《たてまつ》り候処、其の節《せつ》御差し留メ之儀は度々仰せ付けさせられ」）。文政十年には、五人組頭らが新田通勤小作を継続したまま、甚右衛門から借り受けていた小作地を返還してきたので、甚右衛門は約束に反するとしてそれを拒否した。反発した五人組頭は村人たちを扇動し、甚右衛門と小作契約を結んだ安田村の百姓全員が小作地を返還することをほのめかしてきた。これに対し、年寄の惣左衛門が事態の収拾を高槻藩に願い出たところ、高槻藩は新田通勤小作を再度禁じ、毎年正月晦日までに村内に手余り地がないことを村役人・五人組頭の連印のうえ誓約、提出するよう命じた。したがって、村内に手余り地がある場合、安田村百姓は新田通勤小作よりも村内耕作に専念すべきことになった。

ところが、これも効果を十分に発揮しなかった。文政十三年十二月には、甚右衛門が翌年の年貢上納、検見取に支障をきたすことを年寄の惣左衛門・惣兵衛と百姓代に相談したが、彼らは「差し留まり下作人これ無く候趣」を返答するのみであったから、甚右衛門は手余り地の小作を強制的に割り当ててほしいと高槻藩に上申した。

このとき甚右衛門は、安田村の内情を知らせる「別紙書付」も提出した。これによると、

①安田村の百姓四五軒のうち、八軒は、「小《こ》商内《あきない》」に携わる無高の者か、極貧の無高の者か、綿打ちに従事する無高の

後家などである。一〇軒は、安田村の田地を小作するか、日雇稼ぎをする無高の者である。残りの二七軒は、安田村に田地を所有する高持百姓か、安田村田地の小作を毎年継続する無高の者である。

②安田村に石高一〇石余の土地も所有する百姓もいるが、その土地は複数の小作人に耕作させ、自らは鴻池新田への通勤小作に従事している。

③安田村の「極上々田」の小作料は一反当たり一・八五〜一・七、八石だが、鴻池新田の小作料は割り引き後の定額で一・三石である。鴻池新田には裏作麦の上納義務があったとはいっても、少量の「荒麦《あらむぎ》」でよく、安田村よりも鴻池新田のほうが小作人取り分が多い。

④隣村の河内国茨田郡諸口村《もろくちむら》（現大阪府大阪市鶴見区）の七左衛門は、安田村に出作地二町五反余を所有していた。この耕作には、二一軒の高持百姓と一軒の寺、七左衛門から成る株《かぶ》百姓が分担し、それぞれ自ら耕作するか、小作に出していた。しかし、小作料を一反につき〇・一石ずつ割り引きしても小作人を確保できず、結局、七左衛門を除く二二軒が共同で耕作する「寄合作《よりあい》」が増えている。

⑤七左衛門の出作地だけでなく、株百姓二三軒が共同で耕作する田地も九反余あるが、これに関しても小作人を確保できず、七左衛門の出作地と同様の事態となっている。

⑥株百姓の九右衛門は、株百姓の金右衛門に安田村での所有地三反二畝をむりやり譲り、自らは「商内等」に携わっており、耕作についても新田通勤小作のみに従事している。安田村の百姓たちはこれを見習い、村内の田地を耕作する者はますます少なくなっている。

甚右衛門の「別紙書付」にある通り、安田村の百姓の多くは小作と賃稼ぎを適宜選択し、なかには「小商人」化する者もいた。小作労働についても、小作人取り分が多い鴻池新田への通勤小作を優先し、高持百姓でさえ、安田村での自作を嫌い、新田通勤小作に従事することがあった。当然、この「別紙書付」は甚右衛門の主張に過ぎないから、誇張表現も多分にあろう。しかし少なくとも、非農業部門の成長、鴻善の小作料割り引きと稲作地への転換策は、安田村からの労働移動を促していたことがわかる。これに対し甚右衛門は、高槻藩の強制力を頼ろうとしたが、高槻藩は手余り地を発生させないよう再度命じただけであり、結局は庄屋甚右衛門の負担増大を招いた。村が年貢納付の単位であった村請《むらうけ》制のもとでは、庄屋が未納年貢分を立て替える必要があったからである。

おわりに

これまで述べてきたように、旧大和川筋の場合、町人請負新田の開発を端緒として、綿価格の低落、肥料価格の上昇、非農業部門の成長という経済変動が、古村、新田村、非農業部門の三者で労働を奪い合う関係を激化させた。とくに一九世紀初頭においては、限られた労働資源の一部は非農業部門に流れていた。この背景には、都市化と市場経済の拡大、非農業部門の成長による就業機会の増加、非農業収入に頼る無高層や行商人の続出、小売業や飲食業の消費需要の拡大という構図があった。そして、それらへの労働移動を抑止しつつ、残りの労働資源をめぐって古村と新田村が競い合うことになった。ただし、古村といっても、その労働調達競争の最前線に立ったのは、土地を多く所有する地主であった。古村の内部は一枚岩ではなく、小規模の土地しか所有しない百姓、あるいは無高にとっては、費用をかけて労働調達競争に参戦する必要はなかったから、むしろ有利な条件の新田通勤小作に従事していった。町人請負新田の開発は、非農業部門の成長を経て、古村と新田村の間のみならず、古村内部にも対立と軋轢を生んだ。

最後に、安田村（古村）の地主、三木甚右衛門家のその後について言及しておく。先述した通り、甚右衛門は、高槻藩の強制力を期待して新田通勤小作を抑止しようとしたが、通勤小作禁止の取り決めに背く百姓が続出した。高槻藩も黙っていたわけではなく、文政十年（一八二七）には違反者を呼び出し、厳しく叱責した。これに対し、違反者の代表として五人組頭たちは詫《わ》び証文を提出し、反省の意を示した。しかし裏を返すと、詫び証文を提出して反省する姿勢さえみせればよく、違反者たちにとっては大きな痛手にならなかった。村内での菓物商売禁止についても、違反者が続出し、文化十二年（一八一五）には違反者の五人組頭が詫び証文を村役人に提出していた。

村議定や法令が破られるほど、非農業労働や新田通勤小作の期待収入が大きかったことになる。もとより法令といっても、ここでは目立った懲罰の規定がないので、抑止力は弱かったであろう。高槻藩としては、零細農や無高層からの反対が予想される新田通勤小作、非農業労働の禁止令については懲罰を与える選択をしなかった。結局は、庄屋に対し年貢立替義務の履行を期待したといってよい。

一方で、甚右衛門は最初から村議定や法令に期待したわけではないはずである。自力で小作労働を調達するか、呼び戻すためには、小作料を割り引くしかない（萬代悠『近世畿内の豪農経営と藩政』）。しかし、三木家の地主経営帳簿はおおむね一八二〇年前後からしか現存しておらず、一八世紀末からの変化を知ることができない。これについては今後の課題としたいが、安田村での三木家の所有地石高は、一八三〇年代を境に減少傾向にあったことが手がかりとなる。小作人が納めた小作料には高槻藩への年貢が含まれており、鴻池新田よりも二倍近くの年貢率を示した安田村においては、小作料を割り引きできる額の限界は、鴻池新田のそれより低かったはずである。三木家は、すでに一八二〇年代には、相当に小作料を割り引いていたが、鴻池新田との割り引き競争には勝てず、村議定や法令に頼ったのではないか。しかし、それも効果は十分ではなかった。よって三木家は、所有地の一部を安く売却し、高持百姓など、何らかの事情で農業を選好した百姓と相応の割り引き率で小作契約を結び、経営維持を図ったと考えておく。

結局のところ、いち早く領主権力に接近し、低年貢率という優遇を得た特権的商人との競争に勝つことは容易ではなかった。市場経済にもとづく競争が高度に展開していたのは事実だが、領主権力との遠近により、すでに起業時点で経営条件には格差が存在した。これもまた、近世日本の特徴であった。

〔参考文献〕

池浦正春「町人請新田の構造に関する歴史地理学的考察―河州鴻池新田の場合―」『人文地理』六―一、一九五四年
池田純子「鴻池新田の地主小作関係について」『ヒストリア』八六、一九八〇年
市川秀之「近世前期における河内狭山池集水域の開発とその影響」『歴史学研究』九九〇、二〇一九年
川上　雅「徳川期鴻池新田における地主・小作関係の特質」宮本又次編『大阪の研究　第四巻―蔵屋敷の研究・鴻池家の研究―』清文堂出版、一九七〇年
木村　礎『近世の新田村（新装版）』吉川弘文館、一九九五年
小酒井大悟『近世前期の土豪と地域社会』清文堂出版、二〇一八年
斎藤　修「大開墾・人工・農業経済」速水融・宮本又郎編『日本経済史1　経済社会の成立　一七―一八世紀』岩波書店、一九八八年
谷本雅之『日本における在来的経済発展と織物業―市場形成と家族経済―』名古屋大学出版会、一九九八年
谷山正道『民衆運動からみる幕末維新』清文堂出版、二〇一七年
常松隆嗣『近世の豪農と地域社会』和泉書院、二〇一四年
中井信彦「町人請負新田の性格と機能―旧大和川筋棉作新田の場合―」『史学』二四―四、一九五一年
中井信彦「商人地主の諸問題」歴史学研究会編『明治維新の地主制』岩波書店、一九五六年
長山公一（大阪春秋編集室）編著『大阪春秋　特集　新田開発と新田会所』一六七、新風書房、二〇一七年
藤田　覚『田沼時代』吉川弘文館、二〇一二年
藤田貞一郎「町人請負新田の経営的性格―河州鴻池新田について―」宮本又次編『大阪の研究　第四巻―蔵屋敷の研究・鴻池家

の研究―』清文堂出版、一九七〇年
藤田貞一郎「町人請負新田における下作百姓の住家―河州鴻池新田の場合―」宮本又次編『大阪の研究　第四巻―蔵屋敷の研究・鴻池家の研究―』清文堂出版、一九七〇年
布施市史編纂委員会編『布施市史　第二巻』布施市役所、一九六七年
東大阪市文化財協会編『鴻池新田の綿と人びと』鴻池新田会所、二〇〇五年
平野哲也『江戸時代村社会の存立構造』御茶の水書房、二〇〇四年
本城正徳『幕藩制社会の展開と米穀市場』大阪大学出版会、一九九四年
萬代　悠『近世畿内の豪農経営と藩政』塙書房、二〇一九年
萬代悠・中林真幸「近世の土地法制と地主経営」深尾京司・中村尚史・中林真幸編『岩波講座日本経済の歴史　第二巻　近世　一六世紀末から一九世紀前半』岩波書店、二〇一七年
三井文庫編『三井事業史　本篇第一巻』三井文庫、一九八〇年
村田路人『近世の淀川治水』山川出版社、二〇〇九年
森　杉夫「商品生産と農民層の動向―近世河内綿作農村の場合―」木村武夫編『近世大坂平野の村落』ミネルヴァ書房、一九八〇年
八木哲浩『近世の商品流通』塙書房、一九六二年
藪田　貫『新版　国訴と百姓一揆の研究』清文堂出版、二〇一六年
山口之夫『河内木綿と大和川』清文堂出版、二〇〇七年
渡辺尚志『近世の村落と地域社会』塙書房、二〇〇七年

第3章

近世前期の開発と土豪・百姓・隷属農民

小酒井大悟

はじめに

近世前期（一七世紀）が「大開発の時代」にあたることは、よく知られている。大河川の治水工事をともなう沖積《ちゅうせき》平野の開発、湖沼《こしょう》干拓などの大規模開発はもちろん、村や家単位の耕地拡大の努力が、各地で無数に行なわれた時代であった。程度や規模の違いはあるが、近世になって開かれた新田村のみならず、多くの村で耕地の開発は大きな関心事で、土豪や百姓、そしていわゆる隷属農民（門屋《かどや》・名子《なご》・家抱《けほう》など）も、主導や動員など、各々の立場に応じた形で開発にかかわった。とすれば、彼らの関係と変化、ひいては近世村の成立は、開発という文脈のなかでとらえる必要がある。このことは、開発の地域的偏差を考慮すれば、東国（や西国）の村を扱う場合、いっそう重要となる。

かつての当該期の開発をめぐる研究は、開発が人と人との関係にもたらした変化に注目し、百姓による土豪の支配の否定、隷属農民の百姓からの自立、などの事象を明らかにしてきた（大石慎三郎『近世村落の構造と家制度（増補版）』、木村礎『近世の新田村』など）。しかし、近年の当該期の研究をふまえるに、例えば開発を主導した土豪の開発主としての性格とはどのようなものか、土豪は百姓を支配し、ゆえに百姓から否定・克服されるだけの存在であったのか、などの疑問が浮かび上がる（小酒井大悟『近世前期の土豪と地域社会』、鈴木直樹『近世関東の土豪と地域社会』など）。一方、百姓と隷属農民の関係についても、近年は主家の庇護など、従属的な立場にいることの利点もふまえ、自立は選択の一つと評価する見解もある（遠藤ゆり子『中近世の家と村落』、平野哲也「前地」など）。そうだとすると、従属的な立場にとどまるか、自立するかの選択の分岐はいつ、どのように生じたのだろうか。開発が人と人の関係に及ぼした影響について、近年の研究成果をふまえ、改めて論じ直す必要がある。

昨今、当該期の開発は、過剰開発の問題など、人と自然との関係という観点から取り上げられるが、ここでは右に述べた関心から、①土豪と百姓、②百姓と隷属農民の、とくに土地をめぐる関係に開発がいかなる影響を与えたのかを、具体的な事例に即してみていくこととする。①は武蔵国多摩《たま》郡《ぐん》小川新田《おがわしんでん》（のち小川村と改称するため、以下では小川村と表記する、現東京都小平市）、②は上野国緑野《みどの》郡《ぐん》三波川村《さんばがわむら》（現群馬県藤岡市）を叙述の対象とする。江戸との距離や地形など、立地条件が大きく異なる村をあえて選ぶことで地域差にも配慮したい。なお、本章では、百姓を村の正規の構成員である本百姓の意味で用いていることを、あらかじめお断りしておく、

1　江戸近郊村落の開発と土豪・百姓

小川村の概況

まずは、土豪と百姓の関係から取り上げる。武蔵国多摩郡小川村の概況を述べておくと、正徳三年（一七一三）時点で、村高六七〇石五斗三升二合、反別三九四町五畝四歩、家数二〇五軒（寺社含む）、人口九二三人、江戸四谷《よつや》からの距離は六里（約二三・五キロ）という、比較的規模の大きな江戸近郊村落であった（小川家文書、「武蔵国多麻郡小川新田諸色指出帳」、小平市中央図書館所蔵以下、史料名のみ略記）。耕地は畑のみで、大麦・小麦などの穀物や野菜類を作り、江戸や所沢《ところざわ》の市で販売

し換金した。幕府領に属し、名主は同村の開発主の小川家が世襲した。

開発の前提と経緯

小川村が開かれた江戸西郊外の武蔵野《むさしの》は、付近に大きな川がなく、地下水位も低かったため、飲料水の確保が困難な場所であった。承応二年（一六五三）に、江戸へ飲み水を供給する上水道＝玉川上水《たまがわじょうすい》が開削されると、多摩川の水を羽村《はむら》（現東京都羽村市）で取水して武蔵野台地を通すことから、一帯の開発も大きく進展した。この上水は、参勤交代制度の整備などによって江戸の人口が増え、町もそれまでの神田上水《かんだじょうすい》の給水範囲外へ広がり続けたことに対応するために開削されたが、武蔵野でも、分水路を引くことで、飲み水の確保が可能となったためである。明暦二年（一六五六）に、土豪・小《お》川《がわ》九郎兵衛《くろべえ》によって開かれた小川村も、玉川上水から分水を得て開かれた村の一つであった。

九郎兵衛は、武蔵野台地北西部に位置する狭山《さやま》丘陵沿いの岸村（東京都武蔵村山市）に居住し、戦国大名北条氏の旧臣という由緒を持つ土豪で、実名を安次《やすつぐ》といった。宝永五年（一七〇八）五月、当時の小川家当主・九市《くいち》は、代官に対し、九郎兵衛が小川村の開発にいたった経緯を次のように説明している（「乍恐以書付御披露申上候」）。すなわち、小川村が開かれた場所はもともと、諸方へ向かう道が走る交通の要地であったが、人家もなく、天候次第では往来する人馬が湯や水を得ることができず、行き倒れてしまう者も多かった。とくに、青梅《おうめ》地方の山間で生産される石灰《せっかい》（江戸城やその他の幕府施設、寺院などの白壁に用いられる漆喰《しっくい》の原料となる）を江戸に輸送するために整備された青梅街道の田無《たなし》（現東京都西東京市）――箱《はこ》根ケ崎《ねがさき》（同瑞穂町）の間は、交通量の多さに比して距離が長く、不便な状況であった。そこで、九郎兵衛は、各所への伝《てん》馬継《まつ》ぎを務め、往来する人馬の助けとなるよう新田村の開発を幕府へ願い出たという。九郎兵衛の開発は、江戸の発達と深く関わるものであった。

開発のようす

開発主である小川家が果たした役割を中心に、小川村の開発がどのように進められたのかを、要点を絞ってみていこう。

図3-1は、延宝二年（一六七四）頃に作成された「（小川村地割図）」に加筆して作成した。村の南側を江戸（東）に向かって流れているのが玉川上水、その上流部で玉川上水から分かれ、小川村の北側を流れるのが野火止用水《のびどめようすい》で、この分岐点から東側に向かって土地開発が進められた。村の中央部を東西に走るのが青梅街道で、これに直交して短冊形の土地割が規

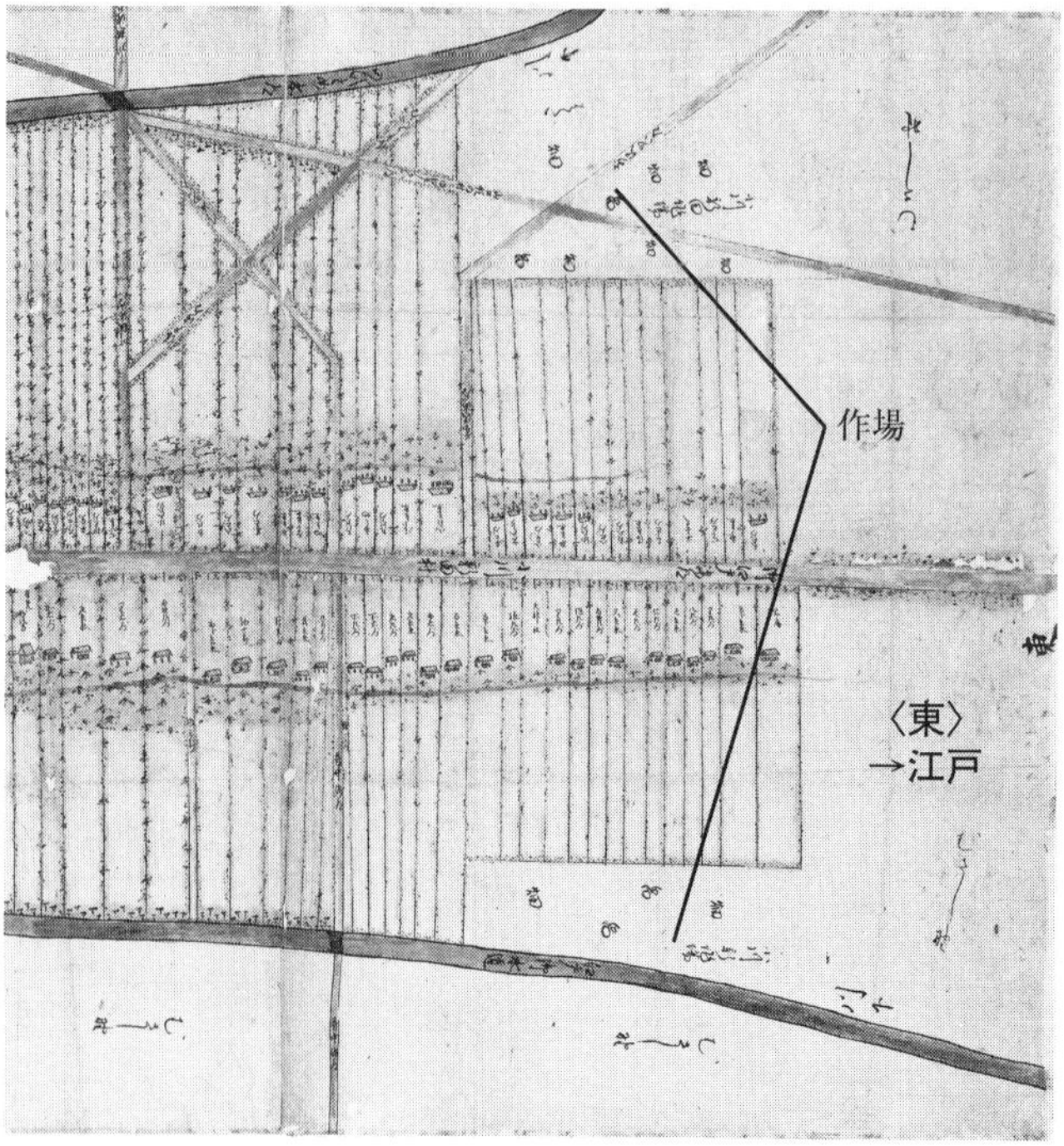

則正しく並んでおり、新田村ならではの特徴的な景観がうかがえる。

小川九郎兵衛が最初に着手したのが、小川分水の開削である。玉川上水から引き、青梅街道沿いに並ぶ屋敷の裏側（場所により前側）を流して、各戸に飲料水を供給した。享保十六年（一七三一）四月に、代官から小川分水の由来を尋ねられた名主小川弥次郎《やじろう》と組頭は、九郎兵衛が私費を投じて開削したと回答している（「乍恐以書付奉申上候」）。用水路開削に開発主らが尽力したことは、他の事例でも認められる（大石慎三郎『近世村落の構造と家制度（増補版）』）。

次に、短冊形地割は、入村者が小川村に居住し、伝馬継ぎなどを担っていくための基盤として開発された。小川家が開発区画となる地割を設定し、これを割り渡された入村者は、街道沿いに屋敷を

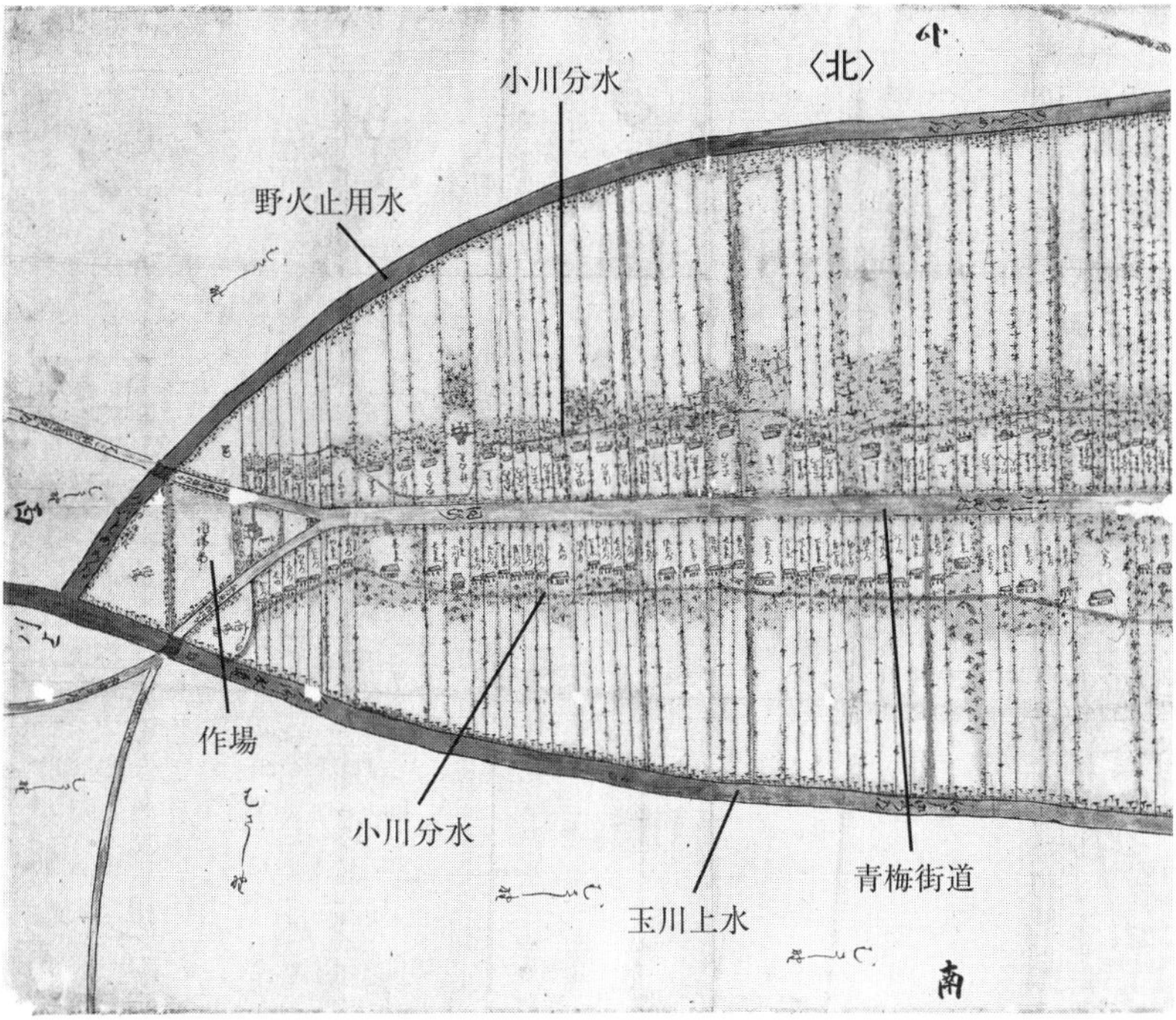

図3–1　小川村の景観
「(小川村地割図)」(小川家文書，小平市中央図書館所蔵）より作成.

建て、その背後に畑を開いていった。地割周辺の作場（耕作地の意）という場所にも畑が開かれたが、その開発に際しては、小川家が「作事」と呼ばれる地盤整備を行なって用地を割渡し、希望者は「開」という畑を実際に開墾する作業を担った。

このように小川家は、生活に不可欠な分水路を開削するとともに、青梅街道沿いの短冊形地割をはじめとする、小川村のすべての土地開発に関与した。開発は、おもに着手直後から寛文・延宝年間（一六六一～八一）にかけて進み、寛文四年（一六六四）に仮検地、同九年に総検地が行なわれたのちは、開発の進展に沿って、四度検地が実施された。

入村条件と入村者

小川村への入村にあたり、入村者は請人と連名で、「入村請書」と呼ばれる文書を開発主小川家に提出した。一例として、明暦二年（一六五六）十二月、青梅村からの入村者長兵衛と同村請人二名、名主らが、小川九郎兵衛に差し出した入村請書の内容を紹介しよう（「指上申一札之事」）。

すなわち、①長兵衛は身元確かな者である、②長兵衛の入村にはどこからも異論は出ない、③割り渡された屋敷地に家を建て、妻子とともに小川村へ引っ越し、幕府から課される役儀をしっかりと果たす、④馬を持ち、幕府や村が課す役儀をしっかりと果たす、⑤長兵衛の宗旨《しゅうし》は代々臨済宗《りんざいしゅう》で、キリシタンではない、以上の五点が小川九郎兵衛に誓約されている。入村者をめぐって軋轢が生じることを回避するため、身元が確かめられるとともに、宿駅村《しゅくえきむら》らしく、入村者には、小川村に移住して、伝馬継ぎの役割を果たすことが、とくに求められていた。

現存する入村請書から、一八世紀初頭（元禄年間）までの入村者らの出身地を探ると、四四の村や地域にのぼる。その多くは、丘陵部・山間部に位置し、現在の埼玉県入間市・飯能市・所沢市、東京都あきるの市・青梅市・奥多摩町・東村山市・東大和市・武蔵村山市に含まれる村々が主立ったところであるが、秩父のような遠隔地、江戸もしくはこれに近接する場所からの入村者も認められる。小川村へは、幅広い範囲から入村者が来ていた。

入村者の多くは、流動性を克服できない百姓や二・三男、あるいは隷属農民というべき人びとと考えられる（後述）。しかし容易には定着できなかった模様で、例えば寛文二年（一六六二）十一月に、小川村の百姓らが江戸の勘定頭の役所に、名主の小川九郎兵衛を訴えているが、その際の訴状には、当村で六四軒もの百姓が潰れ、自身はもちろん、妻子共々身売りして、江戸や周辺の村々などあちこちにいる、との状況が述べられている（「（名主九郎兵衛非法ニ付訴状）」）。

開発主の土地所有と百姓支配

それでは、小川家は、入村者たる百姓とどのような関係にあったのか。同家の①百姓を支配する側面、そして②百姓を助成・救済する側面に分けてみていきたい。

明暦四年（万治元、一六五八）二月、小川村の入村者ら（七六名）は相談し、それぞれが納得のうえで、田畑が開発され次第、公儀への年貢のほかに、畑一反につき永《えい》三文、田一反につき米三升を、小川九郎兵衛が取り立てるよう申し入れた

（「相定申一札之事」）。近世前期の開発では、田が拓かれなかったため、実際には、当村に年貢が課されるようになる寛文四年（一六六四）から、畑一反につき永三文のみが、百姓から小川家に納められるようになった。この永三文を、のちの史料では「地代」と記しているため、本章でもこの呼称に従っておく。小川家が地代を取得する権利は、百姓らが子孫代々にわたって、あるいは田畑・屋敷を売ったり、名跡《みょうせき》を譲ったりした相手にも申し伝えていく、いわば永続的な権利として取り決められた。

このような取り決めは、百姓らの自発的な申し出というよりもむしろ、小川九郎兵衛が百姓らに持ちかけたとみる方が自然だろう。延宝四年（一六七四）八月に百姓らが小川家の振る舞いを糾弾した際（後述）、地代は小川九郎兵衛が納入を指示してきたとしている。九郎兵衛が名主に任じられたことは、小川村の土地が自分の拝領地であることにほかならないので、地代を出すように、と（「乍恐書付を以御訴訟申上候」）。百姓らが事実を誇張して書いている可能性は考慮する必要があるが、九郎兵衛が小川村の土地を自分の拝領地ととらえ、ゆえに地代を支払うようにと申しかけてきたことは、やはり注目される。明暦四年段階で、百姓らが九郎兵衛の地代取得を申し出ていることは、小川村の土地が同家の土地＝拝領地であるとの認識を、彼らが共有していたことをうかがわせる。

このように、小川家が地代を取得する権利は、同村の土地が小川家の土地であることを示す事象の一つで、特権とみなせる。こうした特権や小川村の土地全体にわたる所有が成り立つ背景には、単に名主に任じられたというにとどまらず、本質的には、小川家が分水路開削によって入村者の生活条件を整えるとともに、小川村におけるすべての土地開発に関与していた事実があった。もっとも、村内の土地すべてに小川家の所有が存在したことによって、個々の百姓の土地所有が特別に制限されていたわけではない。例えば寛文四年の仮検地以降の数度の検地で、百姓らは自分の名義で土地を名請している。小川村の土地には、百姓の所有と小川家の所有（検地帳には表現されない）とが並存し、小川家は、村のすべての土地の所有者であるという点で、他の百姓と性格を異にしていた。

こうした開発主としての小川家の百姓支配を示すもう一つの事例として、その過酷で私的な百姓使役にも言及しておく。小川九郎兵衛は、小川村にひときわ大きな土地割を確保するも、寛文四年までは岸村に居住した。彼が江戸へ出向く際、風雨で道が悪いときは、小川村の百姓八人を人足として徴発し、岸村と田無村の間を「御乗物」で行き来した。また、一日に百姓を四人ずつ、台所（おそらくは小川村に建てていた屋敷の）へ召し寄せ、一人は馬指《うまさし》として働かせ、残る三人は馬を洗わせたり、畑をひらかせたりしたという（前掲「（名主九郎兵衛非法ニ付訴状）」）。このような百姓使役や地代を取得する特権は、開発主である小川家が百姓を支配していた側面を如実に物語る。

開発主による百姓の助成・救済

一方、小川家には、百姓たちが小川村に定着し、生活を維持できるよう、彼らを助成・救済することが、しばしば求められた。なかでも資金融通に注目すると、その方法には、①小川家が中心となって、幕府・代官から百姓を助成・救済するための資金を獲得する、②小川家自らが百姓の助成・救済のための資金を拠出する、という二通りがあった。

例えば、①では万治二年（一六五九）三月に、小川九郎兵衛と百姓らが、代官から金一〇〇両を借用した（「拝借金□□事」）。小川村の百姓らが困窮し、伝馬継ぎの役儀を務めることが困難になったからである。食料代として貸与された金一〇〇両は、小川九郎兵衛を介して百姓へ分配された。しかし、期限内に返済できず、延納期限直前の寛文四年（一六六四）正月、九郎兵衛は金四〇両を立て替えることになっていた（「指上ケ申一札之事」など）。小川家は、代官から百姓助成・救済のための資金を借用し、返済するのに中心的な役割を果たしていたのである。

次に、②は、百姓らに対する小川家の金子貸付で、百姓たちが小川村で暮らしを維持していくうえで、重要な意味をもった。例えば、久兵衛は、伝馬継ぎの役儀を務めるための馬も食糧もないという状況だったところ、寛文六年十二月に、金四両三分を小川九郎兵衛より貸与され、これらを入手する資金を得ることができた（「（金子借用証文）」）。また延宝八年（一六八〇）四月、九郎兵衛の養子で小川家二代の市郎兵衛は、自家の金子貸付について、困窮のため食糧や馬がない者や、病気を患い耕作が困難な者への助成だとしている（「覚」）。ただし、小川家の金子貸付の利率は、判明する限り、月利約二〜二・五％（年利約二五〜三〇％）で、のちの時期に一般的にみられる利率と比べると高いが、これは、当該段階の他地域でも確認されている水準である（牧原成征『近世の土地制度と在地社会』）。

このように、宿駅としての機能を有する小川村は、伝馬継ぎの役割を担う一定数の百姓を確保せねばならない事情もあり、開発主の小川家にとって、入村した百姓らの村への定着と生活維持への配慮は不可欠であった。

寛文・延宝の村方騒動

一七世紀後半の寛文・延宝年間に、小川家の振る舞いを糾弾する村方騒動が百姓らによって起こされた。従来、この騒動は、小川村の近世化の画期とされてきたが（木村礎『近世の新田村』、大石慎三郎『近世村落の構造と家制度（増補版）』）、これまで述べてきた小川家の開発主としての性格や百姓との関係が根底から変わったのかどうか、改めて確かめてみたい。なお、この騒動は、寛文二年（一六六二）の第一次騒動、延宝四・五年（一六七六・七七）の第二次騒動、延宝七・八年（一六七九・八〇）の第三次騒動からなる。

第一次騒動は、寛文二年十一月、組頭又右衛門を筆頭とする小川村の惣百姓から江戸の勘定頭の役所に、全一一か条からなる訴状が提出されことに始まる。それは、百姓の村での暮らしを脅かす、名主小川九郎兵衛の非法な振る舞いを告発・非難するものであった（前掲「（名主九郎兵衛非法ニ付訴状）」）。とくに注目すべき争点は、江戸へ行き来する際に自らの乗り物を担ぐ人足《にんそく》を徴発していたことなど、九郎兵衛の過酷・私的な百姓使役に対する批判である。翌年二月に仲裁された際の取り決めの内容は部分的にしか知りえないが、百姓らが小川家に対し勤める人足は、近隣の村と同程度にするという制限が設けられており、百姓側の主張が容れられたようである（「（惣百姓議定証文）」）。

第二次騒動は、延宝四年八月、再び、組頭又右衛門《またえもん》を筆頭とする小川村の惣百姓八四名が代官に、名主の小川市郎兵衛《いちろべえ》が過大な量の年貢や役を賦課してくるため困窮していると訴えたことから始まる（前掲「乍恐書付を以御訴訟申上候」）。争点のうち重要なのは、小川家による地代の徴収の是非が問題となっていることである。地代は、明暦四年（万治元、一六五八）二月の百姓側から小川九郎兵衛への申し出によって取り決められ、年貢が課されるようになった寛文四年（一六六四）から徴収が始まったと考えられる。当然、市郎兵衛は、明暦四年に百姓から差し出された手形《てがた》を根拠に、地代を取得することの正当性を主張した（「乍恐返答書を以御訴訟申上候御事」）。仲裁に入った扱人《あつかいにん》も、市郎兵衛の主張に根拠があることを認めているが、一方で、百姓が難儀のため、配慮があってもよいのではとして、代官の下知《げち》を仰いでいる（「（名主百姓出入ニ付双方申口）」）。結局、延宝五年七月、地代に替えて、屋敷間口一間につき永二文を名主給分《きゆうぶん》として、百姓から小川家に支払うこととされ、地代は否定された（「差上申連判手形之事」）。

第三次騒動は、延宝七年十一月二十九日付で、小川市郎兵衛が代官に、百姓又右衛門ほか三二名を訴えたことから始まる（「乍恐以書付御訴訟申上候」）。小川家は、村内の多数の百姓らに金を貸し付けており、第二次騒動の最中に、その返済を求めていた。結局、三度に分けて借金が返済されることになったが、又右衛門とその「一味」の百姓は、返済に応じなかったため、市郎兵衛は代官に訴え出たのである。これに対し、又右衛門は同年十二月に、借金返済を回避しようとする意図を持ってか、百姓八一名の代表を装い、第二次騒動で争点となった事柄を再度取り上げ、市郎兵衛に不正ありと、江戸の勘定頭の役所に訴えた（「乍憚書付を以御訴訟申上候」）。しかし、今回の騒動では、又右衛門はさほど支持を得られず、彼らは処罰された。結局、延宝八年八月、又右衛門および彼と行動を共にしたとみられる百姓は、二度に分けて、負債を半分ずつ返済するという一札を代官に差し出した（「差上ケ申一札之事」）。この騒動で小川家が回収しようとした貸付金とは、暮らしの維持が困難な百姓を助成・救済するためのもので、その回収は幕府側も容認するところであった。

以上、三次にわたる村方騒動で、小川家の百姓を支配する側面が否定されたことは確かである。一方で、困窮した百姓らを助成・救済する側面は変わらず維持されており、小川家の開発主としての振る舞いのすべてが否定されたわけではないことも、改めて確認しておく必要がある。とすると、小川家の開発主としての性格や、その基礎となっている小川村の土地全体にわたる所有そのものは、村方騒動後も持続していたのではなかったか。

土地の「返進」

村方騒動後の小川家の性格や所有を考えるうえで注目されるのが、離村者から小川家への土地の「返進」という行為である。小川村の百姓には騒動後も流動性が認められ、土地との結びつきが強まっていたとはいえない状況にあった。小川市郎兵衛も、第三次騒動の際、当村は新田村であるため、百姓がたびたび替わると述べている（前掲「覚」）。また、一七世紀末〜一八世紀前半は、二〜三年に一度の頻度で不作・災害に見舞われ、農業生産が安定しなかったことも、百姓が小川村に定着するのを難しくしていた。

離村にあたり、百姓は小川家に土地を「返進」した。これは、土地を手放す百姓が「入用金」を受け取って、文字通り、小川家に土地を返却する行為のことをいう。入用金とは、屋敷や畑の開発、およびその後の維持・管理にかかった経費のことで、場合によっては、それが小川家に対する債務額ということもあったと考えられる。「返進」された土地は、小川家が自身で所持するか、他の者に引き渡し、百姓として取り立てるかされた。引き取り手がすぐに現れなかった場合は、小川家の名請地として、手許に留め置かれた。

小川家にとって、百姓が離村し、土地を自らに「返進」してくることは、好ましいものではなかった。寛保三年（一七四三）十二月、百姓喜兵衛《きへえ》が、これまで所持してきた屋敷畑一か所を小川家に「返進」した。小川家は、喜兵衛の「返進」の願いをすぐに容れたわけではなく、助言を与えたり、説得を試みたりしている。しかし、喜兵衛の願いは変わらず、結局、小川家は仕方のないこととして「返進」を受け容れ、代価として入用金九両を同人に与えた（「一札之事」）。小川家は、喜兵衛が経営を回復させ、引き続き屋敷畑を所持していくことを望んでいたのである。

村方騒動後も、小川家が離村者から土地の「返進」をうけたり、新所持者を村内外から探したりしていたのは、引き続き、村のすべての土地を所有する開発主であったからにほかならない。小川家の開発主としての性格や所有は、村方騒動によって解体・否定されたわけではなかった。

百姓の定着にともなう変化

一八世紀中頃から後半にかけて、小川村では百姓が土地との結びつきを強め、定着する。これにともない、年貢上納や暮らしに行き詰まった際の資金融通などの救済は、小川家だけに依拠せずに、百姓同士で行なわれるようになった。そこでとられた方法は、土地の質入れである。年貢の上納などに窮した百姓は、他の百姓に自分の土地を質入れして金を借り、急場を凌いだ。期限内に借りた金を返済できなかった場合、質入れした土地は質流れとなり、金の貸し手である債権者にわたるが、その後であっても、最初に借りた元金を返済すれば、請け戻すことができた（白川部達夫『日本近世の村と百姓的世界』）。百姓は容易に土地を手放さなくなり、こうした請け戻しの可能性が担保された土地取引手段がとられたのである。そして、近世後期にかけて、百姓のなかから質流地を集積する質地地主が成長していく。なお、小川家は質流地の所持を嫌ってか、質地を積極的に引き受けなかった。

百姓間の質地取引が頻繁に行なわれるようになると、旧所持者から新所持者への土地移動は、質流れによるものが中心となる。しかし、証文上では、質入主から小川家への土地の「返進」、小川家から質取主への土地譲渡、という形式をとって行なわれた。そこでの小川家の関与は事実上、質流れによる土地移動を承認するだけとなった。これは、他村の名主と同じかかわり方であり、離村者から土地「返進」をうけ、新所持者を村内外から探して百姓に取り立てるという、開発主としての役割は形式化した。そして、天保九年（一八三八）には、この形式もとられなくなった。

以上の変化は、小川家の開発主としての性格や所有が、事実上、失われていったことを意味する。小川村の土地は、他村と同じく、村により管理されていくこととなった。しかし、これにより小川家が、名主である以外は、他の百姓と同じになったというわけではない。近世中後期の小川家は、寛文九年（一六六九）検地で確定された六町歩余の除地を基盤とし、水車稼ぎなどで利益を上げ、経済的には村方地主（牧原成征『近世の土地制度と在地社会』）、もしくは豪農（渡辺尚志

『近世の村落と地域社会』）となりつつ、さらに居村を含むより広い範囲を対象とした地域振興に取り組み、独自の活動を展開していった。

2　上野国山間村落の開発と百姓・家抱

三波川村の概況と家抱

近世の三波川村は上野・武蔵国境地帯の山間部に位置し、二重の構成となっており、内部には小村が含まれる。主な位置関係は図3-2に示した。元禄十五年（一七〇二）段階で、上芋萱《かみいもがや》・犬塚《いぬづか》・大奈良《おおなら》・月吉《つきよし》・久々沢《くくざわ》・下三波川・竹《たけ》のかいと・大内平《おおうちだいら》・南郷・塩沢《しおざわ》・雲尾《くもお》・小平《こだいら》・下芋萱・平滑《ひらなめ》・日向《ひなた》・金丸《かなまる》・大沢《おおさわ》・琴辻《ことつじ》という、一八の小村が出そろった（飯塚家文書、「上野国緑野郡三波河村差出帳」群馬県立文書館所蔵、以下、史料名のみ略記）。三波川村の名主を世襲したのが飯塚《いいづか》家で、琴辻に居住した。三波川村の農耕地は、斜面を利用した畑のみで、ごく限られていたため、村の住民は、農業のほかにも、薪採取や炭生産、漆生産、紙漉《かみす》き、養蚕などで生計を立てていた。宝暦六年（一七五六）時点で、村高二九一石四斗一升五合、家数三四一軒、人口は一五七九人（「上野国緑野郡三波川村村鑑帳」）。このなかには、家抱三九軒、門前一九軒が含まれ、家抱は百姓に、門前は寺に従属する人びとのことである。

近世前期の三波川村の住民構成を確認しておくと、承応二年（一六五三）では百姓五八軒、家抱一六六軒、門前一〇軒、万治四年（寛文元、一六六一）では百姓四八軒、家抱一六九軒、門前九軒、となる（両年とも寺一〇～一五軒は除く）。三波川村の内部は、百姓とこれに従属する家抱との関係が基軸になっている。本節で注目する家抱について、改めて説明しておくと、家抱とは、主家（地親《じおや》という）である百姓の土地を借りて耕作する者たちで、譜代下人と異なり独自の家族を持ったが、土地とともに質入・売買・相続の対象とされた。主家に対しては家抱役という夫役を務め、通例では、主家からの借地の大小にかかわらず、一カ月に三日、一年に三六日間、木の伐採や秣《まぐさ》の採取、そのほか雑事に従事した。借地に課される年貢は主家に納め、名主には直接上納していなかった。いわゆる隷属農民とされる人びとで、他地域の門屋や名子などにあたる（山田武麿『上州近世史の諸問題』）。ただし、年貢の立て替えをはじめとする主家の庇護はうけられた（遠藤ゆり子『中近世の家と村落』）。家抱数は一七世紀後半の寛文年間を画期に減少し、寛文三年（一六六三）では一六六軒であったのが、同十年には九六軒に急減、幕末には三軒のみとなる。反対に百姓数は増加していくことから、寛文年間には、家抱と百姓との関係が大きく変化したことがうかがえる。その画期として、これまで寛文五年の「家抱出入」と称される村方騒動が注目されてきたが、本章でもその意義に言及する。

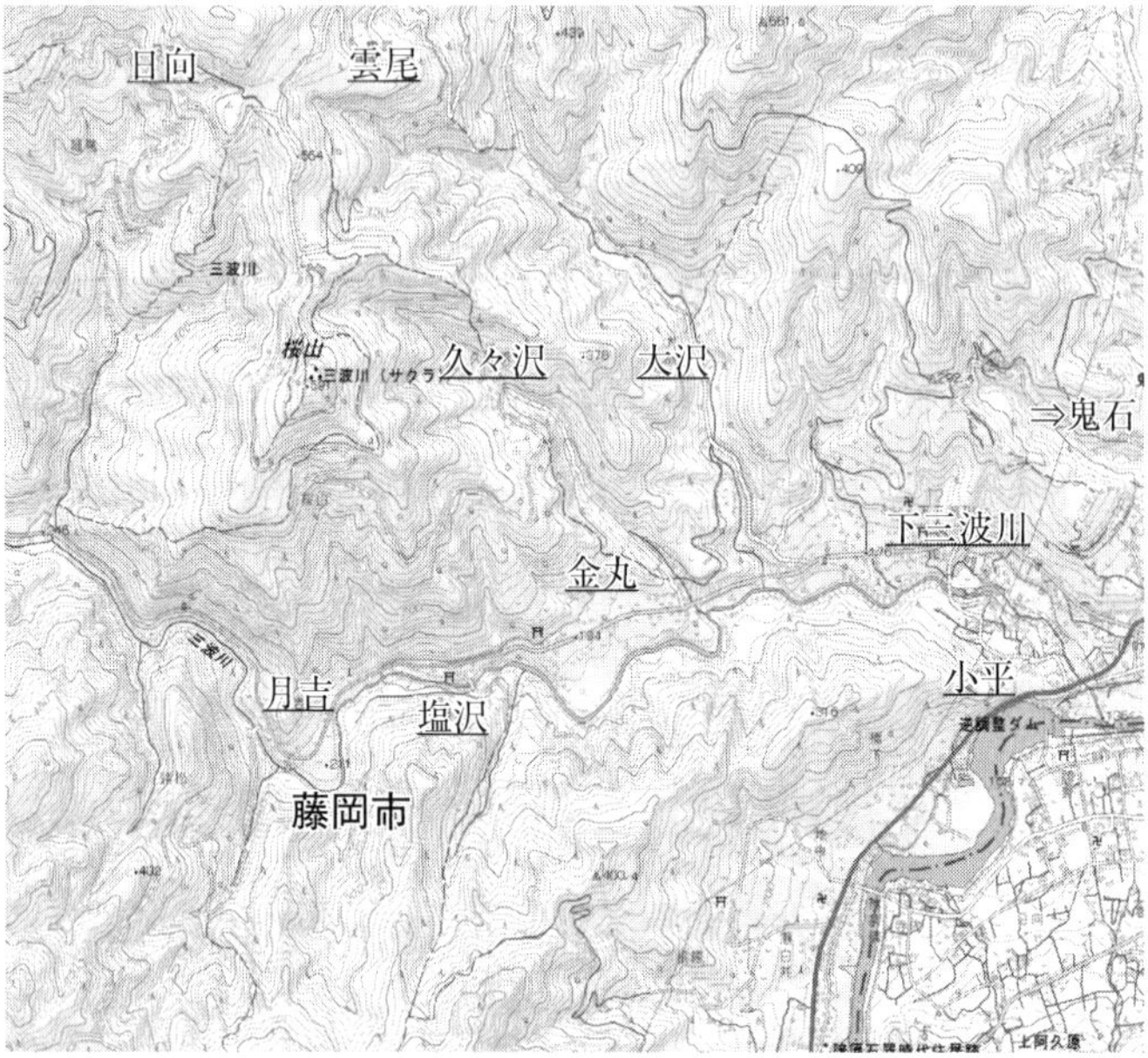

戦国の土豪飯塚家から近世の名主飯塚家へ

戦国時代の三波川村の一帯は、「北谷《きただに》」「北谷之郷」などと呼ばれていた。近年の研究によると、その東部は、早くから開発が進み、政治・経済・社会的な拠点があったようである。飯塚家がこの地に居住するようになった時期は定かでないが、やや後れて、開発があまり進展していなかった西部に入ってきた。この地が上野・武蔵国境の御嶽《みたけ》城主・長井政実《ながいまさざね》の支配下であった時点で、飯塚

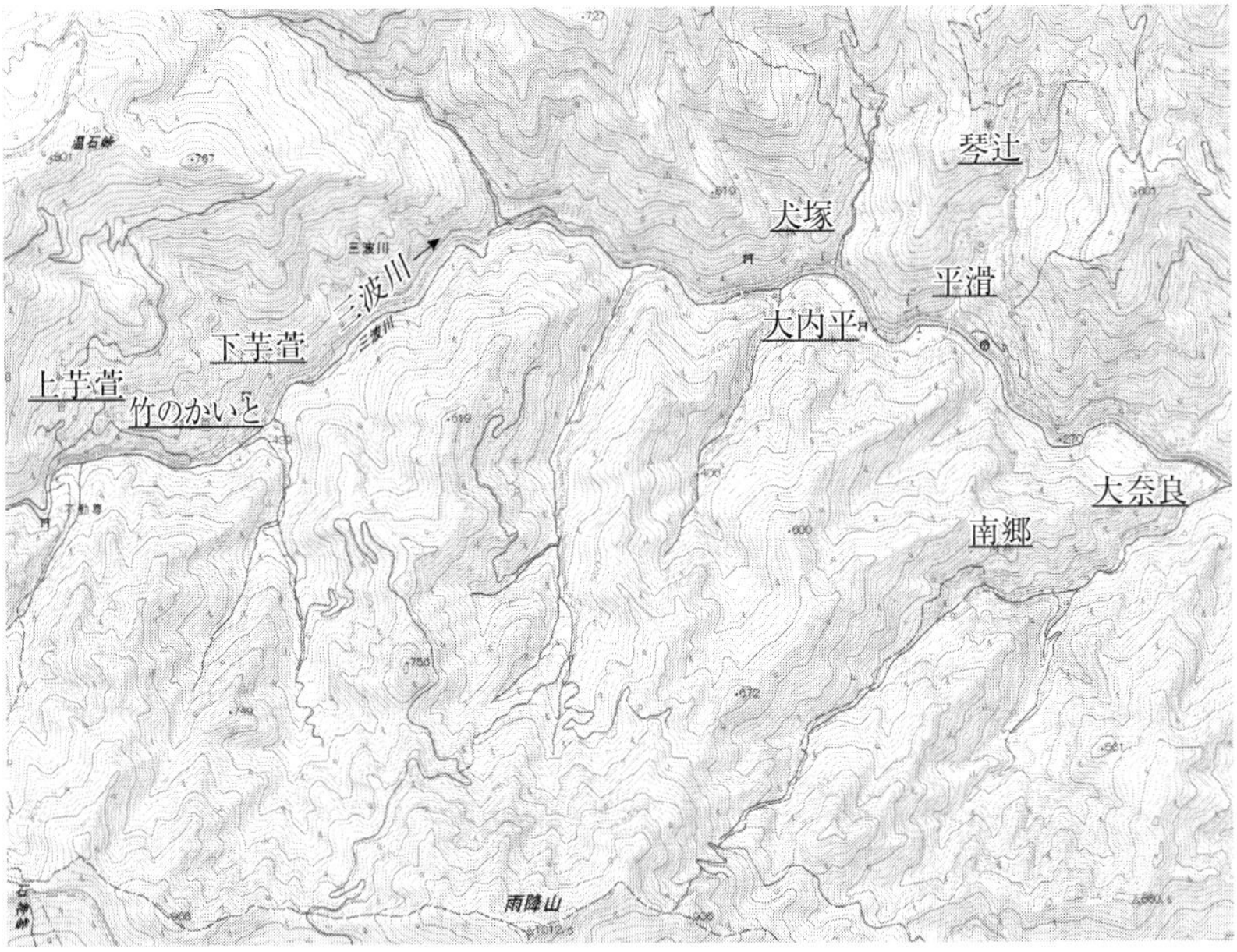

図 3-2　三波川村の小村（18ヵ村）
下線を引いた地名が小村．電子地形図25000（国土地理院）に加筆して作成．

家は年貢請負人の一人という立場であり、北谷全体の年貢収納を請け負ったり、支配したりする存在ではなかった。しかし、天正十三年（一五八五）以降、北谷が後北条氏の支配に入ると、北谷を郷として把握し、年貢の村請（郷請）を実現しようとする後北条氏のもとで、飯塚家は北谷中の年貢などの徴収という公務の遂行をきっかけに、郷中全体へと政治的・経済的な力を拡大していった。天正十四年には「名主」になっていた模様である。天正十八年に後北条氏が滅亡すると、北谷郷は徳川氏の領国下に入り、やがて幕府領とされた。このなかで、北谷郷は「三波川郷」と改称され、一七世紀前半の寛永期頃には、「三波川村」の呼称で定着したという。飯塚家はこの地にとどまり、近世の三波川村の名主となった（池上裕子『日本中近世移行期論』）。

引き続き、慶長三年（一五九八）の土地台帳である地詰帳《じづめちょう》から、戦国時代～近世初期の飯塚家やその一族が進めた開発のようすを確認しておく。地詰帳は記載様式の異なる二冊があり、うち一冊は原則として、年貢収納の単位となった小村ごとに土地をまとめて記載している。

ただし、寺院やこの検地の案内を務めた飯塚和泉《いずみ》とその弟大膳《だいぜん》の所持地もそれぞれまとめられており、同様の単位とされていた。和泉の所持地は永高（永楽銭の価格で年貢収納高を表示）で八貫九〇〇文、大膳は八貫一三二文。いずれも、他の名請人から突出した規模の大きさで、三波川村全体（永高六八貫六五四文）の、約二五％弱を両名の土地が占めた（「上州緑野郡三波河之郷御地詰帳」）。両名の所持地には、のちの大内平、南郷、平滑、琴辻、大奈良などの小村の土地が含まれ、その年貢収納を彼らが請け負っていた。三波川村の西部にあたるこれらの地域では、和泉・大膳の下で開発が進行中で、年貢収納の単位とされるほどには小村の形成が進んでいなかった。

一方、小村として年貢収納の単位とされていた上芋萱でも、飯塚一族の左京助《さきょうのすけ》の開発が展開しており、上芋萱の土地（永高二貫六四八文）はすべて、同人の土地（家抱の耕作と推定される分付地を含む）であった。このように、飯塚家とその一族は、戦国末から近世初期にかけて、三波川村西部の開発を進めた。そして、その開発に動員されたのが家抱であった（池上裕子『日本中近世移行期論』）。

小村の成立

三波川村名主を世襲した本家の飯塚和泉家と分家の大膳家では、一七世紀に分割相続が繰り返され、各家の所持地の規模は縮小していった。とくに大膳家は、宝永三年（一七〇六）の記録（先祖由緒書）によると、少なくとも五家に分かれている。また、和泉・大膳両家の所持地は、一族以外の他の百姓へも譲渡されていたと考えられる。両家の土地の開発は、一七世紀前半以降、飯塚一族の子孫も含む百姓らによって引き継がれ、彼らに従属する家抱も動員された（この点で百姓も開発主といいうるが、家抱が借地であることなど土地所有のあり方は小川村小川家と異なる）。以下では、和泉や大膳など飯塚一族の土地が集中していた三波川村西部に注目して、小村の成立と百姓らによる開発のようすをうかがってみたい。手がかりとするのは、家抱の居住地名称である。

三波川村では、百姓、家抱・門前でそれぞれ五人組《ごにんぐみ》が作られた。その台帳である五人組帳には、家抱や門前で構成され

表3-1　五人組帳における三波川村西部の小村記載の変化

No.	小　村　名	慶長3年(1598)地詰帳	慶安5	承応2	承応3	明暦2	明暦3	万治4
			1652	1653	1654	1656	1657	1661
1	上芋萱	●	△	△	○	○	○	○
2	竹のかいと	●	△	△	○	○	○	○
3	下芋萱(芋萱)	●	△	△	○	○	○	○
4	犬　塚	●	△	△	○	△	○	○
5	大奈良	×	△	○	○	○	○	○
6	大内平	×	△	○	○	○	○	○
7	南　郷	×	△	×	×	○	○	○
8	平　滑	×	×	×	×	×	×	○
9	琴　辻	×	○	○	○	○	○	○

干川明子「国絵図における枝郷の性格」(『群馬文化』226，1991年)を参考とし，慶長3年「上州緑野郡三波河之郷御地詰帳」(文書番号54)，各年の家抱・門前分の五人組帳より作成.
●…年貢収納単位として記載，○…小村名のみが記載，△…主家の百姓名が記載，×記載なし

る各組に、居住地名称が記載される。多くは、小村やこれに含まれる集落の名称、門前の場合は属する寺の名称となる。表3−1は、三波川村西部の小村が家抱の肩書きとしていつ頃から現れるのかを示したもので、あわせて慶長三年の地詰帳で年貢収納単位となっていたかどうかについても補足した。

五人組帳は慶安五年（承応元、一六五二）のものが最古で、この段階では、飯塚和泉の系譜を引く名主の飯塚家が居住する琴辻以外は家抱の居住地名称として小村が現れず、「△」「×」となっていることがわかる。このうち△は「○○分」という形で、主家の百姓の所持地を意味する名称が記されていることを示す。例えば、「小左衛門分」は百姓小左衛門の土地という意味である。しかし、こうした名称は承応三年（一六五四）には基本的にみえなくなり、小村名称のみが記されるようになる（「○」）。この変化は、三波川村内で家抱が主家の百姓に隷属するものとしてだけでなく、小村に結び付けて認識されるようになったことを示すと考えられている（干川明子「国絵図における枝郷の性格」）。つまり家抱の地位が上昇し、百姓とともに家抱までも成員とする地縁的なまとまりとして、小村が成立したと理解できよう。

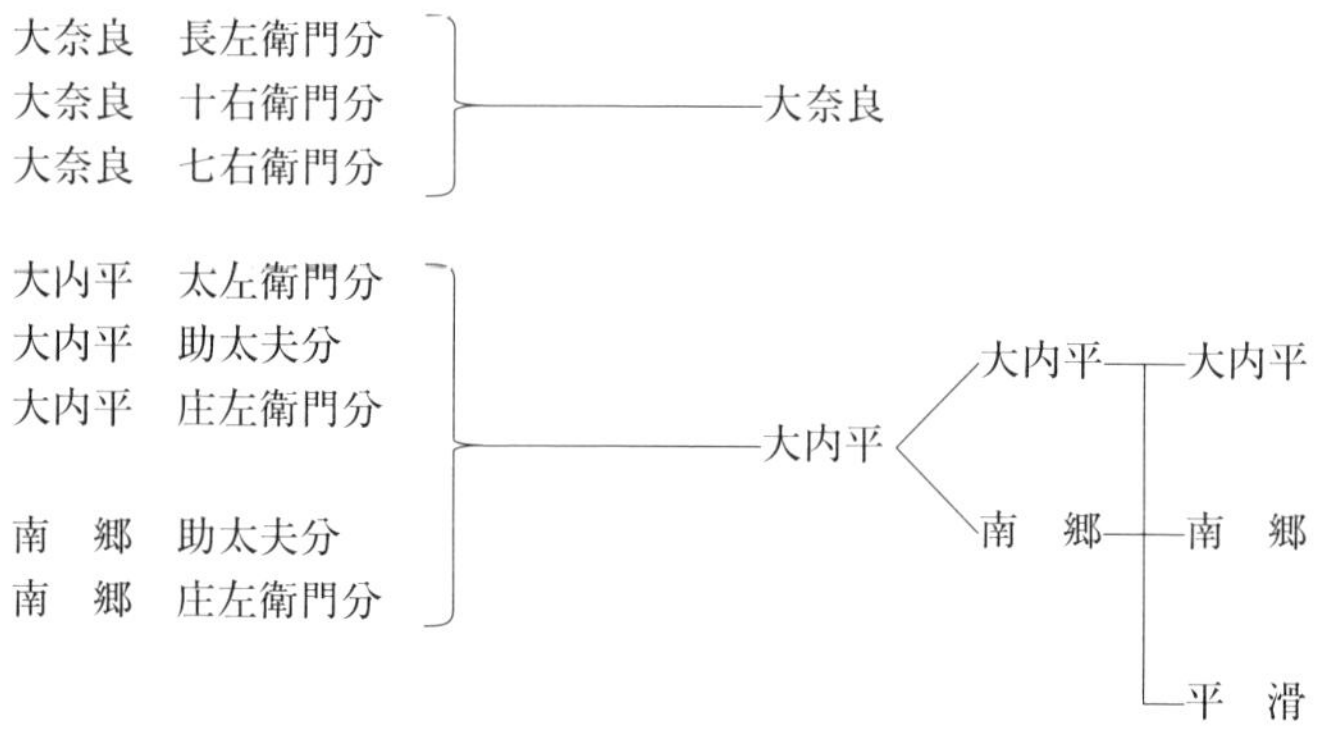

図3-3　大奈良・大内平・南郷・平滑の成立過程
慶安5年（1652）の家抱・門前分の五人組帳より作成.

したがって、承応三年には、№7・8の南郷・平滑を除く三波川村西部の小村が成立していたことになる。ここで、慶長三年地詰帳の記載に注目すると、「●」が付いた№1〜4の上芋萱・竹のかいと・下芋萱・犬塚は、すでに年貢収納単位となっており、小村の形成が進んでいた。ただし、当該段階の小村は、ごく限られた有力百姓の土地のまとまりといった性格で、家抱はその成員たりえていなかったと考えられる。すなわち、これら四か村は一七世紀中頃にかけて、家抱も成員とする地縁的なまとまりへと性格が変化したといえる。

こうして一七世紀中頃には三波川村西部のほとんど、そして後半にかけてはすべての小村が成立した。ただし、例えば後発の南郷・平滑が成立後も、幕府が諸大名に命じて作成する国絵図や郷帳において、母村にあたる大内平に含められ記載されないなど、小村間には格差があった（干川明子「国絵図における枝郷の性格」、鈴木一哉「元禄期前後における三波川村の「枝郷」と「郡」」）。

百姓と家抱の開発

これらの小村を成立させたのが百姓らによる開発で、家抱らも動員された。飯塚和泉・大膳の土地が集中していた大奈良、大内平、南郷、平滑の四か村を事例に、そのようすを探ってみたい。図3-3は、慶安五年（承応元、一六五二）の五人組帳の記載（家抱の居住地名称）を起点に四か村の成立過程を示した模式図である。これによれば、和泉・大膳の土地分割が進み、慶安五年ではのちに四か村となる地域に、長左衛門など、少なくとも六名の百姓の土地があったことがわかる。六名のうち、大内平の太左衛門と庄左衛門は大膳の子孫で、彼らは相続によって大膳の土地を取得したと考えられる。残る四名は飯塚一族でなく、相続以外の方法で土地を取得していたことになる。四か村の土地の開発と耕作はこうした百姓の下、家抱を動員して行われた。四か村のうち、大奈良以外の三か村は密接な関係にあった。南郷は、大内平に居住する百姓二名の家抱が開発したという。この百姓二名とは慶安五年段階で大内平と南郷に土地を持つ助太夫と庄左衛門で、彼らの家抱が南郷の土地開発にあたったのだろう。いったん大内平に含められるが、程なく大内平と分けられたようである。この家抱らが寛文七年（一六六七）に百姓に取り立てられたことは、三波川村において独立した小村としての承認が進む画期となったと考えられる。平滑は、大内平に居住していたと考えられる大膳の孫にあたる百姓らによって拓かれた（干川明子「国絵図における枝郷の性格」）。平滑の名称は万治四年（寛文元、一六六一）の五人組帳からみえ、同年の家抱五名は、それまで大内平や南郷の家抱であった。小村として成立した後も場面によって、大内平の一部とされた。

以上のように、三波川村西部では、一七世紀前半〜中頃、飯塚和泉と大膳をはじめとする有力百姓の土地が彼らの子孫やその他の百姓によって分割して所持されるようになり、その下で家抱らを動員した開発・耕作が行われた。こうして、家抱も成員とする地縁的なまとまりとしての小村が成立していった。三波川村東部でも状況は大きく異ならず、慶長三年時の有力百姓の土地分割が進み、その子孫を含む百姓と家抱による開発が行なわれていたと考えられる。

家抱の変化

家抱は飯塚家（和泉・大膳）や百姓らの開発に動員され、その後の耕作を行なうことで、借地している土地との結びつきを強めた。なかには明らかに自分の土地を所持し、百姓に近い性格を持つ者も現れた（渡辺尚志『近世の村落と地域社会』）。以下、この点をいま少し深め、寛文五年（一六六五）の「家抱出入」直前の状況を確認しておく。

万治三年（一六六〇）十月、三波川村での新林の立て出しを禁止することを取り決めた一札を、「三波川村百性《ママ》惣名」を名乗る六七名の者たちが、名主の飯塚伝左衛門に宛てて提出した（「相定申一札之事」）。具体的な内容は、これまでの本林のほかに、今までに立てて来た所はそのままとし、今後の新林の立て出しは、百姓の仲間（「中間」）で吟味し、立てないこととする、もし新林の立て出しにしかるべき場所があれば、名主・組頭に披露したうえで立てる、というものであった。新林の立て出し禁止に合意した百姓の仲間が、この一札に名を連ねる「三波川村百性（ママ）惣名」六七名ということになる。この六七名の素性を確かめるため、翌万治四年の百姓分の五人組帳を参照すると、百姓数は四八名（名主伝左衛門除く）である。万治三年の百姓数も同数とすれば、六七名の多くが百姓であることは間違いない。では、残る二〇名弱はどのような人びとであったのか。

万治四年の家抱・門前分の五人組帳と比較すると、百姓と名前が重複している者を差し引いた一六名が家抱に比定できる。代替わりや変名なども考慮すれば、六七名のうち二〇名弱は家抱であったとみてよい。家抱の全体数からすれば一部ではあるが、彼らは家抱でありながら、百姓の仲間を構成していた。そうだとすれば、彼らは自分の土地を所持して年貢を名主に直納し、百姓が務めるべき諸役（以下、百姓役とする）を負担していたのか。

そこで、注目されるのが、寛文元年九月に決着した家抱同士の土地争論の事例である。争った弥左衛門と所左衛門は、両名とも上芋萱に居住する（それも同じ五人組に所属する）家抱であった。この争論は、名主伝左衛門や近隣の小村、さらに鬼石《おにし》町《まち》（現群馬県藤岡市）の者たちが仲裁に入って決着した。その際の証文によれば、山畑を含む係争地に課される年貢七二九文の三分の一を、おのおので名主に直納し百姓役を務めること、そして、これにともない弥左衛門は今後家抱役を務めないこととされた（「手形之事」）。所左衛門については、争論以前にすでに、係争地に課される年貢を名主に直納して百姓役を務め、家抱役を免除されていたため言及がないのだと思われる。つまり、係争地は所左衛門の土地となっており、弥左衛門が同地の耕作・所持の権利を主張したため、争論となったのである。その結果、弥左衛門にも同地に対する権利が認められ、これに応じた年貢を名主に直納し、百姓役を負担することとなった。その代わりに、弥左衛門が務めるべき家抱役を免除されたのである。家抱は時に争論に及びながら土地との結びつきを強めていった。そして、土地の権利確定と家抱役の免除とが密接に関わっていることが、本事例からうかがえる（渡辺尚志『近世の村落と地域社会』）。

こうして、所左衛門と弥左衛門の両名は自らの土地を所持することとなったが、一方で、彼らは家抱の身分・立場から脱したわけではなかった。寛文三年の家抱・門前分の五人組帳では、上芋萱の家抱として弥左衛門の名前が確認できる（代替わりや変名のためか、同所に所左衛門の名前はみえない）。このように、自らの土地を持ち年貢を名主に直納して百姓役を務める家抱が、一七世紀後半には現れていた。万治三年の百姓の仲間を構成した家抱とは、こうした百姓に準じた性格を有する者たちにほかならなかった。

「家抱出入」という騒動

家抱らが土地との結びつきを強め、一部には自らの土地を所持する者＝百姓に準じた性格の家抱も現れたことは、直ちに百姓身分化につながらなかったとはいえ、家抱の成長を示す現象であったといえる。このことに起因して、家抱のなかからは主家の百姓の指示に従わず家抱役を務めない、といった者も現れてきたと考えられる。そのため、百姓側は、動揺しつつあった家抱との主従関係を立て直そうと企てた。これに家抱らが反発して起こったのが、寛文五年（一六六五）に始まる「家抱出入」である。

寛文五年正月、三波川村のうち七か村（芋萱〈上と下の両方を含むとみられる〉・琴辻・大内平・犬塚・大奈良・南郷・日向）の「惣百姓」を名乗る家抱八〇名が、支配代官（伊奈左門《いなさもん》）に出訴した（「乍恐以書付御訴詔申上候事」）。

その内容は次のとおり。①名主・組頭らが代官の交替に際し悪事を企て、組頭のところへ判を持ち寄らせ、自分たちは「家抱之者」であり、以後どのようなことを命じられても違背しないという書付に、勝手に判を押した。②名主伝左衛門が検地帳（慶長三年の地詰帳）を見せないので、代官から伝左衛門に検地帳を持参するよう命じてほしい、そして、そこに記載されている自分たちの先祖の名前を確認してもらい、自分たちを百姓としてほしい。③自分たちは年貢・諸役を代々負担している百姓であるので、名主伝左衛門を召し寄せ、先祖の名前が登録されている検地帳の記載に従って百姓としてほしい。このように、八〇名の家抱らは、代々土地を所持し、年貢・諸役（百姓役）を負担していることから自分たちは百姓であると主張した。なお、二〇名弱と推定される既述の百姓に準じた性格の家抱はすでに百姓の仲間となっていたため、この訴訟に参加していなかった可能性が高く、八〇名のほとんどは、土地との結びつきを強めつつも、自分の所持地がなく、家抱役も免除されていない家抱であったと考えられる。

それにもかかわらず、家抱らは自分たちが先祖代々土地を所持し、年貢や百姓役を負担してきた百姓であると主張し、家抱とされることを拒んだ。つまり、主家からの借地は自分たちの土地であり、家抱役も務めないという主張で、その前提には、開発やその後の耕作を積み重ね、家抱らが借地との結びつきを強めていたことがあった。彼らが土地所持を主張するにあたり根拠としたのは、慶長三年検地帳の記載である。そのこと自体は注目されるが、検地帳では家抱の一部が、主家への隷属関係を示す形式で（いわゆる分付記載の形式で）名請人として現れているにとどまり、同帳が家抱らの主張を実際にどの程度支えるものたりえたのかは疑問とせざるをえない。

家抱側の主張に対し、百姓側はどう反論したのか。寛文六年二月に江戸の勘定頭の役所に宛てて出されたとみられる百姓側の訴状からうかがってみたい（「乍恐以書付御訴詔申上候」）。

①「家抱出入」よりも以前の状況について、代々所持してきた家抱のうち三名が自分たちは家抱でないとし、さきの代官伊奈半十郎へ偽りの訴状をたびたび提出した。しかし伊奈半十郎は家抱らの訴えを容れず、以前からのしきたりのように三名は家抱であることに紛れないとし、牢屋に入れる裁定を下した。そのうえで、三名から後の証拠として、おそらくは自分たちが家抱であることを認める旨の証文を取り、百姓たちはこれを今も所持しているとする。なお、伊奈半十郎が三波川村を管轄する代官であったのは、寛永十六年～承応元年（一六三九～五二）であるので、家抱三名の訴えはこの間の出来事である。

②今回の騒動について、去年の寛文五年正月、家抱八〇名が寄り集まり、自分たちは家抱ではないとして、代官伊奈左

門に訴え出たことに対し、百姓側は八〇名の者たちが家抱であることを証明する数多くの証文を提出した。これをふまえ、取り調べが行なわれた結果、八〇名は家抱であることに間違いないとの裁定が伊奈左門によって下された。

③八〇名のうち二三名は裁定に従い、以前のとおり家抱役を主家である百姓に対して務めることになったが、残る五七名はまったく従おうとしなかった。ゆえに、百姓側は去年十月にこの旨を代官へ訴え出ると、重ね重ねの不届き者だとして、伊奈左門は五七名のなかでも「大将分」の者四名を牢屋に入れたが、それでもまったく聞き入れなかった。我が儘に振る舞い、偽りを申し立てて、先例を破る者たちに対し、自分たちではどうすることもできない。よって、五七名の者たちを召し出して、この者たちが確かに家抱であると命じてほしい。

以上のように、百姓側は証拠文書を根拠に、出訴した家抱が間違いなく家抱であり、先例に従って家抱役を務めるべきだと主張した。そして、この百姓側の訴状が提出されるよりも前の段階で、伊奈左門からいったん裁定が下され、二三名の家抱が以前のとおり家抱役を主家に対して務めることになっていた。しかし、残る五七名は一向に従わなかったため、家抱であることを認め家抱役を務めるよう、改めて命じてもらおうとしたのである。このような主張の前提には当然、家抱らが所持を主張している土地は主家の百姓が貸し与えたものであるという認識があったことになる。

「家抱出入」の決着とその後

家抱と百姓双方の主張に対し、代官はいかなる裁定を下したのか。寛文七年（一六六七）に比定される未年三月、伊奈左門から三波川村や近隣村々の名主や百姓に宛てた書付によると、取り調べの結果、訴え出た者たちは家抱に間違いなく、前々からのように、家抱役を主家（地親）に対して務めることとされた（「（三波川村家抱公事ニ付公儀より被仰渡候事）」）。家抱らが所持を主張した土地も主家からの借地であると判断されたことになり、家抱らの訴えはしりぞけられた。

この裁定について先行研究では、代官が「家抱の解放、本百姓化」を推進したとは考えられず、むしろ「従来の秩序」を確認したものと評価した（山田武麿『上州近世史の諸問題』）。代官が家抱の主張を支持しなかったことは確かだが、そうかといって、三波川村のあるべき秩序として「従来の秩序」を積極的に代官が選び、確認したというわけでもない。代官は提出された証拠をもとに百姓側の主張を容れたのであり、もし彼らが百姓に準じた家抱のように土地を所持し、名主への年貢直納や百姓役を負担していることを証拠とともに証明できていたならば、彼らは百姓身分として認められたのではなかったか。

そのため、騒動直後から三波川村では、家抱が百姓と合意のうえ、後の証拠となる証文とともに土地を取得して自立し、百姓となる動きが急速に進むことになる。寛文七年十一月、大内平の百姓とみられる吉左衛門と証人金右衛門ほか一二名から、南郷に居住する家抱の金三郎・与左衛門・左平次・長七郎に宛てて、次のような手形が出された（「手形之事」）。すなわち、南郷の金三郎ら四名は吉左衛門家相伝の家抱であるが、このたびの願い出により家抱から解放する。ついては、永高四六九文の土地を四名に渡し、代価（「ゆわひ《（祝）》金」）として金一五両を受け取った。以後は、公儀（幕府）から課される年貢・諸役を少しも油断なく、四名から名主に直納して務めるように。以上のような内容で、南郷の金三郎ら四名は、吉左衛門から土地を買い取り、そこに課される年貢と百姓役を名主に負担することで家抱を脱し、百姓となったのである。家抱側が支払う祝金は無償のこともあるが、二〇両という例もあり、家抱が蓄積していた経済力のほどをうかがわせる。一方、主家たる百姓側の経済的な事情で家抱を手放す場合もあったことをふまえると、祝金は百姓側にとっても一定のメリットであったと考えられよう。

こうして、家抱らは土地を取得して、年貢を名主に直納し、かつ百姓役を務めれば、百姓身分となることができるようになった。騒動に加わらなかった可能性が高い二〇名弱の百姓に準じた性格の家抱も程なく百姓となったと考えられる。「家抱出入」は、百姓か家抱かの身分と土地所持・負担の連関を改めて明確にし、家抱が百姓に準じた立場にとどまらず、百姓身分に上昇できる大きなきっかけとなったのである。そして、家抱のなかには、主家の庇護をうけられるといった利点から家抱身分にとどまる者もいたことを考慮すれば、「家抱出入」は家抱にとどまるか、百姓となるかを家抱が選択する前提条件を整えたといえるのであり、ここに本騒動の意義が求められる。

この後、三波川村の家抱数は減少していくため、家抱の多くは百姓となることを選択したことになる。家抱の自立にあたっては、自立後も彼らと旧主家の間に「主従之所縁」とよばれる主従関係が残存することがあったが、旧主家の庇護のみによらずとも、自らの判断で質入れなどの土地取引を行ない、当座の資金を得られるようになった旧家抱にとって、主従関係を維持する必要性は乏しくなっていた。物的な基盤を欠くこうした主従関係は一部残存したものの、基本的には解体していく傾向にあったと展望できる。

おわりに

以上、本章では、東国（関東）の村を対象に、近世前期の開発が①土豪（開発主）と百姓、②百姓と隷属農民の関係に与えた影響について述べてきた。

①については、江戸近郊の武蔵野に開発された新田村の小川村を事例とし、開発主の小川家と百姓の関係を取り上げた。小川村の土地には、開発主小川家の所有と百姓の所有が併存し、村のすべての土地に対する所有が開発主としての性格の基礎にあった。小川家には、百姓を支配する側面と、百姓を助成・救済する側面とがあり、前者の側面は一七世紀後半の村方騒動で否定された。そして、一八世紀中頃〜後半に百姓が土地との結びつきを強めて定着したことで、小川家の開発主としての性格や所有が形骸化した。しかし、小川家は村方地主ないし豪農として経営を維持しつつ、居村を含む地域の振興というべき活動を展開していった。百姓の成長・自立によって、土豪は克服・否定されるばかりでなく、性格を変えながら家として存続し、村や地域で独自の立場を保持しえたのである。

②については、上野・武蔵国境地帯の山間村落である三波川村を事例とし、同村の百姓と家抱の関係を取り上げた。土

豪飯塚家とその一族は、戦国末から近世初期にかけて、三波川村西部の開発を進めた。その土地は子孫やその他の百姓によって開発が継続され、三波川村内部の小村が形成されていった。東部でも、近世初頭の有力百姓の土地の分割が進み、同様の開発が進んだとみられる。家抱は土豪や百姓の開発に動員され、耕作も担うことで借地の土地との結びつきを強め、一部には自分の土地を所持する者も現れた。百姓側は動揺しつつあった主従関係を立て直そうとしたが、これに家抱が反発し、寛文五年（一六六五）に「家抱出入」が起こった。家抱は敗訴したが、本騒動をきっかけに、土地を取得して年貢を名主に直納し、百姓役を務めれば百姓身分となることができるようになり、百姓となるか、家抱にとどまるかを家抱が選択できるようになった。家抱の多くは前者を選択し、こうして三波川村の家抱の自立が進んだ。

以上の①②の変化は、百姓や家抱が土地との結びつきを強めたこと、開発された土地をめぐる所有関係の変化に起因していた。それにともない、開発主と百姓、百姓と家抱という土地所有に根ざした身分的格差は解消されていく傾向にあり、百姓を中心とするという意味で近世の村が成立するが、経済的格差は近世中期以降も存続していく。

一方で、百姓・家抱と土地との結びつきの内容には大きな違いもあった。小川村では当初から百姓にも土地所持が認められ、そこでの土地との結びつきとは、彼らが流動性を克服して定着・定住するか否かであった。これに対し、百姓から土地を借地していた三波川村の家抱にとって、土地との結びつきとは、耕作・土地所持の権利の有無にほかならなかった。村の立地や開発のあり方に根ざすこうした違いをふまえ、百姓や家抱などの人びとがどのように土地との結びつきを強めていったのかを明らかにすることは、東国における近世村の成立を読み解く際の重要な切り口となるはずである。

〔参考文献〕

池上裕子『日本中近世移行期論』校倉書房、二〇一二年
遠藤ゆり子『中近世の家と村落』岩田書院、二〇一七年

大石慎三郎『近世村落の構造と家制度（増補版）』御茶の水書房、一九七六年
木村　礎『近世の新田村』吉川弘文館、一九六四年
小酒井大悟『近世前期の土豪と地域社会』清文堂出版、二〇一八年
白川部達夫『日本近世の村と百姓的世界』校倉書房、一九九四年
鈴木一哉「元禄期前後における三波川村の『枝郷』と『郡』」『双文』九、一九九二年
鈴木直樹『近世関東の土豪と地域社会』吉川弘文館、二〇一九年
平野哲也「前地」後藤雅知編『身分的周縁と近世社会1　大地を拓く人びと』吉川弘文館、二〇〇六年
千川明子「国絵図における枝郷の性格」『群馬文化』二二六、一九九一年
牧原成征『近世の土地制度と在地社会』東京大学出版会、二〇〇四年
山田武麿『上州近世史の諸問題』山川出版社、一九八〇年
渡辺尚志『近世の村落と地域社会』塙書房、二〇〇七年

column I 漁村

東幸代

近世の漁村をめぐる研究

漁村に関する近世史研究は、村落史や藩政史、流通史など論点が多岐にわたるが、研究の基盤として、各村における漁業のあり方への理解が不可欠である。まず、漁業のあり方は、地形や海流など自然環境に規定される。さらに、漁村のあり方は、漁業のあり方以外にも流通など社会環境からも大きな影響をうけており、それゆえに各漁村には個性ともいえる地域性がある。

研究史を大雑把に振り返ると、こうした地域性への着目は、戦前の技術史や個別漁村のモノグラフ研究を経て、戦後、発展段階論的に近世漁村のあり方を理解する方向へと研究を導くことになった。一九八〇年代以降は、漁場の重層性や漁場請負論など論点に広がりがみられたが、一九九五年刊の『岩波講座日本歴史』でも、漁村をめぐる研究には漁村の個性への深い理解が必要である旨が、「海村」という用語の提唱とともにうたわれている（山口徹「海村の構造と変貌」）。こうした点からみると、漁村史研究とは究極の地域史研究であるといえるかもしれない。

しかし、漁村を対象とする研究は一地域史を超える可能性を秘めている。漁村だけではない。山村研究でも同様である。漁村や山村の研究者のなかには、「水田中心史観」に違和感を抱きながら近世村落像の見直しを主張してきた人びとがいるが、近年は、こうした山や水を「地域資源」の一要素として積極的に位置づける村落研究が生まれている（平野哲也『江戸時代村社会の村立構造』御茶の水書房、二〇〇四年など）。本コラムでは、日本海側のある漁村を事例に、漁村史研究の可能性について述べたい。

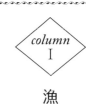

若狭国神子村と漁業

現在の福井県三方上中郡若狭町神子《みこ》に所在する大音家《おおおとけ》は、刀禰《とね》として中世文書を伝えてきたことで知られている。近世には世襲で庄屋をつとめており、近世・近代文書も豊富に伝来するが、平成三一年（二〇一九）に全史料の整理が完了し、基礎調査の成果として目録が刊行されたところである（福井県教育委員会『大音家文書目録』、二〇一九年。以下はとくに注記のない限り大音家文書にもとづいた記載である）。

近世の神子村は、村高わずか二二石余の小浜藩《おばまはん》領の村であった。家数は三〇戸台後半で推移しており、単純計算すれば一戸につき一石未満の所持高である。純農村だとすると、暮らしていける石高ではない。弘化四年（一八四七）には、「無高の者も多いが、漁業のおかげで相続している村である」という記述がみられるが、事実なのであろう。村には「大網」と称される村持の網があり、すでに一七世紀前半には大網漁の利潤をもって年貢の算用を行っている事例がみられる。また、神子村では庄屋が種々の負担免除を認められているが、それ以外に、「大網より五十分一宛之徳分」が庄屋給として支給されている。大網漁が、村を成り立たせる基幹の生業となっていることをうかがわせる。

実際には、漁業以外にも、ころび（油桐《あぶらぎり》の実）や蜜柑などの産物も生産しており、半農半漁の様相を呈している。農村と同様に、村には威し筒も存在する（ただし、筒用である）。地付の漁業においては季節によって種々の漁獲を行い、また、沖漁に出る人びともいた。隠岐国などでの難船記録がそうした出漁の事実を物語る。海面を広域に、重層的に利用していたのである。ただし、漁業には、当然のごとく不漁問題から起こる困窮がつきまとう。その際の借銀証文には船を担保にしているものもあり、漁村特有の担保のあり方がうかがえる。

この村のさらに興味深い点は、不漁期に漁業以外の生業によって生計を立てることが恒常化していると考えられる点である。享保九年（一七二四）には、大網をはじめとする地付網漁、および沖漁の不振を背景に村の状況が「かせぎ之力無御座」と表現されているが、村人は漁業以外に活路を見出していた。近隣の早瀬《はやせ》浦《うら》（現美浜町早瀬）や、やや離れた敦賀（現敦賀市）や小浜（現小浜市）へ「船乗奉公」に出る者が多かったのである。また、この二年後に大網が再興される際には、村が「他国幷ニ出居」者たちを呼び戻すとあり、彼らが出奔者でなく、村に所在を把握されながらの出稼であったことがわかる。「他国」がどこを指すかは明瞭ではないが、越前国や丹後国など、若狭湾沿岸の他国のことをいうのであろうか。いずれにせよ、神子村の人びとは、漁業に活路を見出せなくなっても、海を通じて生業を獲得していたのである。村内での生業が複合的であるうえに、村外にも生きるための

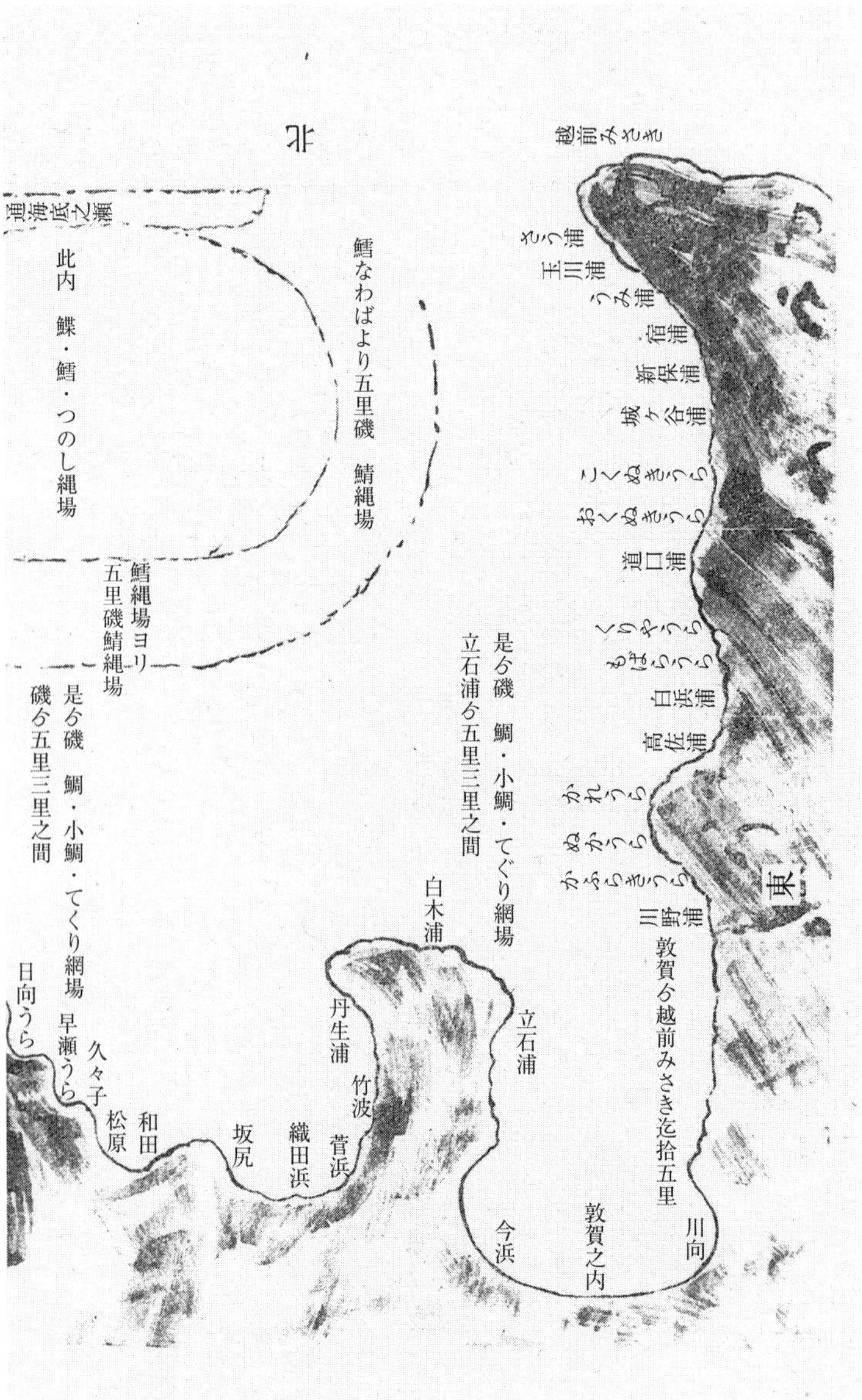

北
越前みさき
さう浦
玉川浦
うみ浦
宿浦
新保浦
城ヶ谷浦
こくぬきうら
おくぬきうら
道口浦
くりやうら
もはらうら
白浜浦
高佐浦
かれうら
ぬかうら
かふらきうら
東
川野浦
敦賀ゟ越前みさき迄拾五里
川向
敦賀之内
今浜
立石浦
是ゟ磯　鯛・小鯛・てぐり網場
立石浦ゟ五里三里之間
白木浦
丹生浦
竹波
菅浜
織田浜
坂尻
和田
松原
久々子
早瀬うら
鱈なわばより五里磯　鯖縄場
鱈縄場ヨリ五里磯鯖縄場
此内　鰈・鱈・つのし縄場
通海底之瀬
是ゟ磯　鯛・小鯛・てくり網場
磯ゟ五里三里之間
日向うら

加筆）

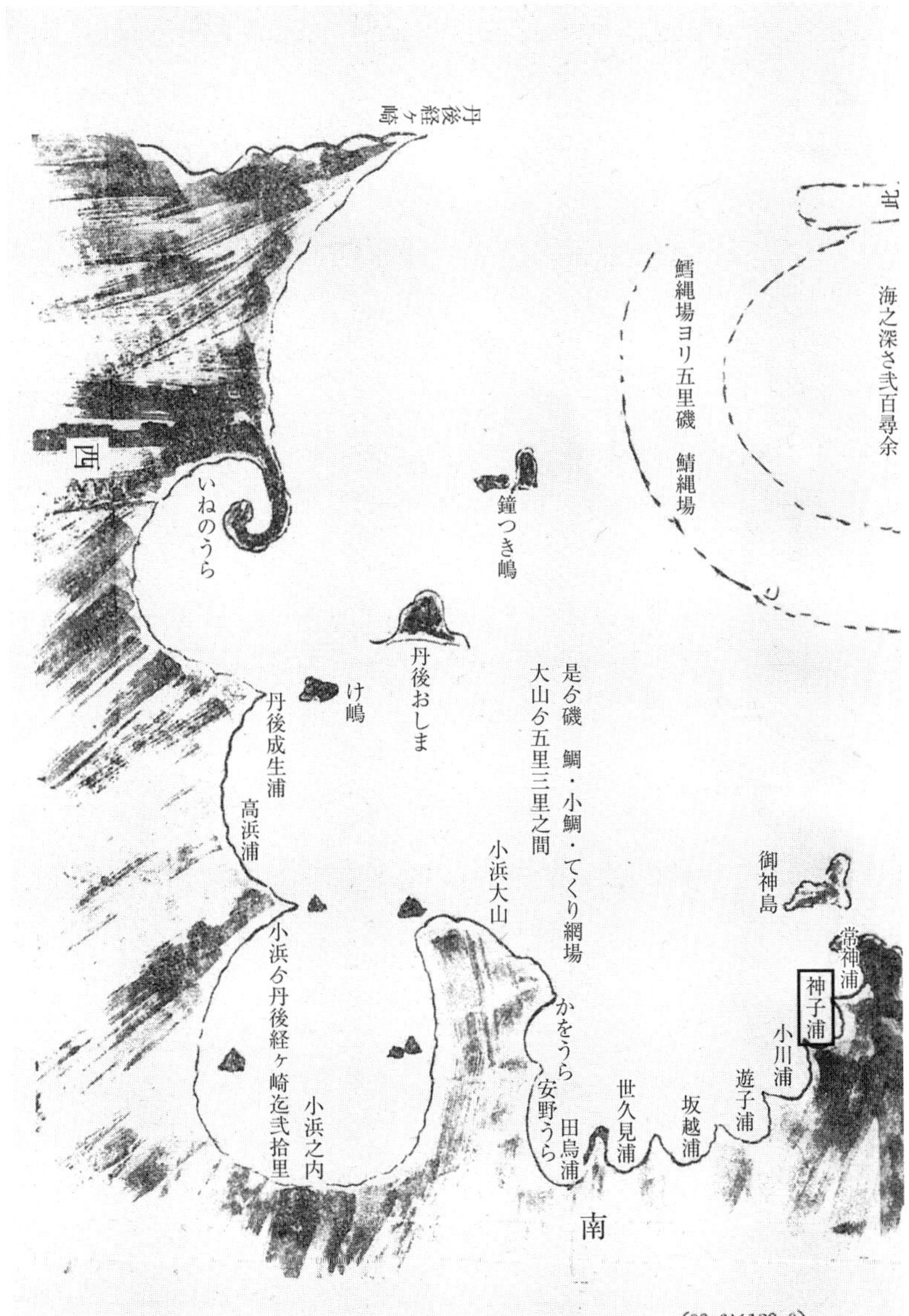

（83.6×123.0）

「若狭湾漁場図」（渡辺六郎右衛門家文書，『福井県史　資料編16上　絵図・地図』をもとに

場が確保されていたといえよう。

漁村に内包されるインパクト

漁村が村として村人の暮らしを内部で保障できなくなったとき、出稼というかたちで外部に生命をつなぎに出られることは、漁村の再生産にとって有利に作用したと考えられるが、これは神子村に限ったことではないだろう。例えば、沖漁を営む漁村は、自村の地先の海のみをみていたわけではなかった。このことを端的に示すのが、寛文五年（一六六五）作成と推定される図である。この絵図は、東の越前国から西の丹後国に及ぶ若狭湾の沖漁場を描いたもので、中央に描かれた楕円部分が、沿岸漁村が入会《いりあい》で操業できる漁場であった。多重の楕円は、外縁から順に「是より磯　鯛《たい》・小鯛・手ぐり網場」、「鱈《たら》なわばより五里磯　鯖《さば》縄場」、「此内　鰈《かれい》・鱈・つのし縄場　海之深さ弐百尋余」とあるように、魚種によって漁場が異なることを示している。沖漁について入会としている史料は丹後国側の漁村でも確認でき、神子村でも「地方より拾里（約四〇キロ）斗《ばかり》沖江小鯛引」に出ている村人がいた。彼らにとって海は、本図そのものである。その視野は決して狭くはない。

地付漁であっても自村の漁場だけをみていたわけではない。神子村は、自村の漁業権を守るために相手が隣村であろうと争論を展開したが、決して孤立して存在していたわけではなかった。近隣の数か村と連合した「組」をもとに他漁村と争論を起こしたり、新規漁業の差し止めなどを組内漁村で申し合わせたりしていた。組内の村々は、小浜への年貢運送等も共同で行っている。また、困窮の際には組内の他漁村から借銀することもあった。彼らには、日常的に近隣漁村が意識にあったであろう。

加えて、近世漁村における漁獲物が、自家用よりむしろ商品としての宿命を帯びているということに注目する必要がある。この点は、市場経済の発達や貨幣の浸透などの展開に伴って商品作物に注力する農村部とは異なる。すなわち、漁村は、近世都市の成立当初から領内流通の動向に影響される場なのである。通常、近世の漁獲物は、領主の強い統制下におかれており、一旦は領内の城下町などで、領主の保護下にある魚問屋の手を経て領内外に販売される。神子村周辺漁村の漁獲物については、近隣の塩坂越村《しゃくしむら》から海山村に届けられ、そこから三方五湖上を輸送され鳥浜村の魚問屋に運ばれ、馬や背持によって熊川宿（いずれも現若狭町）に運ばれるとされてきた（『福井県史　通史編4　近世二』、一九九六年）。確かに、大音家文書には、近隣の漁村の商人に漁獲物を販売している仕切状が多数残されている。

しかし、小浜藩の城下魚商人とも売買が行われており、同様に仕切状が残る。漁獲物だけではない。大音家は小浜城下の商人から、打綿や夜着、畳、きせる、箪笥など生活物資を購入している。村の借銀を用立てている城下商人もおり、小浜城下商人の影響が予想以上に大きいようである。また、神子村には他地域の魚商人が漁獲物の直買に入り込んでいたことを示す史料もある。各商人は、自領に持ち帰る漁獲物の獲得のために、積極的に海上を往来していたのであろう。近隣、城下町、他国の魚商人による漁獲物獲得競争が、日常的に漁村を巻き込みながら展開していたのである。

以上のように、自村領域をはるかに超える視野、村落連合や流通の影響など、農村が歴史的展開のなかで次第に影響をうけることになる外部からのインパクトを、神子村が近世初期から内包していたことは明らかであろう。先にも述べたが、大音家の近世文書は基礎調査を終えたばかりである。今後、漁村史研究にとどまらない近世史研究の進展のために、本史料が積極的に利用されることを期待したい。

第4章

「勧農」と「取締」の幕末社会

岩城卓二

はじめに

嘉永四年（一八五一）正月、石見国鹿足郡畑ヶ迫村《かのあしぐんはたがさこむら》の銅山師堀家《ほりけ》の十三代当主藤十郎《とうじゅうろう》は、石見国内の幕領を支配する大《おお》森代官《もりだいかん》森八左衛門《もりはちざえもん》より「五ヶ村取締役」の就任を命じられた。石見幕領のなかで「五ヶ村」にだけ設けられた新しい役職であり、役務は「五ヶ村」の庄屋の上に立ち、「勧農」と、村の「取締」を行うことであった。

「五ヶ村」とは石見国西部に位置する鹿足郡日原《にちはら》・中木屋《なかごや》・石ヶ谷《いしがたに》・十王堂《じゅおうどう》・畑ヶ迫村のことで、石見国東部に集中する幕領地域からは遠く離れた津和野藩《つわのはん》領内に点在する飛び地であった（図4-1）。天保十三年（一八四二）までは美濃郡津《つ》茂村《ももむら》も幕領であったが、同村が浜田藩《はまだはん》領に編入されて以降の飛び地は、この五ヵ村だけとなる。五ヵ村は周囲を山に囲まれ、農地は狭く、村高は日原村九七・一六七石、中木屋村二九・六一四石、石ヶ谷村二四・二五九石、十王堂村一八・一四五石、畑ヶ迫村九・六三五石と、小高であった。

五ヵ村は浜田藩領であった天明五～寛政四年（一七八五～九二）を除くと、大森代官所管下の幕領であったが、それは中木屋村笹ヶ谷《ささがたに》銅山をはじめ村内に鉱山（銀銅山）が所在したからである。しかし五ヵ村の鉱山は次第に産出高が減少して休山となり、天保末年以降も継続して開発されていたのは、惣廻り一里、南北約八丁、東西七丁（一丁は約一〇九メートル）を範囲とする笹ヶ谷銅山のみで、この山内に下財《げざい》と呼ばれる労働者と、その家族が五〇～一〇〇人程度居住していた。

堀藤十郎家は、初代与三右衛門が津和野城主吉見《よしみ》家《け》に仕えた後、江戸時代初期に畑ヶ迫村に住居し、鉱山経営に携わるようになったのが始まりと伝えられる。そして、四代弥兵衛の代の一七世紀中頃までには笹ヶ谷銅山の開発に参画したとされ、以後、代々、幕末まで携わった（『堀家文書史料調査目録』）。笹ヶ谷銅山の開発に関わる者は銅山師と呼ばれ、一八世紀後半以降は五ヵ村内に堀藤十郎家とあわせて一二、三人の銅山師が居住していた。

一九世紀において堀藤十郎家は鉱山業の他、金融業・酒造業・農業などを営んでいた。経営の実態はよくわからないが、八代又兵衛の代の明和三年（一七六六）、凶作に見舞われた幕領の窮民救済の食糧米購入資金として銀六〇貫を大森代官所に出金していることから、一八世紀半ばには幕領内でも有数の富裕者になっていたと思われる。

堀藤十郎家は他の銅山師とともに笹ヶ谷銅山の経営や、山内の支配に携わった。九代藤十郎の代の安永二年（一七七三）には銅山年寄役・「銅山師上席」の地位に就き、以後、同家の当主はこれを継承した。他方で、同家は史料が残る一八世紀中頃以降、五ヵ村支配に直接関与することはなく、居住する畑ヶ迫村の村役人も務めていない。ではなぜ大森代官所は飛び地の五ヵ村にだけ取締役を設け、十三代藤十郎は五ヵ村の「取締」に関与するようになったのであろうか。

取締役に研究の関心が向けられたのは古く一九七〇年代にさかのぼるが、八〇年代に入ると関心は組合村―惣代庄屋制へ集中していった。取締役が再度、注目されるようになるのは一九九〇年代後半以降で、組合村―惣代庄屋制だけでは一八世紀後半以降の治安悪化、飢饉などの危機に対応できず、取締役が設けられる場合があったことが明らかにされるようになった。その研究を牽引した山﨑善弘は、御三卿清水家の播磨領を主な対象に、危機下において領主側の出費を最小限に抑えながら「百姓成立」という幕藩領主の責務を果たすための「御救」を実行し、「御用」（＝支配機能）のみを果たす中間支配機構として設けられたのが取締役制だという（山﨑善弘『近世後期の領主支配と地域社会』）。また山﨑圭は信濃幕領を対象に、幕末期になると組合物代・郡中物代―郡中代の系統（行政系統）に加えて、主に治安維持を担う取締役―郡中取締役（取締系統）が成立しており、近代への展望は取締系統も含めて検討する必要があると述べている（山崎圭『近世幕領地域社会の研究』）。

近年、こうした研究史をふまえ、近世後期を論じているのが児玉憲治で、「取締役」の有無にかかわらず、「取締」という観点から行われる行政の展開が各地でみられるとし、それは百姓の身分秩序の管理・統制を目的とする「取締」行政と概括できるとした（児玉憲治「関東の組合村と地域秩序―近世後期の「地域的公共圏」?―」）。

本章は、こうした研究史を意識しながら、大森代官所が幕末期において五ヵ村に「勧農」を任とする取締役を必要と判断するに至った社会的背景を堀家の視点から捉え直し、堀藤十郎家にとって取締役に就く意味を考えていきたい。それは取締役、あるいは「取締」の担い手にとって、それに関与することの意味が十分に説明されていないと考えるからである。

1 石見銀山附御料のなかの五ヵ村

石見銀山附御料

天保郷帳によると、石見国の国高一七万二〇〇〇石余は、浜田藩領五万八〇〇〇石余、津和野藩領六万四〇〇〇石余、幕領五万石余に三分される。浜田藩領高の増減に左右されるが、石見国内の幕領高は四〜五万石程度で推移した。石見国内の幕領は、近世史料では「石見銀山附御料」と表記されていることが多い。それは石見銀山の操業を支えるという役割を担っていたからである。銀山で必要な叺《かます》・留木《とめぎ》などを供給する囲村や、木炭を供給する御林が設定され、銀山稼に従事する銀山師に年貢米が払い下げられる買請米という制度も整えられていた（小林准士「石見銀山附幕領における買請米制度に関する基礎的考察」）。

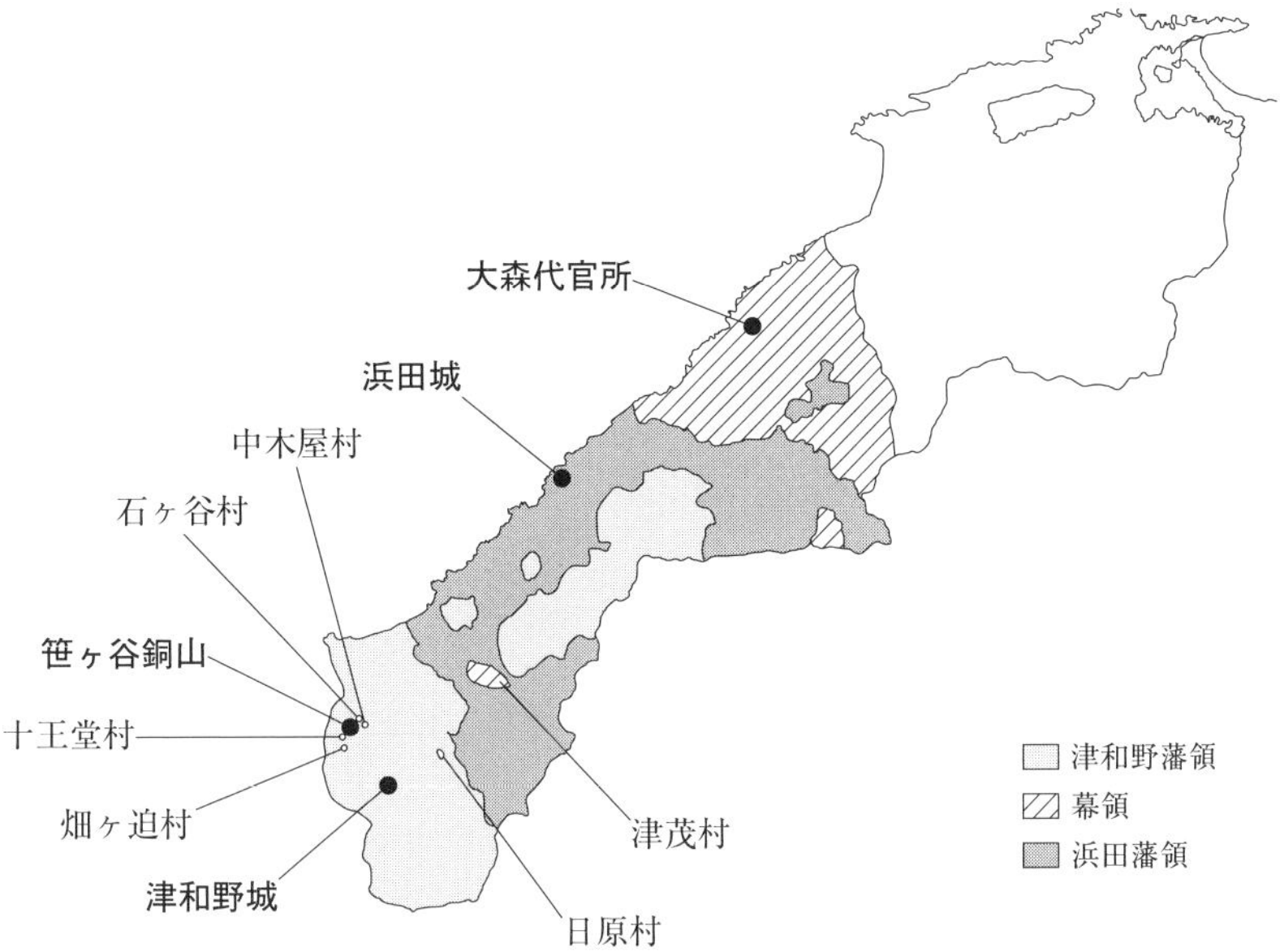

図 4-1　石見国内の幕府領・藩領および鉱山の位置（『堀家文書史料調査目録』による）

この幕領を支配したのが石見銀山麓の佐摩《さよ》村《むら》内に開かれた大森町に所在する代官所である。いつからかは不明であるが大森代官所には地方役所と銀山方役所が置かれていた。地方役所は村々の年貢徴収や公事訴訟など、銀山方役所は石見銀山山内に開かれた銀山町をはじめ幕領内の鉱山支配および幕領内の小物成《こものなり》・運上《うんじょう》の徴収と、職掌は分けられていた。

天保十年（一八三九）を例にすると、地方担当の役人は手附・手代の五人、銀山方担当は役人三〇人、同心三一人、中間二八人であった。そして、手附・手代は代官とともに数年で異動するが、銀山方の役人・同心・中間は当地に居住し続ける地付であり、異動しなかった。

幕領内の主要街道や湊《みなと》には口番所《くちばんしょ》が設けられていた。近世初頭に、石見銀山の灰吹銀《はいふきぎん》の持ち出しを取り締まるために設置されたのが始まりといわれ、一九世紀には往来する人・物資の取締りや、物資に賦課する役銀の徴収などを主な任とし、幕領内に二七ヵ所設けられていた。口番所は銀山方の管轄であり、銀山附同心一人が半年、もしくは一年任期で駐在した（藤原雄高「解題『番所書物留』について」・矢野健太郎「石見銀山領の番所」）。

銅山御用場

笹ヶ谷銅山内に設けられていた銅山御用場も、この口番所の一つであった。

天保二年（一八三一）四月より銅山御用場に詰めた土井代八郎《どいだいはちろう》を例にすると、代八郎は毎月五日、銀山方役人宛に御用状を送付し、笹ヶ谷銅山の水抜道《みずぬけみち》の切延《きりのべ》寸法、間歩《まぶ》（坑道）および山内の様子、日原・畑ヶ迫村の問堀《といぼり》（試掘）所の様子を報告した。そして現状報告のため、山内・間歩・水抜道などを見分した。また、銅山師三好藤左衛門《みよしとうざえもん》の日原村問堀所が鉱脈に当たり稼山になると、炭木の調達、銅の運送などについて銀山方役人に指示を仰いでいる（堀家九一六四）。

この日原村の稼山の鉱石は銀気があったため、銀山方役所は灰吹銀の抜売がないように銅山御用場に取締方を命じ、それをうけ土井代八郎は三好藤左衛門に心得方を申し渡した。そして三好は、灰吹銀の抜売がないよう監督し、毎日の出銅高、間歩の修覆日・休日、精錬高を日記・帳面に記載し、土井代八郎に報告している。

銀山方役所が銅山御用場に取締方を命じ、それをうけた御用場詰同心が銅山師三好藤左衛門に心得方を申し渡し、日々の採鉱・精錬・下財の監督は銅山師に任すというように、五ヵ村の鉱山支配は、銀山方—御用場—銅山師という支配系統が確立していた。

支配単位としての五ヵ村

銅山御用場は五ヵ村の宗門《しゅうもん》改《あらため》を実施し、各村の宗門改帳・人別増減帳《にんべつぞうげんちょう》・五人組帳・村入用帳などが、御用場詰同心より銀山方役人に差し出された。村入用帳も差し出されているのは、銅山御用場の支配に関わる経費の支出が間違いなく計上されているかを確認するためだと思われる。しかし、銅山御用場は火災など急を要する事態に対応することはあっても、年貢徴収や公事訴訟など地方役所が管轄する御用に、原則、関与しなかった。五ヵ村の地方支配には、地方役所—各村庄屋という支配系統が確立していた。

幕領村々は六つの組合村に編成されていた。天保九年（一八三八）を例にすると、一組合村の村数は一五〜三二、組合村高は七四〇〇～九〇〇〇石であるが、飛び地である五ヵ村はこれら組合村には属さず、「津茂五ヶ所」という単位を構成していた。「津茂」とは美濃郡津茂村のことで、天保十三年（一八四二）、同村が浜田藩領に編入されて以降は「五ヶ所」という単位になる。

文政八年（一八二五）八月、代官所は「浪人《ろうにん》もの」や住所不定の「風来《ふうらい》もの」が幕領内を徘徊し、そのなかに盗賊が紛れ込んでいるとし、各町村に対して「取締」を厳命し、惣代・町役人は請書を差し出すが、その単位は六組合村惣代、津茂五ヵ所惣代、大森町役人、銀山町役人であった。津茂五ヶ所は大森代官所の支配の単位として機能し、年貢銀の納入や代官所の触・廻状の通達単位になっていた（熊谷家二〇―三〇八―二）。

組合村が訴願の単位となり、郡中議定《ぐんちゅうぎじょう》を取り結んだことはよく知られている（久留島浩『近世幕領の行政と組合村』）。石見幕領でも六組合村が連合して訴願を起こし、郡中議定を制定することがあったが、管見の限り津茂五ヶ所・五ヶ所は、それらに参加していない。

例えば天保二年（一八三一）、六組合村は商人たちが銭相場の違いを利用して銭を他国に流出させるため難義していることを理由に、組合村惣代の連名で代官所に銭の積み出し禁止を求め、さらに同四年には銭売買に関わる「郡中六組申合議定書」を制定するが、ここに津茂五ヶ所惣代の名はみえない（林家「五番御用留」）。また天保十年の修験・浪人ものの止宿や勧化を取り締まる「郡中申合」にも加わっていない（林家「九番御用留」）。それは「石見銀山附御料」として東部に固まる幕領村と、飛び地の村々は経済圏も社会的状況も異なったからであろう。飛び地の津茂五ヶ所・五ヶ所も「石見銀山附御料」の支配単位であったが、社会的には東部幕領圏に属さず、別世界を形成していた。

身分の務めとしての銅山開発

この別世界の中心に位置したのが銅山師たちであった。

寛政四年（一七九二）、九代堀藤十郎・三好藤左衛門など一二人は銅山師身分として大森代官菅谷弥五郎《すがのややごろう》より苗字名乗りと旅帯刀を許された。由緒書などには近世初頭より相応の特権を許されていたと記されているが真相は定かでなく、天明五年（一七八五）からの浜田藩領時代に藩財政への寄与を理由に与えられた身分的特権を継承したものと考えられる。

銅山師身分は株化され、構成員が変わることもあったが、一九世紀には畑ヶ迫村の堀家、日原村の三好・藤井家、十王堂村佐伯家《さえきけ》、中木屋村弘中家《ひろなかけ》と、その分家で構成されていた。幕末期には、これに日原村の水津家《すいづけ》が加わる。

銅山師身分の役割は居村内の鉱山を開発するとともに、共同で笹ヶ谷銅山の開発に携わることであった。日原村居住の三好・藤井家を東方、他四ヵ村居住の堀・佐伯・弘中家を西方と呼んだが、笹ヶ谷銅山に関わる諸事は銅山師の寄合で決められ、年寄《としより》・年番《ねんばん》・月番《つきばん》が銅山御用場とのやりとりや山内の支配に当たった。

文化六年（一八〇九）、江戸の勘定所において銅山師を名乗っていることと、その特権が問題視されたとき、銅山師たちは自己資金で開発し、産銅高に応じて代官所に運上銀を納め、多額の損失が生じても身分的特権の御高恩に報いるため開発を続けてきたことを根拠に、銅山師身分を名乗る正当性を訴えている（堀家文書三）。明和年間（一七六四〜七二）以降の笹ヶ谷銅山は問堀の期間が続くが、損失を出しながらも銅山師は身分の務めとして鉱山の開発を続けていた。銅山師の身分化とは、身分的特権を付与する代わりに鉱山の開発を続けさせるための仕掛けだったのである。

五ヵ村と銅山師

寛政九年（一七九七）、畑ヶ迫村の高持は五人で、堀藤十郎が四・六六六石、分家（上堀）堀嘉《か》七郎《しちろう》が一・二六九石を所持し、藤十郎家と、その分家で村高の六二％を占めていた。〇・五石余の一人も藤十郎家の別家と思われ、残る二人は庄屋と頭百姓である（堀家一八一〇）。文政一三年（一八三〇）の同村の家数は一五軒であることから（堀家一八〇四）、一八世紀後半以降の同村では堀家と分家・別家、そして村役人家以外のほとんどは無高であったと思われる。

堀藤十郎家は、その後所持高を増やし、明治四年（一八七一）には村内一九軒の内「地主」は藤十郎家一軒のみであった。藤十郎家以外の一八軒の内四軒は藤十郎家の分家・別家、一〇軒は農業の作間に日雇をする「無高百姓」、四軒は桶屋をはじめ非農業民であった（堀家一八一五九）。銅山師堀家が畑ヶ迫村の土地を独占する地主に成長していったことが知られる。

管見の限り九代藤十郎が銅山師身分になって以降、堀家の当主は村役人を務めていない。他方で幕末期の畑ヶ迫・十王堂村の庄屋は別家した堀家の手代半右衛門《はんえもん》が務めている。東方の日原村でも、寛政九年には銅山師の三好藤左衛門が一九石余、藤井与兵衛が一六石余を所持し、分家と合わせると村高の五五％程度が銅山師一族の所持地であった。三石以上の高持は両家の分家と頭百姓であり、大半は一石未満の百姓であった（堀家一八五二八）。

災害時の食糧米を保管する村の貯穀蔵も、文政十三年には畑ヶ迫村は堀藤十郎、日原村は三好藤左衛門、十王堂村は佐伯惣右衛門《そうえもん》と、銅山師の持蔵であった。銅山師は村役人を務めないものの、居住村の村政に大きな影響力を持っていた。

宝暦年間（一七五一～六四）の笹ヶ谷銅山は五ヵ村外の山師が開発し、出銅高も多く「大盛」であった（田中誠二「宝暦・明和期の笹ヶ谷銅山」）。この「大盛」の最中の宝暦四年、笹ヶ谷銅山に隣接する石ヶ谷村は、精錬の排煙と排水による田畑・山林の被害を理由に精錬場所の移動を願い出る。二人の山師は精錬の効率が悪くなることを理由に拒むが、大森代官所は、山師には不益であっても石ヶ谷村の百姓が納得するよう夏場は減産し、冬場に増産するよう勧めた（堀家九〇八五）。また宝暦七年、日原村の元右衛門が石ヶ谷村内での開発を願い出たとき、代官所は「村中和順《わじゅん》」を条件とした。元右衛門は百姓全員が承諾していないにもかかわらず開発を強行しようとするが、御用場は一人の百姓でも「和順」しなければ開発は認めないと申し渡している（堀家九〇九〇）。

銀銅山の排煙・排水が田畑の作況に悪影響を与えることは近世人も承知しており（安藤精一『近世公害史の研究』）、開発を継続するには「村中和順」で、開発に反対する百姓がいないよう村をまとめる必要があった。また中木屋・石ヶ谷・十王堂の三ヵ村の山林は笹ヶ谷銅山で必要な炭木を供給した。身分の務めとして鉱山開発を続ける銅山師にとって、多少の被害には目をつぶり、開発を容認する「村中和順」が必要であった。

2 天保の危機と堀家の家政改革

堀家の経営と家の務め

天保初年、堀藤十郎は畑ヶ迫村内で問堀を行っていたが出銅の見込みがないため、天保五年（一八三四）十二月、笹ヶ谷銅山での問堀に切り替える。堀家単独での開発であり、それは問堀を休んでは御公儀に申し訳が立たない、と考えたからであった（堀家九七一九）。堀家は常に銅山師身分の務めを果たそうとした。

天保七年（一八三六）夏頃からこの問堀所は銅鉱脈に当たり、八年二月には稼山となる。宝盛山《ほうせいやま》と名付けられたこの稼山は大いに期待されたが、六月には出銅高も減り採算も合わなくなっていたと思われる。加えて後述する天保の危機によって堀家は経営危機となり、九年五月頃には精錬に必要な炭木の確保に難渋するようになっていた。毎月一定高の鉱石は採鉱していたが、精錬すると銅ではなく、大半が白目《しろめ》であった。明和三年（一七六六）以降、諸国で採鉱・精錬された銅は、幕府が大坂銅座で一元的に管理し、廻送された銅は対外貿易用の棹銅《さおどう》や貨幣鋳造原料などになった。白目は市中での需要はあったが、幕府が欲したのは銅であり、銅山師身分の務めとは銅を産出することであった。

堀家の鉱山業の実態解明は今後の課題であるが、宝盛山が大きな収益を生み出していたとは思われず、弘化五年（一八四八）、鉱脈が尽きた宝盛山は休山となる。すると堀藤十郎は笹ヶ谷銅山内の石ヶ谷平《いしがたにだいら》で問堀をはじめ、見込がないとわかると嘉永二年（一八四九）五月には山内の栄久山《えいきゅうやま》での問堀に転じている。一八世紀後半以降、笹ヶ谷銅山をはじめ五ヵ村内の鉱山は稼山になっても宝暦年間の笹ヶ谷銅山の「大盛」と呼ばれるような状況になることはなく、稼山になるまでの問堀の損失も嵩んだが、それでも堀家は休むことなく、鉱山の開発を続けたのである。

一八世紀後半以降の鉱山業では大きな収益を上げられなかったと思われるものの、堀家が着実に富を蓄積していったことは、大森代官所の求めに応じ、しばしば多額の出金をしていたことからうかがえる（堀家一）。明和三年（一七六六）の銀六〇貫に続き、文化三年（一八〇六）には、東部幕領内の道普請の資金として銀六〇貫を代官所に出金している。また天保六、十一年には、幕領年貢米の積み出し港である邇摩郡《にまぐん》大浦湊波止め普請のため、銀六〇貫と金一〇〇〇両を差し出した。五ヵ村の年貢は皆銀納であり、堀家や五ヵ村が大浦湊整備の恩恵に与るわけではなかったが、堀家は幕領内の社会資本の整備に多額の出金を続けた。

堀家は明和三年だけでなく、文政七年（一八二四）に金三〇〇〇両、天保四年に銀一〇〇貫、同七年に金一五〇両と、窮民救済のための出金にも応じている。加えて飢饉時には笹ヶ谷山内や畑ヶ迫・十王堂・石ヶ谷・中木屋村の窮民のために米の安売りや施米をした。

後述する家政改革時に定められた天保七年の「議定」によると、堀藤十郎家は、近隣の百姓・町人や長州・津和野・浜田藩などへの貸し付けと、酒造業を主な収益源と位置づけている（『堀家文書史料調査目録』）。金融業・酒造業の実態も不明であるが、堀家はこれらの収益で、鉱山業と、社会資本整備・窮民救済のための代官所への出金、米の安売り・施米を賄うものと考えていた。それは損失が出ようとも銅山開発を継続することと、社会資本整備や窮民救済のために私財を投じることを家の務めと考えていたからであった。

天保の危機

堀藤十郎家は、天保初年には深刻な経営難に直面していたが、そこに二つの大きな厄難が襲い、家永続の危機に立たされることになる。

厄難の一つは、石見浜田藩の所替である。これは浜田藩主松平康任《まつだいらやすとう》と遠江浜松藩主水野忠邦《みずのただくに》の二人の老中の権力闘争に起因するもので、それに敗れた松平康任は天保七年三月、陸奥棚倉《たなぐら》への所替を命じられた。この権力闘争は権勢を誇った老中水野忠成《ただあきら》死後、誰が幕政の実権を握るかという幕政転換期に起こったもので、出石藩《いずしはん》仙石《せんごく》騒動・竹島密貿易事件も絡み合い、水野忠邦が幕政の実権を握り天保改革を実施するまでの前史として重要な出来事であるが、その権力闘争が堀家をはじめ銅山師に深刻なダメージをもたらすことになった。それは浜田藩への貸付金が不良債権化したからである。

十三代堀藤十郎は大森町で掛屋を務める知己の熊谷三左衛門《くまがいさんざえもん》からの情報で、幕府が棚倉所替を公表する前に、それを知り、貸付金の回収に乗り出すが、それでもおよそ銀一〇〇〇貫の貸付金は「捨り同様」、つまり不良債権化するという事態に陥った（岩城卓二「浜田藩所替と山師たち」）。

もう一つの厄難は天保七年六月の大洪水で、畑ヶ迫村や津和野・長州藩領内で甚大な被害が発生した。藤十郎は、熊谷三左衛門に、すべての所持地が流失し、復興も難しく、二つの厄難に見舞われたことで家永続の見込みもないと、窮地に陥った心情を吐露している。この所持地の被害もさることながら、藤十郎が恐れたのは領内が甚大な被害をうけた津和野・長州藩が貸付金の利息引き下げを言い出すことであった。

堀家の収益の柱であった金融業が危うくなった天保七年夏、堀家は家永続の危機に立たされていたのである。

家政改革

そこで十三代堀藤十郎は家政改革に乗り出し、二六ヵ条からなる「儀定」を制定する。「儀定」の一つの柱は質素倹約で、当主・家族・使用人には「家業職分」に励み、質素な生活を求めるが、同時に「窮民」への憐れみをもつことが必要だと記されている。

「儀定」のもう一つの柱は今後の家業の方向性を示すことであり、鉱山業は「職分」であり「御国恩」に報いるため継続するが、収益の柱であった金融業では、新規の貸方は見合わせて返済が滞っている貸金の回収に努めること、ただし津和野・長州藩への貸方は継続すること、酒造は当面必要な量だけ造ることとした（堀家五四）。

「儀定」では門屋《かどや》をはじめ堀家に出入りするものたちにはこれまで通りに仕事を与え、難儀は見捨てない、と定められている。門屋は堀家への隷属性が強く、堀家の農地の耕作や夫役を務めた。この門屋や堀家の仕事に関わる近隣の住人に対して、堀家はしばしば無利息貸し付けに応じてきたが、こうした「恩分」が徒となり、生活態度が乱れていると考え、家政改革ではこれを改めた。門屋などに対して「恩分」をあてにするのではなく、まずは「職分」に励むことを求め、それでも困窮したときは見捨てないというのが堀家が家政改革で示した方針であった。

天保十五年（一八四四）、堀家は津和野藩領内高津湊に設けられた趣段蔵を拠点にした貸方を始める。これは米・麦・大豆・半紙・楮《こうぞ》・鉄・生蠟《きろう》を担保に、商品価格の八割を、月一割の利息で三～五ヵ月間貸し付けるというものであった。身をもって大名貸の危うさを経験した堀家は、担保となる商品を押さえたうえでの貸方に重点を置くようになった。

浜田藩所替と洪水という二つの厄難によって家永続の危機に直面した堀家は天保十五年頃には経営を立て直したが、危機の最中も鉱山の開発には努め、社会資本整備への出金や窮民救済も続けたのは、それが家の務めだと考えていたからであった。

銅山師惣年寄

弘化二年（一八四五）十二月、堀藤十郎は代官岩田《いわた》鍬三郎《くわさぶろう》より鉱山開発に励み、先祖代々、代官所への出金を重ねたことを奇特な行為と賞められ、代官所での着座場所が上位となり、翌年正月には銅山の「取締」を任とする銅山師惣年寄を申し付けられた（堀家九―二―三）。これにより同人は年番を免除され、鉱山開発の諸事を指図する立場となった。五ヵ村内の鉱山支配は銀山方役所―銅山御用場―銅山師から、銀山方役所―銅山御用場―惣年寄堀藤十郎―銅山師という支配系統に変更されたのである。それは惣年寄堀藤十郎が、東方と西方の鉱山を統轄するということでもあった(6)。

堀藤十郎が惣年寄に就いたこの時期、堀藤十郎を除く銅山師たちが共同開発していた笹ヶ谷銅山の大昌山《だいしょうやま》間堀所は銅鉱脈に当たっていた。堀藤十郎は、宝盛山では下財の労働環境や賃金を見直し、それぞれの「職分」を定め「出精」させる改革を実施し、さらに銅以外の白目や緑青に対しても運上銀を納入して身分の務めを果たそうとした（堀家九―二〇七・九〇五二）。他の銅山師がいまだ天保の危機に苦しむなか、代官岩田鍬三郎は堀藤十郎を惣年寄に任じることで、大昌山にも同人の手腕が生かされることを期待していたのだと思われる。

この期待に応えるかのように、二月には宝盛山と大昌山を一体化させた採鉱・精錬方法を定めた「議定書」が制定される。そして堀藤十郎は銅山師に対して大昌山での稼方全体が不行届《ふゆきとどき》であるので「取締改革」、とくに下財を厳重に「取締」ることの必要性を説き、下財の「職分」を確定し、賃銭の見直しを図っていった（堀家九二―三）。多くの銅山師が経営建て直しに苦慮するなか、笹ヶ谷銅山の開発を継続するには、堀藤十郎による山内の「取締」が必要だったのである。

3 五ヵ村取締役と地域社会

幕末期の石見幕領社会

天保十年（一八三九）、大森代官所は、年貢納入の日限を守らない村役人・百姓がいること、無益の出費を重ねて困窮になり悪事に手を出す百姓がいること、私欲に駆られた商人が物価を高騰させていること、浪人体のものが村々で金銭をねだることなど、近年の世上を問題視し、百姓に心得違いがないよう申し渡した（林家「九番御用留」）。

この触は、市場経済の進展と飢饉によって百姓は農業に励み、私的利益の追求に走らず質素倹約を心掛け、年貢を完納すれば安寧に生きていけるという近世的社会秩序が崩壊しつつある一九世紀の様相を端的に示しているが、こうした事態に代官所は触を通達するだけでなく、組合村の連合体である「郡中」による「取締」を求め、郡中はこれに応じ「儀定」を制定し、「取締」を強化した。一村を越える広域的な社会問題に対応するには「郡中」による「取締」が必要であった。

例えば天保十年の「郡中申合」では、近年、来村が増えている物貰いには盗賊が紛れていることもあるので、代官所の触を厳守し、村に滞留させないことを取り決めた。こういう世上になったのは不作が続いたことで農業を嫌い、物貰いする百姓が増えたためであるが、それは窮民を扶助し、農業指導をする百姓がいないからであり、窮民は各村内で抱え込み、他村の厄介にならないよう「取締」ることとした（林家「九番御用留」）。

百姓は農業に励み年貢・諸役を納めれば安寧に暮らせ、それが脅かされたときは御救《おすくい》によって生存を保障されるというのが幕藩領主の基本的姿勢であったが（深谷克己『百姓成立』）、一九世紀の幕府は、市場経済の進展が引き起こした治安悪化などの原因は、百姓が身分の務めである農業を疎かにするためだと認識していた。それを回復するための施策の中心に位置したのが百姓が農業に精を出す「勧農」であった。そして、大森代官所は触の通達だけでなく、「郡中」に「勧農」による百姓身分秩序の管理・統制の具体的な対応を求め、「郡中」による「取締」が展開していくことになった。

天保七年（一八三六）に着任した代官岩田鍬三郎は積極的にこの「取締」を展開し、岩田の後任である森八左衛門も、その方針を継承するが、森は飛び地五ヵ村、とくに日原村における近世的社会秩序の乱れを懸念するようになった。いったい、日原村では何が起きていたのであろうか。

銅山師三好家の困窮

文政十三年（一八三〇）の一一人の銅山師の内、東方日原村には三好本家・分家が四人、藤井本家・分家が二人と、六人の銅山師が居住していた。天保七年の洪水被害・凶作において堀藤十郎家は西方四ヵ村の困窮人にはたびたび施行したにもかかわらず、日原村を対象にしなかったのは、東方の日原村には三好藤左衛門家・藤井与兵衛家という両銅山師家を中心とした小世界が形成されていたからであった。

日原村は水陸交通の要衝で、文政十三年の家数は一五〇軒（内寺二・社家一）を数え、七八六人（内僧二人・社人二人）が居住していた。村高も九七石余と五ヵ村内では農地に恵まれていたが、農業村というよりも、商人・職人が暮らす町場であった（堀家一八五二―七）。

嘉永四年（一八五一）の同村一四三軒の職業構成は、農業を本業とする家が五八軒と一番多いが、小商内一二軒、川舟乗稼ぎ一一軒、大工職七軒、木挽職《こびきしょく》五軒、桶屋職四軒と続き、肴小売・紺屋稼《こうやかせぎ》・鍛冶職・畳職・曲げ物細工等々、多種多様である。質屋・諸産物穀物商を営業するものもおり、町場として発展していたことがうかがえる（堀家一五七九一）。先述したように、寛政九年（一七九七）時において日原村は銅山師三好藤左衛門家・藤井与兵衛家が第一、二位の地主で、大半は一石未満の百姓であった。この時期の銅山師一族の所持高は不明であるが、大半の村民は農業だけで生計を立てることは難しく、諸稼ぎに従事していたものと思われる。

天保の危機は堀藤十郎家以外の銅山師にも家永続の危機をもたらした。三好・藤井家も大きなダメージを蒙るが、堀家のようには再建が叶わず、幕末期には厳しい状況に置かれていた。とりわけ浜田藩貸方で深刻な経営難に陥った三好藤左衛門家は、前浜田藩主松平家の所替先である陸奥棚倉への移住を願い出るほど、厳しい状況に陥っていた。

代官森八左衛門は嘉永三年（一八五二）の洪水で甚大な被害をうけながら、日原村村役人の対応が遅かったことを問題視し、風儀が乱れる同村の現状をこのまま放置していては、自身の統治能力が問われ兼ねないと考えるようになっていた。東部幕領のような「取締」が必要であったが、飛び地の五ヵ村にたびたび地方役所の役人を派遣することや、職掌の異なる銅山御用場詰同心に、それを担わせることもできなかった。また五ヵ村内に「取締」を担えるような村役人もいなかった。そこで、銅山師堀藤十郎に白羽の矢が立ったのである。

堀藤十郎の不安

嘉永四年（一八五一）の堀藤十郎家は日原村内において三好・藤井家を凌ぐ一七軒の借屋を所持し、前年の凶作・洪水時には代官所の日原村食糧米買入資金の出金要請に応じ、難渋人に対しては米の安売りを実施していた。また洪水被害の復興資金を立て替えた。日原村では三好・藤井家に代わって、堀家の存在感が大きくなりつつあった。堀藤十郎も嘉永三年洪水による復興や貧民救済の遅れを問題視しており、日原村の救済に乗り出したのも三好家の経営危機に起因する日原村の現状を憂慮していたからだと思われる。

堀藤十郎は取締役を引き受けるが、つつがなく役目を果たせるのか、大きな不安を抱いていた。同人が代官所に差し出した「窺書」によると、それは「中木屋・石ヶ谷村は山村で商人などもおらず、農業だけで村民の生計が立つ村なので、風儀よろしからざる人々は流入してこない。近年は村役人を困らせる事態が起こっているようではあるが、両村の取締方は容易である。また畑ヶ迫・十王堂村はとくに問題も起こっていない。一方、日原村は家数・人口も多く、村民は農業だけで生活できず、代官所でさえ風儀の乱れを懸念しているような村なので、とても自分に取締方ができるとは思えない」からであった（堀家一五三五四）。

加えて庄屋が村入用勘定や年貢割を村民に公開しないこと、貯穀の管理に問題があること、銅山師三好本家・分家が経営順調時と同じような華美な振る舞いを続けていること等々、村役人・銅山師の行動を問題視していた。堀藤十郎は村役人や銅山師が積極的に窮民を救済せず、範も示さないので、百姓たちが村役人・銅山師の言うことを聞かなくなったと考えていたのである。自然災害時において復興のため迅速に対応し、窮民の救済ができない村役人・銅山師に村民は従わなくなり、それが風儀よろしからざる事態を引き起こしているというのが堀藤十郎の見立てであった。

「窺書」からわかる堀藤十郎の思考は、非農業民が多く、交流人口の多い村の風儀は乱れる、というもので、「勧農」こそが秩序の回復につながるという代官所の認識を共有していた。そこで堀藤十郎は非農業民が多い日原村においても「勧農」を基軸にした秩序回復を目論む。具体的には、洪水によって被害をうけた田畑の復興であった。

「不埒者」の処分と取締役の仕事

日原村の「取締」に対する不安を解消できなかった堀藤十郎は大森代官所地方役所役人の出役を求め、嘉永四年（一八五一）六月、内海《うつみ》英作《えいさく》による「取締」がはじまる（『日原町史』上・堀家一四六九五）。

内海は、五ヵ村とも農業を疎かにし、風儀がよろしくないことを「不埒《ふらち》」と断じ、これまでの「不埒」は免じるので、以後は農業に励み、「村方和順」になるよう申し付けた。それでも風儀を改めない百姓がいれば取締役堀藤十郎が代官所に訴え出、代官所による「取締」を実施すると申し渡した。あわせて代官所よりも隠密を忍ばせて監視するので、怠りなきようにと申し添えている。

四ヵ村はこの申し渡しだけで済んだが、日原村では賭博開帳を理由に六五人もの村民が吟味されることになった。それは銅山師・地主層の当主・家族から借屋層、下人、僧侶、神主とあらゆる階層に及んだ。博奕場所の提供者の吟味は厳しく、縄掛けのうえ、白状するまで身体への暴力が加えられたが、白状すると厳罰には処さず、処罰は村役人に任せた。代官所役人内海は暴力を伴う厳しい「取締」を行いながら、最後は村役人が悔い改めさせ、以後は農業に励み、風儀を乱すような言動をしないことを誓わせることで、事を収めたのである。

堀藤十郎は五ヵ村の「取締」を代官から任されたが、役人のような暴力を伴う「取締」は許されなかった。しかし同人の「取締」に従わなければ、代官所に訴えられ、代官所役人から厳しい吟味をうけることになる。日原村での吟味は五ヵ村の住人にそう理解させるセレモニーでもあった。隠密の派遣も、常に監視されていると思わせることに意味があった。取締役の設置によって、五ヵ村の村入用帳・宗門帳・五人組帳の差し出しには取締役の事前承諾、村の土地売買・質入、人口の流出入は報告・相談、村役人が三日以上村を不在にする際は事前相談が必要となった。

取締役の仕事では銅山師身分として苗字を名乗り、出役に際しては帯刀も許された。銀山方役所が笹ヶ谷銅山をはじめ鉱山、地方役所が村方と、分離していた五ヵ村支配は、銅山師惣年寄・五ヶ村取締役を兼ねることになった堀藤十郎のところで一元化されることになったのである。

一元的「取締」

笹ヶ谷銅山で必要な炭木は中木屋・十王堂・石ヶ谷の三ヵ村の山林から供給されていたが、山林資源が枯渇してきたため、次第に津和野藩領村への依存度が強まっていった。しかし文久二年（一八六二）、津和野藩は領内の山林資源を領外に売却することを厳禁とする。嘉永六年（一八五三）、津和野城下町が大火にあい、復興のため領内で大規模な山林伐採が進んだことと、新たに京都留守居《るすい》屋敷の再興普請用の材木を領内で調達する必要が生まれたため、領内山林資源の保護に乗り出したのである（堀家一四九〇二）。

文久元年（一八六一）頃より長崎での木材需要が高まると、津和野藩領高津湊の商人が領外持ち出しの規制がない幕領五ヵ村内の山林資源に目を付けるようになった。日原村では百姓三人の持山での伐採契約が進み、放置すれば刈り尽くされることを危惧した堀藤十郎は伐採の中止を求めるが、商人との間で高値の契約が交わされていたため、三人はそれに応じなかった。そこで堀藤十郎は一時の私益のために五ヵ村内の山林資源を売却すると将来の需要に支障が出るので、他領への売り出し禁止の触通達を大森代官所に求めた。代官所はこれをうけ、山林資源の枯渇は鉱山業に支障をもたらし「国益」を損なうので、以後、幕領外に売り渡すことは厳禁とし、違反者は厳罰に処す旨の触を通達する。堀藤十郎は取締役という肩書きをもって身分の務めである鉱山開発の継続に支障が出ないよう山林資源の流出を「取締」ったのである。堀家にとって一元的な「取締」を担える立場にあることは有意義であった。

堀藤十郎は五ヵ村の「取締」を進める一方で、住民の生命にも気を配るようになる。

近世人にとって致死率が高い疱瘡《ほうそう》は恐ろしい病であったが、幕末期には種痘《しゅとう》が広まり、予防が可能になった。石見幕領でも種痘が行われたが、毎年接種の機会があるわけではなく、接種後に誕生した幼児は危険にさらされていた。大森代官所は東部幕領内において集団接種を実施することにしたが、飛び地の五ヵ村にとって、幼児を連れての接種は困難であった。そこで文久元年、堀藤十郎は津和野藩に、十王堂村に居住する医師への分苗を依頼する。津和野藩は分苗を禁じていたが、堀藤十郎は「館入」を許されていることを理由に特例措置を願った。この願いは聞き届けられ、畑ヶ迫など西方四ヵ村は十王堂村、東方の日原村は近隣の津和野藩領村で接種が実施されるが、さらに堀藤十郎は以後の定期接種も願い、津和野藩より許可されている（堀家一五三〇五）。

水田に乏しい五ヵ村は、長州・津和野米を購入して食糧を賄っていたため、元治元年（一八六四）の長州征討では食糧米の確保に窮することになった。すると堀藤十郎は津和野藩に米の融通を願い、五ヵ村の食糧米を確保している。とくに非農業民が多く、食糧米を必要とする笹ヶ谷銅山内と日原村の食糧米確保を重視した（堀家一四九九四）。

災害時の窮民救済や、こうした人命を守る行為が、五ヵ村の住民が堀家の「取締」を受け入れることにつながり、堀家の一元的「取締」は公共性を持つことになった。それは津和野藩領内に点在する五ヵ村が、堀家を中心に、住民の生命と生活を守る地域社会として成熟していくということでもあった。

おわりに

大保期以降、大森代官所は、百姓は農業に励み、私的利益の追求に走らず質素倹約を心掛け、年貢を完納すれば安寧に生きていけるという身分制原理による近世的社会秩序の再建を目指す「取締」を強化した。盗賊・怪しきものの徘徊に対応するには広域的な「取締」が必要であり、東部幕領では村役人層を担い手とする「郡中」がその受け皿となったが、飛び地五ヵ村では、銅山師堀藤十郎を取締役に任じ、「取締」を展開させることになった。村役人層を担い手とする「郡中」による「取締」か、銅山師による「取締」か、それは社会構造の違いであり、銅山師が村・地域社会で大きな影響力を持っていた五ヵ村では、村役人ではなく銅山師による「取締」が実行されることになったのである。

堀藤十郎は、取締役に先立って笹ヶ谷銅山をはじめ五ヵ村内の鉱山を「取締」る銅山師惣年寄に就いていた。これに五ヵ村の「取締」を任とする取締役を兼ねることで、堀藤十郎は笹ヶ谷銅山と五ヵ村の一元的「取締」が可能になった。それは鉱山の開発を身分の務めとする堀藤十郎家にとっても好都合であった。

堀藤十郎が取締役を務めるにあたって、最初に代官所役人による暴力を伴う厳しい「取締」が行使され、その「取締」を代行するのが堀藤十郎であることが五ヵ村住民に周知された。また、堀藤十郎は自らの力だけでは十分な「取締」ができない場合、代官所に触の通達を願い、それを後ろ盾に「取締」を行った。しかし、代官所権力を後ろ盾にするだけでは、堀藤十郎の「取締」は五ヵ村住民に受け入れられなかった。窮民救済をはじめ人々の生命・生活を守る行為を積極的に実践する必要があった。窮民救済は幕藩領主の務めであり、幕藩領主の側に立てば自らがなすべき行為を「取締」の担い手に転嫁したという位置づけもできようが、家政改革から知られるように堀藤十郎家は、窮民救済を家の務めと認識していた。堀藤十郎家は窮民救済を主体的に分有していたのである。

幕末期に石見幕領で展開した「取締」は、児玉憲治が指摘するように百姓の身分秩序の管理・統制を目指したが（児玉憲治「関東の組合村と地域秩序―近世後期の「地域的公共圏」?―」）、そのための柱となったのが「勧農」であった。「勧農」には、食糧米を他国に依存する石見幕領において（岩城卓二「たたら製鉄と「百姓成立」」）、飢饉に備え食糧米を自給させるという意味もあったが、怪しきものの廻村・滞留、金銭のねだりや盗賊による治安悪化、窮民の増加といった社会問題は、百姓が身分の務めである農業に励み、百姓同士で助け合うという近世的社会秩序の崩壊が原因であり、それは「勧農」によって解決できるというのが大森代官所の一貫した政策基調であった。もちろん個々の問題に対応する「取締」も展開したが、「勧農」がすべての問題を解決に導く万能策だと考えられていた。町場化していた日原村でも「勧農」が「取締」の基本政策となったのはそのためであり、「勧農」に込められていた政策基調とは、各人が「職分」に励めば安寧に暮らしていけるという近世社会の原理原則の徹底であった。

家政改革で家と家族、使用人の「職分」を定め、それに励むことを第一とした堀藤十郎家はこの近世社会の忠実な実践者であったといえるが、注意すべきは堀家の身分の務めであった鉱山業は、それに専念するだけでは家の永続が叶わなかったことである。堀家は金融業をはじめ他業で収益を上げることで、身分の務めを果たしていた。それは他の銅山師も同じで、日原村の三好藤左衛門家も、困窮に苦しみながらも天保十三年（一八四二）までは単独での鉱山開発を続けている。

これは銅山師という特異な身分だけの話ではない。農地の生産力が低い石見幕領村では一八世紀後半以降、農業が立ち行かなくなるが、村役人層は農業に専念し、年貢を納めるという百姓身分の務めを果たすために代官所の公金貸付や借銀を重ねて村の農業の再建を図った。しかし努力すればするほど負債が嵩み、ついには経営破綻する村役人・百姓がいた（熊谷家二―六二・五―七三―八）。もちろん商品作物生産に活路を見出したものもいたが、一八世紀後半以降、身分の「職分」に出精することが桎梏となる百姓は少なからずいた。

身分の務めを果たすためには、損失が出ても継続するという力が働くのが近世社会であった。ゆえに近世の諸身分の経営を私的利益の追求という視点だけで評価することは適切ではない。経営の成功者に新しい時代の可能性を見出しがちであるが、身分の務めを果たそうとする余り経営破綻した石見幕領の百姓は近世の原理原則の忠実な実践者であり、彼らにも近世社会とは何かを問う鍵があるともいえよう。

山崎圭は幕末期の幕府領では「勧農」政策が継続しており、それを年貢増徴のための幕府の最後の攻勢と位置づけたが（山崎圭『近世幕領地域社会の研究』）、「勧農」は近世的社会秩序を維持・回復するための施策であったことに留意すべきであろう。幕末期の幕領社会では、身分の「職分」に励めば安寧に暮らしていけるという近世社会の原理原則が破綻しているにもかかわらず、それによる近世的社会秩序の維持・回復が目指された。幕府は、それ以外に新しい農政の方向性を打ち出せなかったともいえ、ゆえに窮民が農業に精を出しても困窮を脱することは容易ではなく、その政策的矛盾を覆い隠すには強力な窮民救済が必要であった。また、村単位での「勧農」による近世的社会秩序の回復には限界があり、広域的な、そして窮民救済とセットになった「取締」が必要となった。

日原村だけが近隣の津和野藩領村で種痘を接種することになったのは、富裕者は遠方の十王堂村まで接種に行くことができたが、その日の稼ぎで安売り米を買い、施米によって生き長らえている窮民たちが、仕事を休んで十王堂村まで幼児を連れて行くことなどできなかったからである（堀家一五三〇五）。幕末期の石見幕領とは、子どもの生命の危険を案じながらも働き続けなければ明日からの生存が危ぶまれる窮民が身近に暮らす社会であり、堀藤十郎の視界にはそれが入っていた。それは家政改革から知られるように、各人が「職分」をしっかりと務め、それを果たす者を救済対象にするという幕府「勧農」政策の方向性を、銅山師身分の務めを果たし、その基盤となる地域社会秩序維持の方策として堀藤十郎家も共有していたからであった。ゆえに堀家は、地域社会秩序の維持を担ってきた三好家をはじめとする銅山師たちがその役割を果たせなくなった幕末期において、それを実行するための施策である五ヵ村の「取締」を主体的に担ったのである。視界に入る諸問題に向き合い、その解決に努めようとする富裕者がいる地域と、いない地域との幕末社会は異なる展開を示した。

しかし、堀藤十郎が笹ヶ谷山内で展開した「取締」は、山内住人を主体とする秩序を破壊し、その労働・生活を徹底的に管理しようとするものであった。「取締」が持つこの側面にも注意を払わなければならないが、この点は稿を改めて論じたい。

〔参考文献〕

安藤精一『近世公害史の研究』吉川弘文館、一九九二年
岩城卓二「浜田藩所替と山師たち」『平成年度石見銀山遺跡関連講座記録集』島根県、二〇一五年
岩城卓二「たたら製鉄と「百姓成立」」石井美保他編『環世界の人文学』人文書院、二〇二〇年
久留島浩『近世幕領の行政と組合村』東京大学出版会、二〇〇二年
児玉憲治「関東の組合村と地域秩序―近世後期の「地域的公共圏」?―」『歴史学研究』一〇〇七、二〇二一年
小林准士「石見銀山附幕領における買請米制度に関する基礎的考察」二〇〇五年度～二〇〇八年度科学研究費補助金基盤研究(B)研究成果報告書『銀の流通と石見銀山周辺地域に関する歴史学的研究』
田中誠二「宝暦・明和期の笹ヶ谷銅山」平成13年度～平成15年度科学研究費補助金基盤研究(C)(2)成果報告書『古代～近世の中国地方におけるにおける採鉱冶金に関する総合的研究』

津和野町教育委員会編刊『堀家文書史料調査目録』第一分冊（二〇二〇年）に所収、「解説　堀家と堀家文書について」「史料解題　1家」（小林准士）、「史料解題　2鉱山業」（仲野義文）、「史料解題　3大森代官所支配・近隣諸藩関係」「史料解題　4村方」（岩城卓二）
深谷克己『百姓成立』塙書房、一九九三年
藤原雄高「解題『番所書物留』について」『石見銀山歴史文献調査報告書　島津屋口番所関連史料』島根県教育委員会、二〇一六年
矢野健太郎「石見銀山領の番所」『平成27年度石見銀山遺跡関連講座記録集』島根県教育委員会、二〇一六年
山崎　圭『近世幕領地域社会の研究』校倉書房、二〇〇五年
山﨑善弘『近世後期の領主支配と地域社会―「百姓成立」と中間層―』清文堂、二〇〇七年
『日原町史』上巻、日原町教育委員会、一九六四年

※本章では、堀家文書（島根県津和野町教育委員会所蔵）・熊谷家文書（熊谷健氏所蔵・島根県大田市寄託）・島根大学付属図書館所蔵林家文書を利用し、必要に応じて該当史料の目録番号、もしくは文書名を（堀家　目録番号、あるいは文書名）のように注記した。所蔵者のみなさまの御高配に感謝申し上げます。

本章は、ＪＳＰＳ科研費21H00566「石見銀山附幕領における銀山・銅山・鉄山―非農業世界からみた「幕領社会」論の構築」（研究代表者・岩城卓二）の成果である。

（二〇二二年三月三十一日脱稿）

第5章

諸身分の交点としての江戸〈久保町〉

岩淵令治

はじめに――〈久保町〉という地域

東京の虎《とら》ノ門《もん》金刀比羅宮《ことひらぐう》は、国元の本社より丸亀藩桜田上屋敷《まるがめはんさくらだかみやしき》のなかに勧請されたもので（後掲図5―1㉜〈以下同図からの引用は丸番号で表記する〉）、江戸時代には毎月十日に限って公開される塀の向こうの神仏であった（岩淵令治「武家屋敷の神仏公開と都市社会」）。その入口に立つ文政四年（一八二一）建立の銅鳥居には、一二九七人の寄進者の名と居所が記されている。中心となる願主四人のうち一人は吉原《よしわら》の者、残る三人は「桜田」を冠する町の者である。また、世話人一〇人のうち四人が「桜田」の町、二人が桜田に隣接する「芝土橋魚店」の者で、ほか京橋《きょうばし》地域と麹町《こうじまち》地域・芝中門前《しばなかもんぜん》・居所不明が各一人であった。さらに近辺の鳶《とび》も無償労働で参加したが、とくに「桜田八ケ町鳶中」は火消《ひけし》の番組とは別にその名を刻んでいる。そして、個人の寄進者は江戸の南部が中心で、このうち芝が全体の二五％、とくに「桜田」の町は全体の一二％を占めていた。

武家屋敷の神仏公開には、近辺の出入町人が大きな役割を果たすが、とくにこの銅鳥居の場合、「桜田八ケ町」の者が際立っている。「桜田八ケ町」は俗に〈久保町《くぼちょう》〉と総称された（図5―2、「町方書上」以下、総称で用いる場合は〈久保町〉と記する）。図5–1〜3の原図は、天保十三（一八四二）〜十四年に参勤交代で丸亀藩の向かいの屋敷（㊼）に滞在した臼杵《うすき》藩士《はんし》国枝外右馬《くにえだとうま》が、自身の生活圏を示したものである（岩淵令治編『勤番武士の江戸滞在記』）。その範囲は、切絵図「芝口南西久保愛宕下之図」のおよそ北半分の愛宕下《あたごした》と芝口の一部にあたる。ここには大名家の上屋敷を含む武家屋敷が集中し、城濠をはさんだ北側の外桜田も大名屋敷街で、㉗の南には増上寺《ぞうじょうじ》ほか有力寺社が所在する。こうしたなかで、浮島のようにまとまった姿をみせるのが〈久保町〉なのであった。

当初は堀端に展開する町々であったが（図5–4）、寛政六年（一七九四）一月に大火で焼失し、火除地《ひよけち》を設けるために土地を収公された。しかし、幕府は隣の武家屋敷の一街区を移転させ、その跡地を代地として与え、上記の姿となった。幕府があえて代地を元地の隣に設定したのは、周辺の武家屋敷・寺社にとって不可欠な町だったからであろう。土橋（図5–2）の東には東海道沿いに繁華な町並があり（⑭〜⑰ほか）、またその一筋西に並行した⑱日陰町《ひかげちょう》〜芝神明《しばしんめい》の通りでは、古道具や書画ほか手土産の類を購入できたが、外出制限のある勤番武士の場合、〈久保町〉がもっとも身近な町で、日用品の購入や飲食をしていた（図5–3、岩淵令治「江戸勤番武士と地域」）。また、増上寺周辺の宗教者も同様に往来していたと思われる。金刀比羅宮の銅鳥居は、丸亀藩上屋敷と〈久保町〉の関係の一つの結実といえよう。

都市史研究においては、とくに一九八〇年代以降、社会集団の重層・複合、周縁的身分の展開、分節構造論、部分社会といった視角が提起され（吉田伸之『巨大城下町江戸の分節構造』ほか）、近世史研究全体に大きな影響を与えてきた。しかし地域論としては、個別町内部の社会構造とその変容、町組、中間層の検討が中心で、分節構造論が射程に入れていた町人と町人身分以外の者との諸関係が地域においていかに展開していたのかを十分に明らかにしたとは言い難い。それは、町や社会集団の文書から分析を進めるという方法にも起因するのではなかろうか。そこで本章では、諸身分の交点という視座より、場から関係する住民に視点を広げていく方法を試み、〈久保町〉の地域社会の様相を、その住民の活動を通してみていきたい。

1 〈久保町〉の概要

〈久保町〉の成立

『御府内備考《ごふないびこう》』によれば、桜田は西丸下より愛宕・芝辺にかけての郷名で、外桜田門外霞ヶ関《かすみがせき》辺りにあった集落を虎ノ門外に移したのが桜田七ケ町（桜田伏見町《さくらだふしみちょう》・同善右衛門町《ぜんえもんちょう》・同久保町・同太左衛門町《たざえもんちょう》・同備前町《びぜんちょう》・同鍛冶町《かじちょう》・同和泉町《いずみちょう》　以下「桜田」は省略する）と麻布桜田町《あざぶさくらだちょう》であった。後者は慶長七年（一六〇二）に虎之門外に移され、さらに葵坂《あおいざか》（㉚北の城濠沿い）辺りを経て、寛永元年（一六二四）に麻布の地に移されたという。久保町・太左衛門町・善右衛門町は、麻布桜田町とともに同町の桜田（霞山《かすみさん》）稲荷（現桜田神社）の氏子であった（「寺社備考」）。同社境内の文化二年（一八〇五）五月銘の狛犬石像には、「桜田久保町」としてのべ一〇一人の名が刻まれている。桜田七ケ町は旧地の神仏と関係を維持していたのである。寛政六年（一七九四）の移転前は、七ケ町で一基の火《ひ》の見櫓《みやぐら》を維持していた（「町方書上」）。

一方、兼房町《かねふさちょう》は、家康《いえやす》入国後にのちの名主家の平左衛門が幸橋門《さいわいばしもん》外で草創したとされ、桜田七ケ町とは成立経緯は異なる（「町方書上」）。しかし、寛政六年の移転後に一体性が生まれ、〈久保町〉と総称されるようになったと考えられる。「桜田町方書上」も桜田七ケ町と兼房町で構成されることとなった。

なお、兼房町東隣の二葉町《ふたばちょう》（図5−2）は大奥女中の拝領町屋敷であったが（杉森玲子「江戸二葉町沽券図と大奥女中の町屋敷拝領」）、芝口《しばぐち》一丁目西側とともに兼房町名主の支配であった。また、兼房町・和泉町・鍛冶町・備前町とともに烏森稲荷《からすもりいなり》（図5−2・⑫）の氏子であり（「寺社備考」）、天保十四年（一八四三）二月には四町が同社を「町内鎮守」として、河岸地利用の制限に対して初午《はつうま》祭礼の「神輿仮屋」の再建を願い出ている（『市中取締類集』河岸地取調之部）。こうした関係がありながら、二葉町が桜田七ケ町と一体とならなかったのは、町の前に設けられた土橋を境に、西は城濠、東は通船

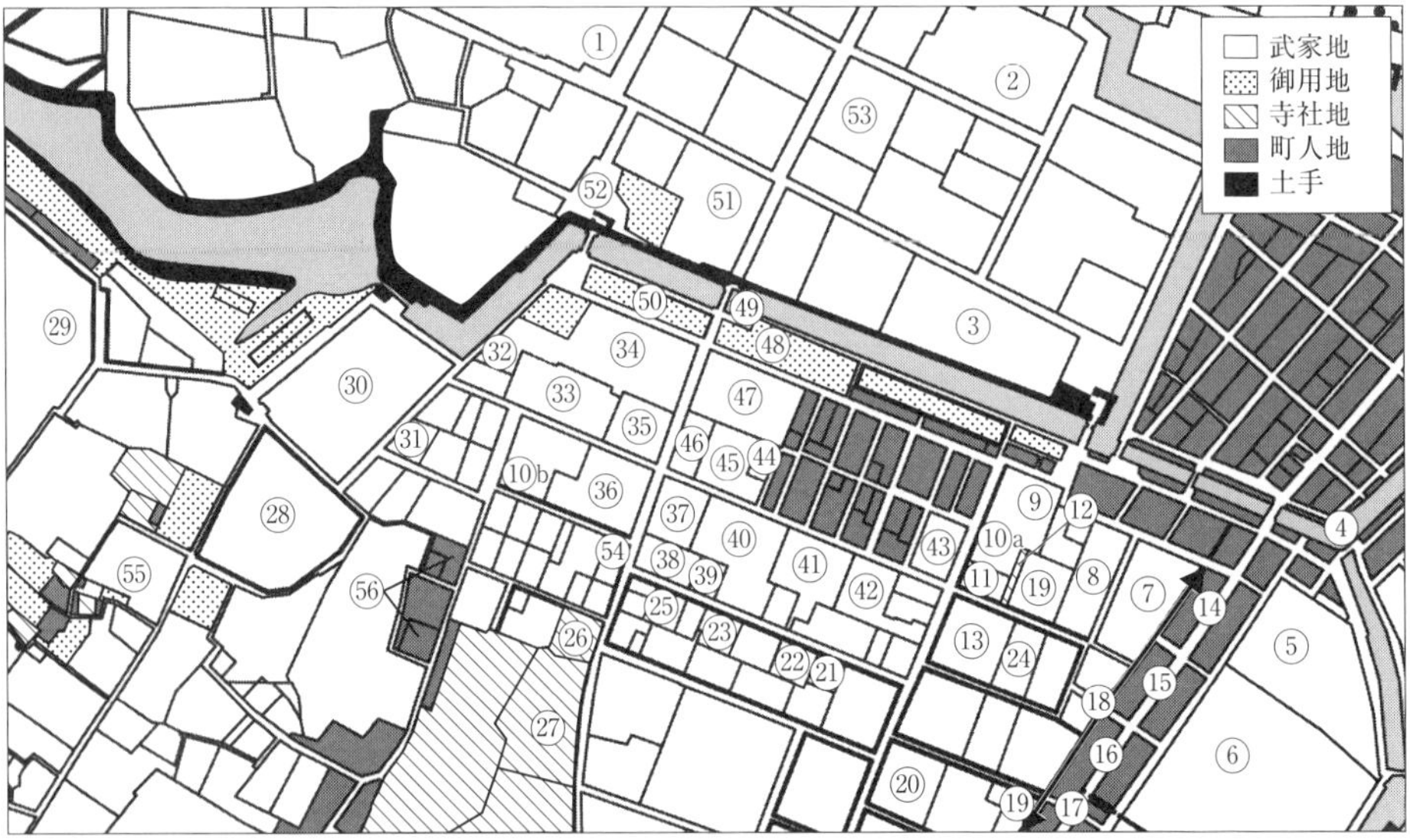

図 5-1　本章に関連する愛宕下・芝口の武家屋敷等の位置関係（『江戸復元図』〈東京都，1990 年〉をもとに，「国枝外右馬江戸日記」（臼杵市教育委員会所蔵，岩淵令治『勤番武士の江戸滞在記』勉誠出版，2021 年）より作成．ただし，行論との関係で，城濠の北まで拡張し，時期が異なるものも（　）で加筆した．）

①（福岡藩上屋敷）　②（佐賀藩上屋敷）　③（大和郡山藩上屋敷）　④汐留（橋）　⑤龍野藩上屋敷　⑥仙台藩上屋敷　⑦岡藩中屋敷　⑧大溝藩上屋敷　⑨新発田藩上屋敷　⑩河野（a→b）　⑪武田　⑫烏森稲荷　⑬伊勢崎藩上屋敷　⑭芝口壱丁目　⑮芝口二丁目　⑯芝口三丁目　⑰（柴井町）（地図外，2 町分南）　⑱日陰町通　⑲（田中藩中屋敷）　⑳（下妻藩上屋敷）　㉑仁賀保（1200 石）　㉒有馬　㉓松平　㉔（大島）　㉕宇土藩中屋敷　㉖（真福寺）　㉗（愛宕社・円福寺）　㉘（川越藩上屋敷）　㉙（福岡藩中屋敷）　㉚（佐賀藩中屋敷）　㉛（奥村）　㉜金比羅　㉝人吉藩上屋敷　㉞丸亀藩上屋敷　㉟日出藩上屋敷　㊱水口藩上屋敷　㊲菰野藩上屋敷　㊳一関藩中屋敷　㊴松平　㊵佐伯藩上屋敷　㊶堅田藩上屋敷　㊷小松藩上屋敷　㊸松平　㊹林百助　㊺小野藩上屋敷　㊻仁賀保（2000 石）　㊼臼杵藩上屋敷　㊽馬場　㊾新シ橋　㊿御用屋敷　(51)（松代藩上屋敷）　(52)虎ノ門　(53)（長島藩上屋敷）　(54)（遠山金四郎）　(55)（松代藩麻布上屋敷）　(56)（西久保新下谷町）

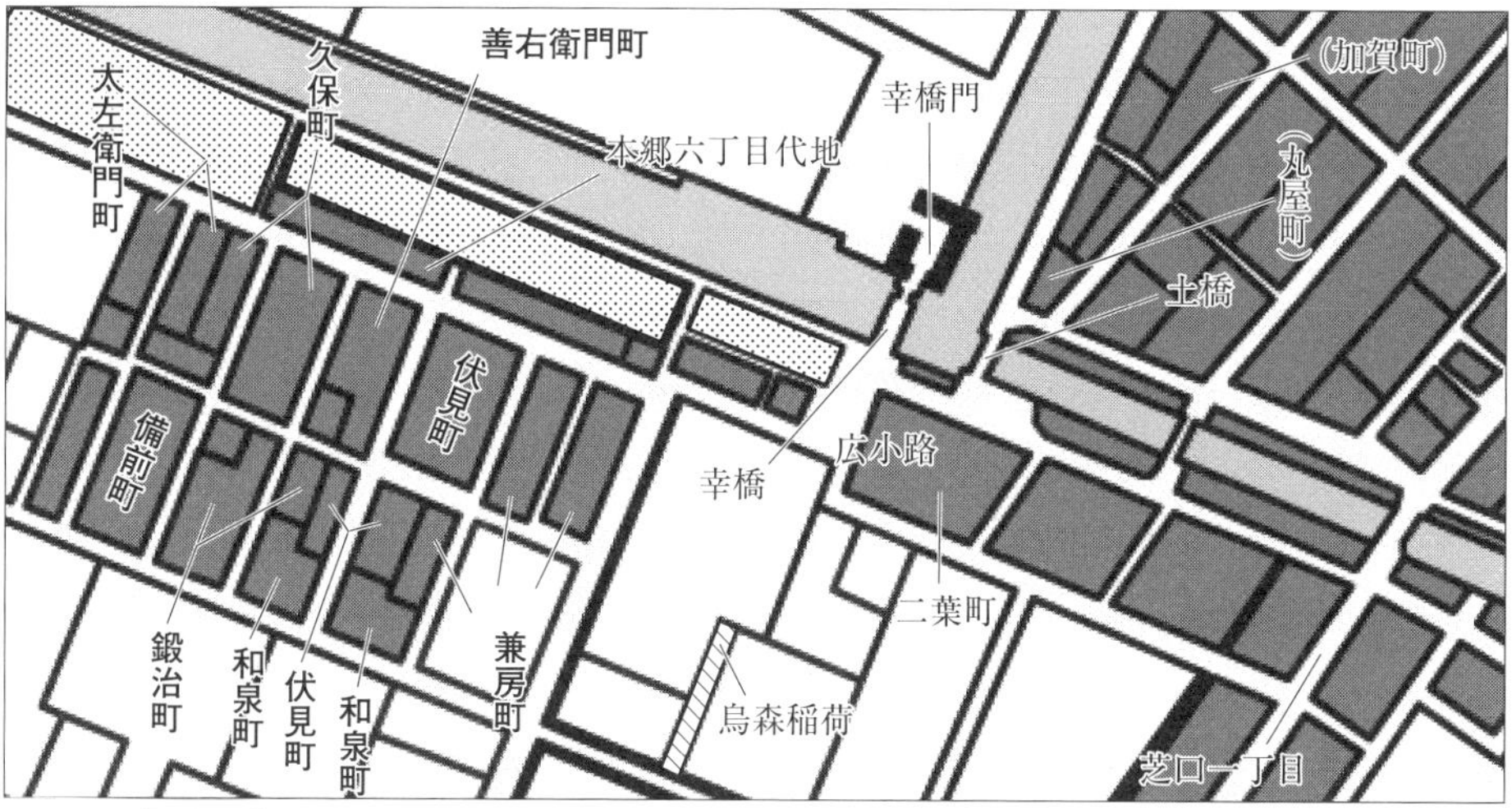

図 5-2　〈久保町〉とその周辺

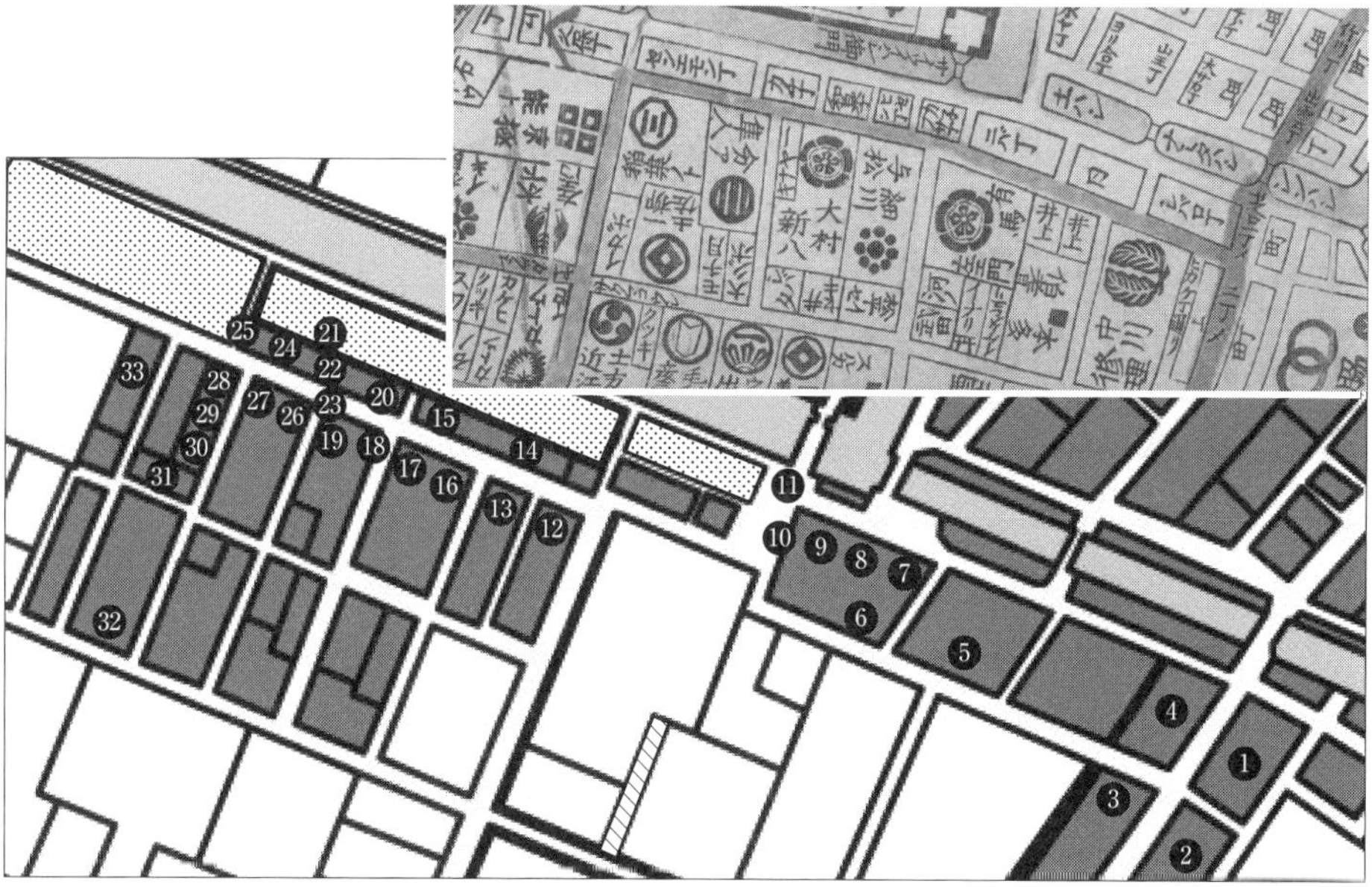

図 5-3　臼杵藩士国枝外右馬と〈久保町〉界隈　　図 5-4（右上）　桜田火事以前の桜田七ヶ町と近辺（明和９年〈1772〉『分間江戸大絵図』部分、国立国会図書館デジタルコレクション）

❶ワタヤ　❷ハツ子ヤ　❸ウナギ　同チヤ　伊勢ゲン　❹松坂ヤ　❺医シヤ　❻咄バ　❼瘡毒妙ヤク　❽ニウリ　❾ニウリ　❿マスタ　⓫広小路　⓬茶ヤ　⓭シメヤ　⓮掛物ヤ　⓯イトヤ　⓰清水楼善右衛門　⓱武蔵屋　⓲女湯　⓳男湯　⓴田舎チヤツケ　㉑サカミヤ松五郎　㉓清水ヤ　㉔床　㉕戸田ヤ　㉖錦泉堂　㉗紺ヤ　㉘ヤクシヤ足袋ヤ　㉙湯　㉚仕立ヤ利衛門　㉛三河屋　㉜伊勢八　㉝三文字ヤ

可能な堀川となっており、河岸付の町として寛政六年の移転対象とならなかったからであろう。
その後、文政十年（一八二七）には火除地として収公された本郷《ほんごう》六丁目東側が、桜田の火除地の一部に代地を得て移転し、〈久保町〉の北面は、本郷六丁目代地と道路をはさんで両側に町並みを構成することとなった（図5-2）。

隣接する武家屋敷と〈久保町〉

一方、〈久保町〉の残る三面は直接あるいは道を隔てて武家屋敷と接し、いわば接地面の路上や施設の維持・管理において、武家屋敷との間で関係が生じた。例えば、〈久保町〉が南面する佐久間小路《さくまこうじ》と愛宕下の角にあった㊻旗本仁賀保孫九郎（二〇〇〇石）の屋敷の場合、文政五年（一八二二）作成の予算案によれば、「年中御割合御出銀」計金九両が計上されている（にかほ市教育委員会所蔵仁賀保家文書、藤井明広「旗本家の葬儀と家政改革」）。これは、愛宕下の拝領屋敷と下屋敷《しもやしき》・白銀抱屋敷《しろかねかかえやしき》のインフラにかかわる出費である。上屋敷については、愛宕下大通りの道造、切通しの時鐘料《ときのかねりょう》、赤坂溜池《あかさかためいけ》の浚、玉川上水《たまがわじょうすい》、愛宕下大通りの上水定請負、組合辻番があげられており、いずれも他の武家、施設によっては町も含めて割り合って出費した。隣接・近在することで、武家屋敷や寺社と町は、空間や施設の維持・管理で関係を持つことになったのである。

「町方書上」では、佐久間小路について、路上で「異変」（喧嘩・殺人あるいは倒者や捨子などの発生）があった場合、㊷小《こ》松藩《まつはん》一柳家《ひとつやなぎけ》・㊶堅田《かただ》藩堀田家《はんほったけ》の屋敷際（図5-1）の下水までは町が対応するとしている。これは、寛政六年（一七九四）の移転後に鍛冶町の商番屋《あきないばんや》が建てられたことによる負担変更であった。

なお、仁賀保家の年間江戸経費五四〇両のうち、味噌代・薪代・炭代・紙代・油代などの生活関係の出費（「表御入用高」二一〇両）の支出先となっている町人の居所はほとんどが不明であるが、味噌を納めた三田屋茂兵衛（備前町）など〈久保町〉の商人がかかわっていた可能性がある。例えば、天保十五年（一八四四）以降に外桜田に(51)上屋敷のあった松代《まつしろ》藩真田家《はんさなだけ》に、久保町の大島屋武助が本箱代、「桜田」の魚屋豊七が交肴代、隣接する本郷六丁目代地の能州屋久七が砂糖代の受取書を出している（国文学研究資料館所蔵真田家文書）。また、インフラの維持・管理については、後述する〈久保町〉の人宿が辻番などを請け負っていた可能性があろう。

一七世紀の住民の職種と「旧家」の大名出入

一七世紀の〈久保町〉の住民の職種は、『国花万葉記《こっかまんようき》』（元禄十年〈一六九七〉年刊）が、④汐留橋《しおどめばし》より㉜虎之門までの通りを「此町筋諸職」とし、「真木、米、紙、煎茶、割たハこ《煙草》、さや棚、ときや《研屋》、檜物や、こんや、鍛冶、菓子、八百や、ぬし《塗師》、酒屋、さかな棚」をあげている。このうち鍛冶は、国役町《くにやくちょう》の鍛冶町が当初「鋲鍛冶御国役弐拾人役」について毎年鍛冶職人を出していたことから、同町への集住が推測される。このほかの職種の集住は不明である。なお、人宿の集住の始期も不明だが、土橋以西の〈久保町〉の堀端では通船がなかったため、寛政六年（一七九四）の移転後も、住民の職種が劇的に変化することはなかったと予想される。

「町方書上」・『御府内備考』は〈久保町〉の旧家として九家をあげるが、ここでは商人である久保町家持の納屋小左衛門、備前町家持の鍋島屋甚右衛門、善右衛門町家持の福島屋（仁左衛門　菓子商）をみていきたい。まず、金刀比羅宮の銅鳥居寄進者である納屋小左衛門は、先祖が慶長年中（一五九六〜一六一五）に伏見で材木渡世をして黒田家《くろだけ》に出入りし、如《じょ》水《すい》・長政《ながまさ》の両夫人を大坂城から脱出させた功績から黒田家に抱えられ、元和年中（一六一五〜二四）に江戸で久保町に土地を拝領して「御野菜肴其外御用」を勤め、七人扶持を得ている、とされている。

また、備前町の鍋島屋甚右衛門の先祖は、天正年中（一五七三〜九二）より伏見で本願寺《ほんがんじ》の米穀賄をしており、関ヶ原の戦いで鍋島家より依頼されて「諸事御用」を、大坂の陣でも「軍用の品々御用達」をつとめた功績で鍋島屋の屋号と鍋島家の家紋および三十人扶持を与えられたという。さらに、元和年中に鍋島家が参府した際に同道し、麻布屋敷の拝領時にも「諸式御用」を勤めて、悴《せがれ》に吉之助という名を与えられ、扶助として売値の二割を永々渡されたという。当初は京橋の弥左衛門町に住み、二葉町の北にある丸屋町（図5-2）に転宅後、寛政六年に備前町に居を構えたとされる。

福島屋仁左衛門の生国は肥前国で、鍋島屋と同じく、元和年中に佐賀藩主鍋島勝茂《なべしまかつしげ》が出府の際に初めて江戸に連れられ、新橋加賀町《しんばしかがちょう》（図5―2）に居住し、寛永二年（一六二六）頃より鍋島家より十三人扶持を下され、菓子のほか酢・醤油・塩類などを納め、数代続く家柄とされる。善右衛門町へは元禄六年（一六九三）に引っ越したとされ、文政八年（一八二五）に「姫君輿入」で御用を申しつけられて御用達並となり、「御用」と記した提灯を渡されたとされる。

福島屋は文政七年出版の『江戸《えど》買物独案内《かいものひとりあんない》』では「肥前産、元和年中ヨリ相続、元禄五年旧本ニ出ル、京御菓子所」と宣伝するものの、鍋島屋とともにその由緒を裏付けることはできない。しかし、納屋の場合は、実際に関ヶ原の戦いの際に如水・長政の両夫人脱出を助けた功績で百石取りの福岡藩士となった納屋家（その後いったん浪人ののち十石三人扶持で再仕官）が存在し、その家譜によれば初代小左衛門の次男惣右衛門が江戸深川に居住して「御屋敷御用」を勤めたのち、子孫が久保町に住み、八百屋安兵衛から宝暦頃に小左衛門と改め、扶持を得たとされている（「系図並由緒書之根元之控」福岡市博物館所蔵）。久保町にいつから居住したのかはっきりしないが、黒田家の上屋敷は虎之門を渡った外桜田に（①）、中屋敷は赤坂にあり（㉙）、〈久保町〉に近かった点が注目される。同様に、鍋島屋・福島屋の場合も佐賀藩の上屋敷は外桜田（②）、中屋敷は赤坂にあった（㉚）。このように〈久保町〉の「旧家」が、隣接する外桜田地域や赤坂地域の大名屋敷に出入りしていたことを注目しておきたい。

不在地主の展開

こうした大名出入の有力商人が存在する一方で、一七世紀後半には、不在地主化が発生していた。六屋敷分ではあるが（杉森玲子「江戸一葉町沽券図と大奥女中の町屋敷拝領」）、宝永七年（一七一〇）の兼房町沽券図（港区立郷土歴史館所蔵）によれば、地価が「北側」で平均約七〇両、残存部について角屋敷で小間高六五～七〇両、中屋敷が六〇両であった。これは、同年で判明する京橋北地域の最低額とほぼ一致し（岩淵令治「江戸の沽券図について」）、中心部に次ぐ地価であったことがうかがわれる。さらに奥行は一四間二尺（約二六メートル）であるから、中心部の古町の奥行二〇間（約三六メートル）の町屋敷と比べれば、実質的にはさらに一・三〜一・四倍の価となる。また、六屋敷のうち居付地主は二名であり、土地の物件化と不在地主の出現が確認できる。

「町方書上」によれば、さきの鍛冶町の国役負担が、実際に職人を出す形から、寛文七年（一六六七）より、春・秋に銀一七六匁ずつを神田鍛冶町の鍛冶頭高井助左衛門に納める形態に変化しており、また鍛冶町の名主は和泉町と同じ家が勤めている。これは不在地主化の進行に伴う、職人役の金納、名主の退転による「支配名主」化の結果と思われる（吉田伸之「江戸・檜物町」）。伏見町と善右衛門町、久保町と太左衛門町で名主が享保十四年（一七二九）段階で同一家となっている（『万世町鑑』）のも、土地売買の活発化を背景とした名主の退転の可能性が高い。

その後、深川の材木問屋（のち勘定所御用達）鹿島清兵衛が元文元年（一七三六）・二年に取得した中屋敷の二ヵ所は、やはり奥行が一〇間ほど短いが小間高は六〇〜七〇両、同人が安永五年（一七七六）に取得した横町角屋敷が小間高五三両、天明七年（一七八七）に取得した中屋敷は小間高一二二両であった（「江戸沽券図」東京都立中央図書館所蔵）。寛政六年（一七九四）九月の移転時には、六分一厘の割合で町屋敷が増坪されて与えられたため（「江戸沽券図」）、この町屋敷拡張により、実質的には小間高がやや下がったと思われる。しかし、明治六年（一八七三）の地面数と比べて文政年間（一八一八〜三〇）の家持は少なく、町屋敷の物件化と不在地主化の進展がうかがえる（表5-1）。

明治六年の地主のうち、最多の五屋敷を所持しているのが勘定所《かんじょうどころ》御用達だった鹿島清兵衛とその一族（タミ　北新堀町）で、同じく元勘定所御用達の仙波太郎兵衛（芝田町）・芹川六兵衛（三拾間堀）が各一ヵ所、ほか三井元之助（二ヵ所）と伊勢商人の江戸店《えどだな》である小津三右衛門（三ヵ所）、日本橋の茶問屋山本嘉兵衛、など有力な大店が確認できる。主体的に取得した町屋敷ではなく、質流れなどの結果である可能性もあるが、〈久保町〉に町外の有力地主が展開しており、町屋敷が一定の資産価値を有していたことがうかがわれる。

こうしたなかで居付の「旧家」であった福島屋も、天保期（一八三〇〜四四）に没落していった。善右衛門町では、下野戸《と》奈《な》良《ら》村《むら》（現栃木県佐野市）の豪農石井家が、町屋敷と湯屋株を所持していた。石井家は、一九世紀には江戸で町屋敷を七ヵ所、湯屋株を四ヵ所、ほか鎧渡守株、上野寛永寺《かんえいじ》の時《とき》の鐘撞役《かねつきやく》株を所持していた（神島順美「野州豪農の江戸進出」、栃木県立文書館寄託石井家文書ほか）。善右衛門町の町屋敷・湯屋株の取得は、天保五年（一八三四）八月より湯屋株を借用したことに始まり、翌年湯屋仲間三番組の仲間の保障を得て、建家・道具も合わせて、五五〇両で購入している。そして、前地主より引き続き、湯屋への道として仙波家より敷地（間口九尺）を、また建物の敷地の一部（間口三尺・奥行十間）は、福島屋より借用していた。しかし、福島屋は、佐賀藩への納品が滞り、家相師のすすめに従って土地の返還を四月に求めた。これを不服とした石井家は出訴し、天保七年七月より訴訟に及んだ。その結果、石井家が次の建替時に返還する前提で、年に地代金三両を支払うことで内済した。しかし、同十一年十二月に福島屋はこの隣地を担保として石井家に金を借り（家質）、同十三年四月にこの土地を手放した。貸金の五〇〇両と利子三〇両が引き換えとなり、さらに福島屋は金五〇両を受け取っている。

　この家質を判断する際に、石井家は福島屋の調査を行ったが、その際の石井家の認識が興味深い。石井家では最初はこの土地が佐賀藩鍋島家《なべしまけ》からの拝領地だと思っていたが、「福島屋の先祖が藩主に従って出府し、町人の出入頭を命じられた際、土地を与えるか金を与えるか尋ねられ、金子を選んで、その金で買った土地であり、沽券状と継状もあるので売買可能な町屋敷であるから家質を行うこととした」としている。福島屋は佐賀藩と昵懇な関係にある家として認識されていたのである。結局、天保十三年（一八四二）に地面が石井家に質流れとなった際には、病身の仁左衛門とその息子は他町に引き取られている。こうした大名出入の「旧家」が新興の関

人宿・飛脚屋数	金比羅銅鳥居の寄進者
11	10
36	1
24	6
14	11
0	4
7	2
10	1
12	1
114	36

もとづき，筆者が算出した．

表 5–1　〈久保町〉の概要

	地面数（番地）	坪あたり単価	軒数	家持	家主	地借	店借	明店	明店を除いた店借率
兼房町	17	3.41	132	5	17	27	84		64%
桜田伏見町	15	2.25	220	1	11	6	180	22	91%
桜田善右衛門町	15	3.55	83	5	10	4	63	1	77%
桜田久保町	23	2.98	114	4	13	14	66	17	68%
桜田太左衛門町	13	7.67	37	2	10	11	12	2	34%
桜田備前町	18	3.13	162	2	17	23	96	24	70%
桜田鍛冶町	10	2.76	80	3	9	8	60		75%
桜田和泉町	12	3.19	77	2	10	9	56		73%
合計・平均	123	3.6175	905	24	97	102	617	66	74%

・地面数は明治6年「六大区沽券地図」（東京都公文書館所蔵）により，坪あたり単価同図の記述に
・人宿・飛脚は「諸問屋名前帳」（国立国会図書館所蔵）にもとづき，重複分を除くのべ人数を示した．
・「金比羅銅鳥居の寄進者」は岩淵令治「武家屋敷の神仏公開と都市社会」による．
・そのほかの情報は，「町方書上」により，店借率は筆者の算出による．

東農村の豪農に取って代られた例ともいえよう。ただし、石井家も呉服商売を展開する新興商人という側面を持つとともに、領主の旗本諏訪《すわし》氏（一五〇〇石）の家政にも深くかかわっていた。後述するように、この諏訪氏の拝領屋敷は麻布《あざぶ》谷《たに》町《まち》に所在しており、石井家の善右衛門町への進出との関係が想定される。新興地主のなかにも、近隣の武家との関係が想定される者がいたといえよう。

一九世紀の住民

文政十年（一八二七）作成の同地域の「町方書上」によれば、家持・地借・店借の内訳は表5–1の通りである。全戸数に対する店借が占める割合は、平均約七割である。店借は表店借を含んでいる可能性があるが、伏見町が九割、太左衛門町が三四％で地価と反比例していることから、多くは裏長屋と思われる。こうした〈久保町〉内の各町の経済的な格差が何に起因するのかは不明である。

図5–5は、伏見町中通東角より二軒目の町屋敷（間口一一間一尺二寸・裏行一〇間五尺　約一一四坪）を天保十三年（一八四二）より所持していた川瀬石町《かわせこくちょう》の人宿米屋久右衛門（市川寛明「江戸における人宿の生成と発展」ほか）の幕末から明治初

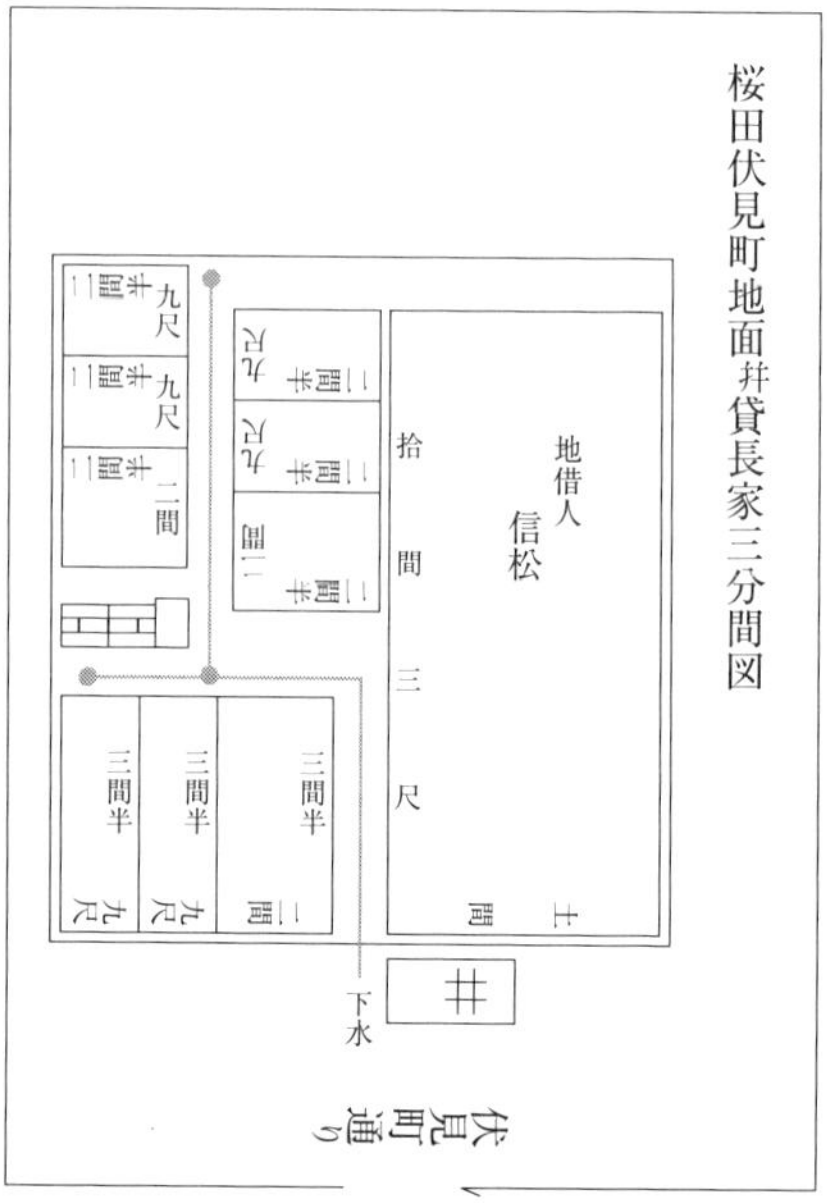

図5–5　伏見町町屋敷（江戸東京博物館所蔵米屋久右衛門文書「諸色高直ニ付施行連名帳ほか」所収）

年における土地利用状況である（江戸東京博物館所蔵米屋久右衛門文書）。地借が信松という検校《けんぎょう》一軒、道路に面した三軒の表店借、六軒の裏店借という構成で、一年の上り高（粗利益）が最大で金八四両一分一朱あまり（地代一九両三分、店賃六四両二分一朱）であった。

〈久保町〉の人別帳は残存していないため、住民の全容を把握することはできない。すでに指摘されるように、〈久保町〉は、武家奉公人の供給源となった人宿とその類縁業種である六組飛脚屋《むくみひきやくや》が集中する地域であった（松本良太『武家奉公人と都市社会』ほか）。嘉永四年（一八五二）の株仲間再興時に、人宿が四七八人中二七人（約六％）、六組飛脚屋が二〇八人中三六人（約一七％）、両者の重複は約三割であった。奉公人の供給という機能は身分の交点として〈久保町〉の重要な要素であるが、さらに以下では、主に一八世紀以降の人宿以外の住民の活動について、町域と隣接する武家地・寺社地、さらにこれらに媒介された外部との関係に留意しながら検討していきたい。

2　大　店

橘屋の概要

〈久保町〉に大店がどれだけ展開していたかは不明であるが、幕府の御用金上納で確認できるのは、兼房町の加賀屋次郎兵衛（安政二〈一八五五〉～三年金五〇両）、平野屋平八（「勢州住宅」文化十年〈一八一三〉に金五〇両、安政二年に金八〇両）、そして橘屋六兵衛（文化十年・安政二年に金三〇〇両ずつ）である。このうち最大の上納額を負担し、かつ家文書（渡辺健一氏所蔵文書）が残る橘屋を検討したい。

橘屋は幕末の段階で、味噌問屋、炭薪仲買、水油仲買、地漉紙《じすきがみ》仲買、三組両替屋《みくみりょうがえや》の株を所持するが、『両替地名録』に酒商売と記載されているように、酒商いが本業である。平生村（現三重県度会町）の松岡氏が貞享元年（一六八四）十月に江戸芝口の寺井店に奉公の末、芝口三丁目に伊勢屋嘉兵衛名の江戸店を出し、庄野村（現鈴鹿市）森川武右衛門の子八兵衛が養子となって伊勢屋八兵衛と改名し、二代目を継いだ。一方、武右衛門の姉が須賀瀬村《すがぜむら》（現津市）の四郎兵衛と縁組みし、誕生したのが橘屋六兵衛の初代である。六兵衛は、一六歳のときに初代嘉兵衛に連れられて江戸に登り、芝口の寺井店で奉公後、嘉兵衛の店に入った。さらに伊勢屋嘉兵衛と改名したが、八兵衛と仲違いをした末、八兵衛より元手金を受けて伊勢屋六兵衛となって小店を出した。しかし八兵衛との争論で結局店印も取り上げられてしまい、享保年間（一七一六～三六）に芝口橘屋清右衛門に寄宿したのち、紙・酒店を譲られ、兼房町に橘屋六兵衛店を開いたという（天保十四年四月作成「御吟味　被仰出候ニ付御返答」『三重県史』資料編　近世四（上））。また、他の史料によれば、「閉店を決めていた兼房町の橘屋という紙・たばこ店を購入し、当初は紙と酒を扱っていたが、紙が繁昌したことで本家である寺井との確執が生まれたため、紙商売はやめ、「質屋物・質古着・酒商」を始めた」という「（二代目是深居士伝）」）。橘屋には元禄二年（一六八九）を開業とする史料もあり、記述にややずれが生じているが、伊勢商人のネットワークによって江戸に出た後、一七世紀末より一八世紀に店を持つに至ったことがうかがえる。

橘屋の業態

では、橘屋の経営をみていこう（以下、とくに断らない限り、天明三年〈一七八一〉「見世古来私法式覚書」による）。伊勢の本家には毎年「商儲」のうち八四両を送り、残った利益は江戸店の元手金（資本金）とする仕組みであった。本家の入用が増えた場合は、町屋敷経営（「地代金・店賃方」）の収入をあて、残金は江戸店の預り金とした。このほか、少額だが貸金利息は江戸店分にするとしている。盆・暮の決算項目の支出項目は「商売高・徳利金・店賃」となっているが、「商売高」が商売、「徳利金」が貸金の利息、「店賃」が町屋敷経営の収入であろう。

まず「店賃」（町屋敷経営）をみよう。橘屋は、嘉永七年（一八五四）の番付「江戸自慢持丸地面競」で四四位にあげられており、相当数の町屋敷を所持したと考えられる。具体的な所持屋敷の詳細は不明であるが、町屋敷の購入方針の記述が確認できる。これによれば、「方角吉凶」という宗教的な基準にふれつつ、高くても貸地の形態をとるもの（「地代屋敷」）が「宝」となるもので、利回りは四％（四分）以下であっても確実である、とくに角地で土地の三面が通りに面したもの（「角三方」）がよく、店貸のところは決して買わない、また家質の屋敷も火事で類焼すると苦労する、としている。この地代屋敷、角屋敷購入の方針は、他の商人とも共通する（岩淵令治「不在地主と町・村」）。さらに、場所については「御伝馬町・南伝馬町・赤坂伝馬町・塩町近所にて二、三町」はどれだけ安くても「公役」（伝馬役のことか）がかかり、また家守を地主が自由に代えることが難しいので、これ以外の町で商人が多く住み、繁昌しているところの地代屋敷を高値でも買えば、「本宝」になるとしている。実際に、兼房町の居所も角屋敷二つと表・奥の二面が道路に面した中屋敷を合わせた三屋敷となっているが、太左衛門町の二屋敷は中屋敷で必ずしも貫徹はできていない（前掲「沽券絵図」）。また家守に対する認識を証明することはできないが、土地集積において、役負担と、家守の支配＝地主による町屋敷経営のコントロールが重要だったことが示されている。ちなみに、橘屋は、家守は商人がする商売ではなく、「上商人」ではないと見下していた（「〔二代目是深居士伝〕」）。

次に「商売高」であるが、商売については酒の説明しかみられない。ここからも、元来の主力商品は酒であることがうかがわれる。九月節句から「酒問屋」と仕切をはじめる、暮の酒仕入れでは為替金は江戸問屋で取り扱わないとされることから、問屋ではなく仲買である。問屋からの仕入れを担当するのが「物買衆」「買出し役」（「店式目申渡之事」天保七年

〈一八三六〉前掲『三重県史』資料編　近世四（上））である。また、販売は、「御屋敷様」および「町方」「町屋敷」に商品を届け、掛金を盆暮に回収する「外廻り役」が該当すると思われる。「町方」の顧客には三〇両の掛金が不払いのため訴訟に及んだ「酒売子」の久保町さぬき屋庄右衛門（「〈二代目是深居士伝〉」）がいることから、自家消費の者と小売を行う者の両方がいたと思われる。さらに、販売の方法として、家訓等で「酒売場者」による売場での接客に関する条文がみられることから、店舗での対面販売、すなわち通い徳利を介した酒の量り売りがあった（岩淵令治「江戸住大商人の肖像」ほか）。このほか、「居酒店」も設けられており（前掲「店式目申渡之事」）、客が滞在して酒を呑む場があったこともうかがえる。

外廻りの得意客については、年頭に「御屋敷様・町方共」へ挨拶回りをするとともに、とくに参勤交代やこれに伴う役職の移動（「御屋敷様登り下り入替、御役替」）がある四月には、情報を集め、進物を漏らさないことが特記されている。また、正月には「御門中間部屋頭類」に茶碗を、「小役人衆」へ「持扇子二本」を配るとされている。これらのことから、大名屋敷が得意先として重要であったことがうかがわれる。大名家のなかでもとくに年頭挨拶の日や進物の内容、扶持などで名前があげられているのが、本店の領主にあたる久居《ひさい》藩《はん》藤堂家《とうどうけ》のほか、稲葉《いなば》家《け》、酒井《さかい》家《け》、毛利《もうり》家《け》、本田《はんだ》（多）家《け》、増《まし》山家《やまけ》、戸《と》田《だ》家《け》である。このうち藩側の史料より、酒井家は伊勢《いせ》崎藩《ざきはん》（『伊勢崎史話』九（十一））、毛利家は佐伯藩《さえきはん》（「温故知新録」）で、本多家は橘屋への借金証文より駿州田中藩であることがわかる。増山家は長島藩《ながしまはん》であろう。このうち、⑬伊勢崎藩上屋敷・㊵佐伯藩上屋敷・⑲田中藩中屋敷は〈久保町〉に近接しており、(53)長島藩上屋敷は堀を渡った外桜田にあった。また、分家に譲った得意先の大村家《おおむらけ》は大村藩と思われ、上屋敷は〈久保町〉に隣接していた（図5−4　寛政六年の〈久保町〉移転前の地に所在）。このように、得意先となった大名屋敷の多くは店舗に近い場所にあった。稲葉家も、上屋敷が太左衛門町と接している㊼臼杵《うすき》藩《はん》と考えられる。このほか、幕末の安政二年（一八五五）四月には、西条藩《さいじょうはん》より御用提灯張替壱張を受け取っている（『渋谷区史料集』第一）。

こうした大名屋敷からは、扶持を与えられる場合があり、また貸金を求められる場合があった。橘屋の二代当主は、大名貸を本業とは別の当主の商売（「亭主之別渡世」）とし、相手の様子をみて判断するもので、本国の領主である久居藩以外は、代金の掛金などがない場合は断ってもよいとしている。こうしたなかで貸金を行ったのは、扶持を与えられていた家であったが、それでも返済が危ういと判断した場合は、「増上寺山内金」といった寺社名目金など金主を紹介・斡旋するとしており、義理を立ててリスクを回避する方法を示している。とくに安全な相手としてあげられたのが、十人扶持を毎月得ている伊勢崎藩、三人扶持を一時停止されているが財政が好転したら再開するという書類を得た戸田家、得はないが紋付を拝領している佐伯藩、損はなく「多ノ金儲」をしている駿州田中藩、そして臼杵藩であった。とくに臼杵藩は、多くの出入り先の中でも父が目見えし、裃《かみしも》を得た「御縁ノあつき御屋敷」で、これまでも損はなく、「金儲」も段々進んでいるので、末々まで付き合いたいとする。

橘屋は、いかに蓄財できても「地士侍」になることを諌め、もしそのような気持ちになれば商売が「下り坂」になるとしている（前掲「（二代目是深居士伝）」）。「紋付」や「裃」の拝領に恩義を感じている点や、幕末に国元で領主久居藩の「無足人」となっていることから、武士身分への志向もあったようであるが、扶持で藩財政の状況を探り、さらに具体的には不明だが損得という基準も忘れないところが注目される。なお、橘屋については確認できなかったが、貸金を江戸屋敷の藩上個人から求められる場合もあった。文政十一年九月には、兼房町の店借しゅんが、参勤交代で帰国した松代藩士小林寛治への貸金二五両の返済を求めて出訴に及んだことを松代藩江戸屋敷（㊺麻布上屋敷もしくは南部坂下屋敷〈㉙の南向い〉）に知らせている（国文学研究資料館所蔵真田家文書）。

同族団の展開にも注目しておきたい。「家相長久相続法」によれば、奉公人のうち独立した者が一二人とりあげられている（表5‒2）。昇進しなければ一七歳で国元に帰された伊勢雇用の者とならび、江戸で抱えられた伊勢出身者（1・8）の両様がいたことがうかがえる。独立した者はいわゆる別家と思われ、元手金を与えられるとともに、多くは売りに出ている店を購入して与えられた。利兵衛（9）に新築の店を建てて失敗したことから、とくにそれ以降はこのいわゆる居抜きが基本となったが、メリットとして、すでに近所に馴染みのある奉公人がおり、道具や得意先（「売場」）があり、買い取った日からすぐに儲けられる点をあげている。その場所は、芝口三丁目の伊勢屋八兵衛と対立して離れた場所に設けられた神田の出店を譲られた（2）の伊勢屋作兵衛を除き、江戸の西南（現新宿区・港区）であり、とくに〈久保町〉（4・6・7・10）と近隣の源助町（1　⑯の南隣）・西久保（9　㉘の西辺り）・汐留（3　④辺り）が半数以上を占めている。また、業種の確認できるものは紙・酒で、六兵衛家と同業種であった。同業種で比較的近隣に展開する酒店の例として、駒込の高崎屋（岩淵令治「江戸住大商人の肖像」）や、飯倉の伊勢商人笠井家（中田有紀「笠井家家法に関する一考察」）が知られる。本家と対立しない限り、同業種で近隣に別家が展開していたのである。ただし、閉店（「仕舞」）五軒、義絶が一軒で、実際には半数しか存続していなかったことがうかがえる。

旗本屋敷・知行地の村々・江戸商人

このほか、寛政二年（一七九〇）十二月には、橘屋に相州の三ケ村（戸田村・真田村・虫窪村《むしくぼむら》、現神奈川県厚木市・平塚市・大磯町）の村役人が、年貢を担保として金四四両・銀二匁五分九毛を領主の賄金として借金している。しかし、その後、同五年の不作で返済が滞り、同六年の桜田火事による屋敷再建費用等が追い打ちをかけた。橘屋は江戸店支配人の四郎兵衛を訴訟人に立て、未返済の元利一五三両・銀一四匁九分九厘八毛について、三ケ村の村役人を相手に訴訟に及んだ（神奈川県立公文書館所蔵小塩家文書）。この三ケ村の領主は旗本武田家（五〇〇石　高家）で、享保年間（一七一六～三六）より幕末まで屋敷が烏森稲荷の隣にあり、〈久保町〉に近接していた（⑪）。三ケ村の村役人は、証文は武田家の指示通りに書いたもので、その後は武田家が相対で橘屋とやりとりしていることから、状況をまったく把握していないと主張している。おそらく武田家の借金に巻きこまれたのであろう。愛宕下に屋敷がある領主を媒介として、知行地の村々が〈久保町〉の商人と関係を持つことになったのである。

同様に、本小轡村《ほんこぐつわむら》（現千葉県茂原市）の名主藤乗《とうじょう》家は、天保二年（一八三一）七月に、麻布三軒家町に屋敷のあった領主の旗本渡辺家（六二六石）の年貢を引き当てとした借金の返済が滞ったとして、ほか四ヶ村の村役人とともに、善右衛門町長兵衛店助七より訴えられた。このときは残金五五両を二六年賦で返金することで内済に至っている。また、これ以前の寛政二年（一七九〇）五月にも、鍛冶町家主勘兵衛母しげ（代悴勘兵衛）より、宝暦五年（一七五五）に二七年賦払いで借りた金一七〇両二分のうち未払い分の金一五七両二分の返金を、ほか四ヶ村とともに訴えられている。藤乗家側は、しげの父にあたる麻布十番の春木屋惣十郎が当時領主の勝手向きの仕送りを請け負っており、何度か借金をしているため、その際の残金について証文を作成した可能性があるが、当時の村役人がおらず不明だと主張した。しげ側も未返金の根拠が示せなかったためか、金一七両の返金で内済願いを出している。

旗本渡辺家は麻布三軒家に屋敷があったが、関連して注目したいのが、先述の戸奈良村石井家の活動である。石井家は領主であった旗本諏訪家（一五〇〇石）の財政に深く関与し、諏訪家の依頼で米や炭を江戸に運んだ。嘉永六年（一八五三）六月には、米二〇俵・炭五〇〇俵を越名河岸《こえなかし》（現栃木県佐野市）より積み出し、自身の深川の店で一部の荷を艀船《はしけぶね》に積み替えたのち、④「塩留」に運んだことが確認できる（高崎寿『下野の豪農石井家の研究』）。諏訪氏の屋敷は愛宕下から西の麻布谷町にある（㉙の西）ことから、おそらく屋敷で消費する分を汐留川の河岸で荷揚げしたと考えられる。年貢の先

備　考
三丁目と二代が対立し，一時古着商い
出見世を甥作兵衛へ譲る
子供の代に仕舞
暇を出された番頭弥兵衛を一時預かる／不勝手で仕舞
子供の代に仕舞
不実者で，僧侶との出入もあり義絶
欠落，引き戻し，仕舞
私存寄通繁盛店ニ相成候
仕舞

表5-2　橘屋六兵衛の別家

	名　前	店の場所	出身・二代との関係性	業　種
1	いせや十兵衛	◯源助町	小川村（現三重県嬉野町か）で少縁あり，浪人をしているところを抱えられる	紙　酒
2	出見世→いせや作兵衛	神田三河町	甥	紙　酒
3	いせ屋喜兵衛	山王→「前坂」→（◯「塩留木挽丁七町め」兵庫や藤兵衛入婿，舟宿）→◯汐留酒店→	「伊勢いの村」	？，酒
4	番頭　与兵衛	●備前丁河岸		酒，「御出入大村様御用向」譲り
5	番頭　九兵衛	勘当，後に店出し	弟	
6	いせや茂兵衛	●伏見町		酒
7	番頭　武兵衛	●善右衛門町		
8	小兵衛	「八間町」（◯八官町カ）	四日市濱田村，小石川筋の浪人を経て神田店で紙せり商をしているところを抱えられる	
9	利兵衛	◯西久保		
10	番頭　又兵衛→三文字屋又兵衛	●太右衛門町		
11	番頭　半兵衛	麴町六丁目		
12	番頭　徳兵衛	市谷		

・（渡辺健一氏所蔵文書）より作成　●＝〈久保町〉◯＝〈久保町〉近辺の町

借を行った本小轡村ほか四ヶ村も、汐留や麻布十番で旗本渡辺家の江戸屋敷への荷揚げを行い、〈久保町〉の商人と直接あるいは麻布十番の商人を介して経済的な関係を形成していたと推測される。汐留川に近接する〈久保町〉の商人が、蔵前の札差《ふださし》のように、年貢米を担保とした賄金の先貸を行った可能性もあろう。

また、台方村《だいかたむら》（現千葉県東金市）の前島家は、桂山村《かつらやまむら》（現大網白里市）の紺屋清蔵の依頼で、折戸村《おりとむら》（現山武市）の金蔵を、近村の小野村《おのむら》（現東金市）出身で桜田久保町の髪結床の平蔵に弟子入させた。しかし、金蔵は商売をのみ込めず、またたびたび大病を患い、文政七年（一八二四）十二月に親元に戻されることとなった（千葉県立文書館所蔵前島家文書）。金蔵は欠落も起こしており、前島家は依頼者の紺屋清蔵に苦情を述べている。金蔵は、江戸の髪結いの生活には馴染めなかったのであろう。前島家は浅草に地所を持って米屋を営んでいた時期があるが、幕府奥医師河野家（五〇〇石）の名主として〈久保町〉に近接する烏森稲荷隣や愛宕下の河野の屋敷（⑩ａｂ）に出府することがあった。髪結修業の紹介は、旗本領の名主として〈久保町〉を行動範囲としていたことから成立したと考えられる。

3　旅人宿

領主・領民と宿

〈久保町〉の住人としてまた注目しておきたいのが、旅人宿の相模屋利兵衛である。相模屋は、このうち市中に散在していた八十二軒組百姓宿に所属した。旅人宿（保谷七緒美「江戸の宿仲間の基礎的研究」）は、文字通り宿屋であるが、公用（公事出入・御用・年貢の納入・願い事など）で幕府の諸役所に出頭する者たちにかかわって、裁判中の身柄の預かりと呼び出しの際の付添、役所への出頭の付き添い、在方の百姓への出頭命令書（「差紙」）の届を担った。各役所は御用を担う宿を指定していたと考えられているが、相模屋の場合、火付盗賊改《ひつけとうぞくあらため》の差紙届け（武内千代松ほか編『上総国望陀郡中島村史料集』)、勘定奉行所より駕籠訴人の預り(『新津市史』資料編 第二巻)、当事者の内済願をうけた扱人のつとめ(『市原市史』資料集 近世編 二、『小海町誌』第一集)という機能が確認できるが、特定の担当役所との関係は判然としない。

こうしたなかでまず注目したいのが、領主の屋敷との関係である。弘化三年(一八四六)には、美濃国川辺村《かわべむら》(現岐阜県川辺町)の村役人が領主旗本大島家《おおしまけ》(四七〇〇石)の用人のもと「助郷継御免願」で出府し、相模屋に滞在していた(『川辺町史』史料編 上巻)。この大島の屋敷は烏森稲荷の向かいに所在した㉔。文政八年(一八二四)には、拝借米の嘆願で地頭所に押しかけた旗本仁賀保孫九郎(二〇〇〇石)領五ケ村(現秋田県にかほ市)の首謀者の百姓と差添人が、当初は相模屋に預けられた。吟味開始直前に差添人一人の帰国を黙認した相模屋が仁賀保家と決裂すると、やはり近隣の百姓宿である(56)西久保新下谷町の上州屋源助へ預け替えとなっている(前出仁賀保家文書)。前述のように、仁賀保の屋敷もまた愛宕下に所在した㊻。また享和元年(一八〇一)、旗本奥村勝之助は、屋敷の玄関などの普請を理由に領地の男衾郡柴村《おぶすまぐんしばむら》(現埼玉県熊谷市)の名主武兵衛の材木を買いあげたが、武兵衛がこれを渡さなかった。このため、武兵衛を愛宕下の江戸屋敷㉛に召喚し、相模屋利兵衛に「宿預」としている(金鑽武城「徳川時代闕所顛末に就きて」)。公用の客の一部ではあろうが、武家領主は、自身の屋敷に近い宿屋を利用していたとみてよいだろう。相模屋は、武家地のなかの町という〈久保町〉の特性によって顧客を得ていたことになろう。

真福寺と相模屋

さらに、相模屋は新義真言宗《しんぎしんごんしゅう》の江戸触頭四箇寺の一つであった愛宕下の真福寺《しんぷくじ》㉖と深い関係があった。江戸の触頭は、幕府の法令を配下の寺院に伝達するとともに、配下の寺院の訴願を寺社奉行に取り次ぐほか、宗派内の争論の裁許や、享保四年(一七二一)以降、僧階にかかわる色衣免許の申請を本山に取り次ぐなど、教団行政の要であった(櫛田良洪『真言密教成立過程の研究』ほか)。担当する国は武蔵、甲斐、信濃、駿河、遠江で、最大の寺院数をほこり、担当する月は十・十一・十二月であった。

こうした真福寺の機能とかかわって、同寺を訪れた新義真言宗の僧侶が相模屋を宿としている例がみられる。例えば、京都智積院《ちしゃくいん》の役僧（集儀席）であった林亮こと伝栄は、江戸に滞在した。智積院の触頭の一つであった真福寺への公用だったと思われる。このとき、伝栄は相模屋に宿泊したが、越後国頸城《くびき》郡市村《ぐんいちむら》（現新潟県上越市）出身で相模屋に年季奉公していたこのという女性と密通し、六、七年後の文政十年（一八二七）に発覚して女犯の罪に問われている。ちなみに、寺社奉行に召喚され、触頭の一つである㉗円福寺《えんぷくじ》で裁判中に預けとなっていた伝栄は、自殺を企てて失敗し逃亡を図ったが、その際には真福寺にも近い芝の柴井町《しばいちょう》⑰で弟と茶漬茶屋を営んでいたこののところに最後に立ち寄ったため、国元のこのの親兄弟にも行方を尋ねるよう、指示が出ている（中村辛一編『高田藩制史研究』資料編 第三巻）。

支配国であった武蔵国の新義真言宗の寺院も相模屋を利用した。国分寺《こくぶんじ》村《むら》国分寺（現東京都国分寺市）は、天保三年（一八三二）に薬師堂修復のために居開帳《いがいちょう》を代官に願い出、翌年に勘定奉行所に召喚されて許可を得ているが、国分寺と村役物代は相模屋を宿としていた。この際には真福寺にも報告を行っている（『国分寺市史料集』三）。

大宮の氷川《ひかわ》神社の別当寺であった比企《ひき》郡三《ぐんみ》保谷《ほのや》村《むら》（現埼玉県川島町）観音寺では、文化～天保年間（一八〇四～四）に住職が何代も続けて問題を起こし、たびたび江戸に召喚されているが、宿としたのはやはり相模屋であった（『大宮市史』資料編二）。文化十二年（一八一五）には揚屋《あげや》入りした観音寺への差し入れのための金子を相模屋が求め、同十四年には相模屋が借金の返済を求めて訴訟を起こし、内済となっている。さらに、文政十二年（一八二九）には、観音寺が相模屋に宿泊した際に、食事代の代わりとして寺の重要な「法流之書」等の書類を渡していたことが発覚している。また、文政二年十一月には相模屋が真福寺からの書状を観音寺に送っており、相模屋が真福寺の事務を代行していたことが確認できる。

相模屋に宿泊しない寺も、真福寺に出頭するにあたり、相模屋の取次を受けている。赤沼村常楽寺《あかぬまむらじょうらくじ》（現埼玉県春日部市）は、嘉永五年（一八五二）十一月に隠居と後住の承認を求めて出府し、馬喰町《ばくろちょう》の宿に泊まったが、彼らを真福寺に案内し、願書の提出や結果の申渡しに付き添ったのは相模屋の手代であった（『春日部市史』第三巻）。

実はこの二年前には相模屋が類焼しており、同七年には完全な復旧には資金が不足しているとして、真福寺が担当する武蔵・甲斐・信濃の新義真言宗寺院を回り、助成金を集めている。この際、相模屋が持参した真福寺の添簡では、助成の前例もあり、相模屋は配下の寺院の「宿」で、かつ諸寺が出府の際に支障がないようにしたい、として協力を求めている（長野県諏訪市仏法紹隆寺所蔵「真福寺様御配下　御寺院連名帳」）。相模屋は、真福寺の触頭としての業務も代行する触下寺院の「宿」として重視され、助成を複数回受ける存在だったのである。

4　町のなかの神仏と武家・寺社

町のなかの神仏

すでに指摘されるように、天保改革で強制的に渋谷《しぶや》豊沢村《とよさわむら》や雑司《ぞうし》ヶ《が》谷《や》など場末の四ヵ所に移住されるまで、江戸の町には道場や宗教者が存在した。〈久保町〉の場合、「町方書上」によれば五つの宗教施設が記されている。

兼房町には、旗本林百助屋敷にあった稲荷、伏見町には氷川大乗院配下で年寄役・組頭の本山修験円蔵院《えんぞういん》の道場があった。このうち円蔵院は、汐留に⑥上屋敷のあった仙台藩主より品川洲《しながわす》崎《ざき》の「寄進地」を与えられ、元禄七年（一六九四）に仙台藩品川屋敷に設けられた奥州《おうしゅう》竹駒大明神《たけこまだいみょうじん》について神事などをつとめた。さらに伏見町河岸東角に堂（道）場を設け、宝永二年（一七〇五）に仙台藩主綱宗《つなむね》作成の不動を安置したという。また、延宝二年（一六七四）頃に「柳沢殿屋敷」の稲荷宮の狐が伏見町前の堀端まで来ているとして、円蔵院が柳沢家《やなぎさわけ》に願い出て勧請した柳沢稲荷、および伏見町の地主が勧請したという高安稲荷《たかやすいなり》について、別当をつとめた。前者の柳沢家とは、屋敷拝領時期が勧請の年と符合しないが、外桜田に③上屋敷があった大和郡山藩主《やまとこおりやまはんしゅ》家であろう。さらに伏見町には鬼子母神《きしもじん》像を有する日蓮宗の町道場があった。このように、「町方書上」記載の宗教施設五ヵ所のうち、三ヵ所は武家との関係が深かったのである。

烏森稲荷の氏子と役宅

⑫烏森稲荷は、〈久保町〉に隣接する古社で、その氏子には先述の四町のほか、武家も存在した。弘化四年（一八四七）まで烏森稲荷の隣接地に屋敷があり（⑩ａ）、屋敷替後も愛宕下に屋敷（⑩ｂ）を拝領した幕府奥医師河野家（前掲）は、嘉永元年（一八四八）「年中御暮方御仕法帳」で、「御膳料」二〇〇文を年三回、二月分で初穂四八文を計上している。また、九月の費日に「稲荷御遷宮」を依頼して初穂と御酒・赤飯代として金一朱・銭二〇〇文をあげており、屋敷内の稲荷の管理も依頼していたと考えられる（『千葉県の歴史』資料編近世三）。

烏森稲荷の別当快長院は、修験道本山派の京都住心院《じゅうしんいん》の江戸触頭（高埜利彦『近世日本の国家権力と宗教』）でもあった。明和期（一七六四〜七二）の越後や上野の修験同士の争論（『高田藩制史研究』資料編 第五巻、『群馬県史』資料編十三）に登場するほか、信濃における本山派の年行事である岩村田《いわむらだ》（現長野県佐久市）の法華堂の文書（長野県立歴史館所蔵大井法華堂文書）には、天明期から文化期（一七八一〜一八一八）の快長院とのやりとりが残されている。寺格にかかわる免状の発給（天明二年〈一七八二〉七月）、寺社奉行所からの指示の伝達といった基本的なもののほか、とくに幕府が指示した東照宮調査の際の提出書類の詳細な指南（寛政八〈一七九六〉〜十年）、寛政六年（一七九四）と文化三年（一八〇六）の「江戸役所」類焼に伴う無心など、浅からぬ関係がうかがえる。

とくに本章で注目したいのは、安永期より享和二年（一八〇二）の快長院の触頭任命まで職務を遂行し、東照宮の一件では信州にまで出向いた「江戸役所快長院看坊清重院真誓」である。烏森稲荷は、安永七年（一七七八）二月十四日より五〇日間の居開帳を実施するが、このときの寺社奉行所への申請者が快長院「幼年」のため代理清重院であった（「開帳差免帳」三、国立国会図書館所蔵）。そして、法華堂への文書の差出のいくつかは、「江戸桜田備前町役宅　清重院」とされ、明和五年（一七六八）二月には清重院が快長院の代理として、備前町に役宅を構えていたことが確認できる。〈久保町〉のなかに、修験者の江戸触頭が存在していたのである。

5　堀端・広小路をめぐる人びと

最後に、〈久保町〉で十分に検討できなかった裏店も含め、隣接する二葉町と土橋周辺の様相をみておきたい（図５−２）。

土橋は、汐留川と城濠の境界であり、天保期には土橋で屈曲する城濠の石垣際や土手の上に生垣や竹垣を付けて「結切」とし、魚商一二・三軒、ほか古道具や端布（「小切類」）商いの者七人ほどの床見世が堀沿いにあって賑わいをみせた。二葉町が設けられた宝永六年（一七〇九）以来、若干の中断がありつつも、床見世が堀際に存在していた（『市中取締類集』床見世等之部）。さらに不浄物の処理のため、堀端には享保年中（一七一六〜三六）より非人頭松右衛門手下の小屋頭の小屋、ほか別の小屋頭二人の小屋も置かれていた（『市中取締類集』河岸地之部）。

また、この土橋と幸橋門の南側は、「久保町ケ原」と呼ばれる広小路で、芸能興行も行われていた。安政四年（一八五七）夏に「桜田久保町の原」で「轆轤《ろくろ》首《くび》の女」の見世物が話題になり（『武江年表』）、近代の回顧で「桜田久保町・幸橋外堀端」が「大道講釈の出場所」の一つとしてあげられている（『絵本江戸風俗往来』）。

天保十三年（一八四二）六月には、堀浚を契機に、幸橋門より神田橋門の江戸城東側の堀端の施設が、洗堰《あらいぜき》・水吐《みずはき》の妨げになるとして一時撤去されている（『市中取締類集』河岸地之部）。弘化四年（一八四七）十一月には、二葉町の月行事が、堀を遮るものがなくなってとくに「闇夜」に堀の屈曲部に落ちる者が頻出し、また堀端に人が常駐せず速やかな対応が困難として、床見世の再設置を求め、床見世の復活を果たした。おそらくこの出願の中心となったのは広小路地先の二葉町店借の肴商八人で、「銘々の出入り先である武家の御用に差し障るなど不都合のことがあるため引っ越さず、裏店では商売にならないため、撤去中は町内の路上や表店の軒先を借りて立ち商いで営業を続けていた」としている。この肴商は前述の『国花万葉記』にみえる「さかな棚」、金刀比羅宮銅鳥居の世話人「芝土橋魚店」の者たちで、前出の松代藩真田家に交肴を納めていた肴屋もその一員だった可能性がある。ちなみに、汐留川の河口には船稼ぎの者が多く、芝口新町店借の船宿山崎屋吉兵衛も臼杵藩と出入関係にあった（船宿山崎屋関係資料、中央区立郷土資料館所蔵）。堀端は地先の町の裏店層の生業の場で、武家御用は歎願のための方便ではなく、実際に大口の顧客として武家屋敷があったのである。

さらに注目したいのが、床見世再設置の根拠としてあげられた、撤去中の天保十四年（一八四三）二月より弘化四年（一八四七）十一月に堀に落ちた者たちである。堀に落ちた者は四一人（男三三人、女四人、性別不明〈盲人〉四人）で、うち四人は死亡した状態で発見され、他は自力で這い上がるか、地先で堀端の管理義務があった二葉町の者に引き上げられ、介抱を受けた後に立ち去っている。発生時刻の記載は一名のみだが（「夜」）、季節が秋から冬であるため、日没が早まり、目測を誤って転落したと推測される。なかには飲酒が過ぎた者もいた可能性があろう。場所が不明な四人を除く居所の内訳は、土橋に続く港区域（三二％）と中央区（一九％）が大半を占めるが、文京区・台東区一一％、墨田区・江東区各一一％、千代田区・新宿区（麴町〜四谷）五％と離れた地域の者もみられる。また、もっとも遠隔の者は荷馬ごと落ちた渋谷村の者で、ほか「丸の内」の「侍」も一人確認される。同様に武士関係の者としては「津軽越中守家来」一人、「中間躰」三人、「浪人」一人がみられた。堀に落ちた人びとの詳細や通行目的は不明だが、さまざまな居所、身分の人びとが土橋を行き交っていた。隣接する〈久保町〉も同様だったであろう。

おわりに

本章では、武家地のなかに所在した〈久保町〉をとりあげ、住民のうちとくに大店・旅人宿・宗教者をとりあげ、とくに町域外との関係に注目しながら分析してきた。武家地については人宿や大店の出入関係を明らかにするとともに、さらに領主としての武家を介して領民とも年貢の先貸しなどの関係が生じたこと、旅人宿が領民の宿泊で利用されたことを指摘した。また、寺社地との関係では、旅人宿が触頭寺院と関係を結び、公務の訪問者を宿泊させるだけではなく、触頭寺院の業務を補助したこと、〈久保町〉内に所在した宗教者のなかに触頭の役宅があり、宗派内の職務を遂行していたことを明らかにした。そして、寺社の氏子として、武家地と〈久保町〉が交錯することも指摘した。

明治五年（一八七二）の〈久保町〉の戸数は、文政十年（一八二七）年の約半数で、とくに鍛冶町と久保町が三四％、伏見町が四〇％と激減している（『東京府志料』「町方書上」）。おそらく参勤交代緩和令以降の江戸における武家人口の減少が大きく影響していると考えられる。

城下町、とりわけ江戸の地域社会には、一時的な滞在も含め、さまざまな身分の人びとが存在し、交錯した。〈久保町〉を舞台とした本章は、そのごく一部をスケッチするにとどまり、寄席や料亭の世界（図5-3❻⑯⑰）など、文化的な活動の場などにも言及できなかったが、近世都市における地域は、さまざまな住民のネットワークの束が集積された場としてみることもできよう。町人中心の地域像は、多様な人びとで構成される現代都市の地域社会に対して、『幸せな江戸像』として利用される危険性を孕んでいる（岩淵令治「遙かなる江戸の此方にあるもの」）。さまざまな身分の人びとのいわば交点として、都市の地域社会を検討していく必要があるのではなかろうか。

〔参考文献〕

市川寛明「江戸における人宿の生成と発展」『東京都江戸東京博物館研究報告』七、二〇〇一年
岩淵令治「江戸住大商人の肖像」『新しい近世史』三、新人物往来社、一九九六年
岩淵令治「不在地主と町・村」『年報都市史研究』五、山川出版社、一九九七年
岩淵令治「武家屋敷の神仏公開と都市社会」『国立歴史民俗博物館研究報告』一〇三、二〇〇三年
岩淵令治「江戸の沽券図について」『国立歴史民俗博物館研究報告』二〇四、二〇〇七年

岩淵令治「江戸勤番武士と地域」『旅と交流にみる近世社会』清文堂出版、二〇一七年
岩淵令治「遙かなる江戸の此方にあるもの」『歴史学研究』九六六、二〇一八年
岩淵令治『勤番武士の江戸滞在記』勉誠出版、二〇二一年
神島順美「野州豪農の江戸進出」大石学編『近世首都論』岩田書店、二〇一三年
金鑽武城「徳川時代闕所顚末に就きて」『埼玉史談』八（三）、一九三七年
櫛田良洪『真言密教成立過程の研究』山喜房仏書林、一九六四年
杉森玲子「江戸二葉町沽券図と大奥女中の町屋敷拝領」『日本歴史』六七二、二〇〇四年
高崎　寿『下野の豪農石井家の研究』ぎょうせい、一九八九年
高埜利彦『近世日本の国家権力と宗教』東京大学出版会、一九八九年
中田有紀「笠井家家法に関する一考察」『市大日本史』四、二〇〇一年
藤井明広「旗本家の葬儀と家政改革」『横須賀市博物館研究報告』（人文科学）六四、二〇二〇年
保谷七緒美「江戸の宿仲間の基礎的研究」『論集きんせい』十三、一九九一年
松本良太『武家奉公人と都市社会』校倉書房、二〇一七年
吉田伸之「江戸・檜物町」『日本都市史入門Ⅲ』東京大学出版会、一九九〇年
吉田伸之『巨大城下町江戸の分節構造』山川出版社、一九九九年

column
Ⅱ

インフラ

髙橋元貴

インフラの時代性と地域性

インフラ・ストラクチャー（以下、インフラと略す）とは字義通りには「下（下位）にある構造」を意味し、一般的には「都市の基幹的な部分。道路、鉄道、上下水道のように、都会の一般建築より寿命も長く、長期的展望を必要とするもの」（『日本国語大辞典』小学館）とされる。都市化が極度におしすすめられた現代の――とりわけ戦後の高度経済成長以降の――地域社会が、都市と農村の別を問わず、重厚長大な土木構造物やエネルギー・情報通信網といったさまざまなインフラにつよく依存していることはいうまでもない。

他方、前近代に眼を転じてみても、一六世紀以降に全国各地でみられた山下町・城下町の建設は、屋敷地の造成や堀川の掘削、街道や上下水道の敷設など、当該期の建築・土木技術を結集したインフラ群の形成そのものであった。なかでも幕府や諸藩の政治的・経済的・文化的な拠点として地域社会の中心的役割を担った近世城下町もまた、江戸時代をつうじて長期的かつ恒常的に存続したという意味で――現代都市の直接の母体となったという意味でも――、高度にインフラに下支えされた都市社会であったといえる。

日本近世の都市史研究は、一九九〇年代以降、社会と空間とを密接不可分な関係として捉える方法論（社会＝空間構造論）を橋頭堡《きょうとうほ》としながら、文献史学と建築史学との協業によって研究が深められてきた。その成果のうえにたって伊藤毅は「建築から都市までを一連の有機体、あるいは環境」として把握するためにはインフラ概念の再考の必要があると説いた（伊藤毅編『伝統都市3　インフラ』東京大学出版会、二〇〇九年）。インフラについては技術的側面をはじめ、都市の計画性や空間形成との関わりからこれまでも論じられてきたが、伊藤はここに、公的機関によって一方的に提供される基幹施設という近現代的なインフラ理解が潜んでいるとし、前近代の都市社会のなかで「時代性」と「地域性」を備えながら多様なかたちで存在したインフラにこそ注目すべきであるとしたのである。

確かに城下町をふくむ近世都市の骨格をなしたインフラもまた幕府や諸藩によって建設され、管理がなされていた。しかしその維持や管理をめぐる実際の労働は、地域に生きる人びとによって担われることが少なくなかった。筆者は従来までの開発や形成といった局面ではなく、こうした維持や存続の局面からインフラをみることによってこそ、都市社会がインフラと取り結んだ多様な地域的関係やインフラそのものが有した時代的特質を読み取ることができると考える。

そこで本稿では近世最大の城下町江戸の堀川《ほりかわ》を素材としながら、インフラが人びとによっていかに維持されてきたのか——あるいは維持されてこなかったのか——、そして都市社会のなかでどのように物理的に存続してきたのかについて、これまでの筆者の成果をもとに素描してみたい（以下、『江戸町人地の空間史』東京大学出版会、二〇一八年、拙稿「堀川の浚渫と土砂堆積、そして洪水」『近世都市の常態と非常態』勉誠出版、二〇二〇年、拙稿「江戸城堀の維持管理と存続形態」『日本建築学会計画系論文集』八七—七九二、二〇二二年二月を参照）。

城下町江戸の堀川

城下町江戸は大川《おおかわ》（隅田川《すみだがわ》）の河口部に位置し、その内部に多くの堀川を抱え込むかたちで一七世紀に成立した。江戸城を幾重にも取り囲む内曲輪《うちくるわ》と「惣構《そうがまえ》」をかたちづくる外曲輪《そとくるわ》からなる城堀《じょうぼり》をはじめ、大川西側にひろがる成立期以来の町々である「古町《こちょう》」（日本橋の南北を中心に展開した約三〇〇の町々）、東側の一七世紀末までに形成された本所《ほんじょ》・深川《ふかがわ》地域には大小の堀川が町を縫うように走っていた（図）。これらは、武蔵野台地東端部に発達した支谷《しこく》や低地部に流れ込む小河川を基底に、流路の変更や入江の埋め立て、海側の土地造成にあわせて掘削したり水面を埋め残したりするなどして段階的に形成された。

かつての遠浅の海につくられたこれらの堀川の多くは汐の満ち引きの影響下にあり、水深が半日周期で変化し、かつ季節によっても水位が変わることに大きな特徴をもっていた。それゆえに舟運機能を維持するためには船の通り道となる澪《みお》筋《すじ》の水深を保つ営み（浚渫《しゅんせつ》）が不可欠であった。

堀川の浚渫は、その計画・実施主体から「公儀浚《こうぎざらえ》」と「自《じ》分浚《ぶんざらえ》」とに分けることができる。前者は幕府が計画するもので、費用を幕府が出金する場合、軍役の一種として大名に課

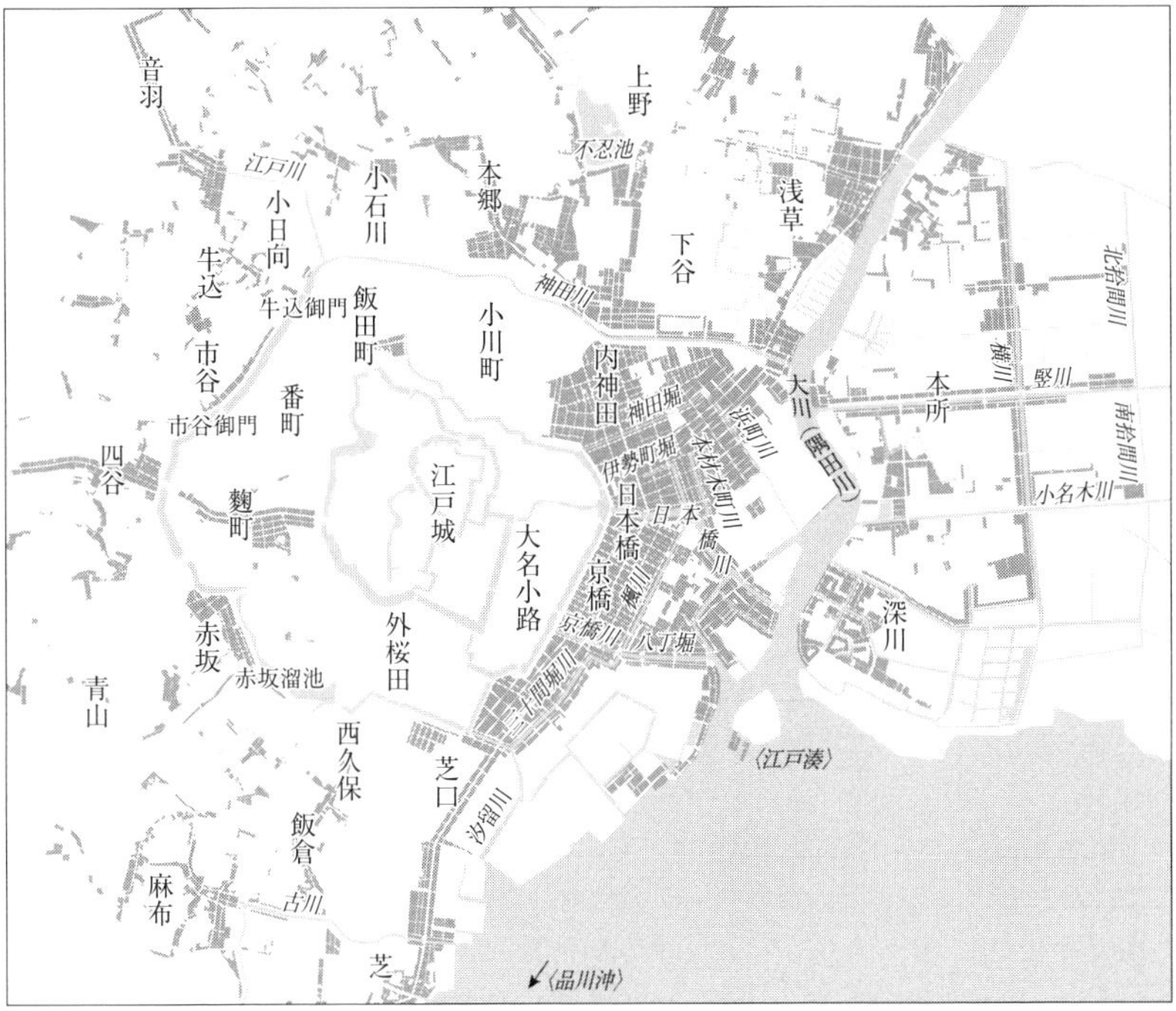

19世紀の江戸の堀川

される場合（「御手伝普請《おてつだいぶしん》」）のほか、町人や商人に請け負わせる場合もあった。対する後者は、堀川沿いの町や武家、寺社などが幕府の許可を得て実施する川浚のことで、基本的に堀川沿いの屋敷所持者（地主または拝領主）の負担によって実施され、地域によっては堀川を利用する商職人が組合をつくって維持管理を担った。公儀浚と自分浚の別は明確に定められていたわけではなかったが、近世を通して公儀浚の対象とされたのは城堀や日本橋川《にほんばしがわ》、竪川《たてかわ》などの主要な堀川に限られていた。また、幕府は市中の堀川すべてを一元的に統括・管理する機関を有していなかったため、自分浚の堀川の管理は、堀川沿いの屋敷所持者や堀川の利用者といった地域社会に委ねられていた。

城　堀

城堀は防御施設であるとともに、上水や下水と連結・並存して江戸城および市中の給水・排水・貯水機能を担い、その一部は舟運路としても使用される複合的なインフラであった。防御施設としての機能は徐々に形骸化していったが、市中における人や物の移動の統御という点においては政治的・軍事的な権力装置としての役割を城堀は持ち続けた。そのため維持管理は近世を通して公儀たる幕府の責任のもと行われた。

　城堀を所管した普請奉行所《ふしんぶぎょうしょ》は、定期的な見廻りにくわえ、災害時や長雨が続いた際には臨時の見廻りを行うことで石垣や土手の破損状況や堀内の状態を観察・記録し、つど修復・修繕を計画・実施した。その内容は石垣の草取りや堀内の除草・ゴミ処理から、城堀の一部を構成する土手・石垣・笧《さく》の修復、堀内の浚渫といった、権力中枢の荘厳を保つための労働から機能維持を目的とするものにいたるまで実に多様であった。こうした維持管理システムは享保期後半以降徐々に編成されていったもので、おおむね明和期ごろまでに確立された。ただし、幕府はあくまでも費用や資材を提供するのみで、実際の労働を広汎に担ったのは基本的に市中の請負人たちであった（「御手伝普請」として大名に普請を行わせる場合もあった）。

　このように述べると、城堀は徹底した管理のもと造成時のすがたに保たれていたようにも思われるが、決してそうではなかった。台風や地震、火災などの災害時はもちろん、毎夏の大雨や長雨もまた石垣や土手を劣化させ、市中から流れ込む生活排水や海側から運ばれる土砂、ゴミの投棄などによって堀内にはたびたび出州《です》を発生させていた。例えば、外曲輪の一部であった神田川《かんだがわ》は大雨により大川から水が逆流し土砂が流れ込むことで頻繁に通船への支障が生じていたし、市谷《いちがや》御門《ごもん》から牛込御門《うしごめごもん》までの水深は、安永期には開鑿時（一丈＝約三メートル）の半分、文政期には平均一尺（約三〇センチ）という状況で、城堀は近世を通して着実に変質を来していた。

市中の堀川

市中の堀川も複合的な機能を有したが、なによりも市中内部の運輸・交通システムの要となるインフラであった。五大《ごだい》力船《りきせん》や高瀬船《たかせぶね》などの大型船は市中の堀川には入ることができなかったため、大川河口部（江戸湊）や品川沖で瀬取船《せどりぶね》や艀船《はしけぶね》といった小舟に荷を積み替え、堀川を通して市中深奥部にまで物資を輸送した。そのため、河岸地と呼ばれる市中の堀川沿いの土地は、物資の荷揚げや貯蔵場といった連続する小規模な湊として機能していた（吉田伸之「流域都市・江戸」『別冊都市史研究 水辺と都市』山川出版社、二〇〇五年）。

　舟運機能を維持するため市中の堀川では数多の浚渫が行われたが、公儀浚の対象であった堀川を事例にみると、一八世紀以降に行われた大規模な浚渫は、日本橋川（幅十九〜四十三間＝約三四・五〜七八《メートル》、澪幅十五間、長約九百七十間）では、享保十八年（一七三三）、文化五年（一八〇八）、天保十四年（一八四三）の計三回、竪川（幅十九〜二十間、澪幅十六間、長約二千八百間）では、宝永二年（一七〇五）から弘化三年（一八四六）までのあいだの計五回（一部区間のみの浚渫もふくめると九回）が史料上確認できる。また両堀川では文化期以降になると商人仲間による常浚《じょうざらえ》（定期的な土砂の浚渫）も行われていた。他方、自分浚の対象であった堀川についてみると、日本橋地域の中心に位置し米蔵が建ち並んでいた伊勢《いせ》町堀《ちょうぼり》（幅十八〜二十間、澪幅六間、長約二百間）は享保十九年（一七三四）から弘化二年（一八四五）までに計六回、日本橋川と京橋川を南北につなぐ楓川《もみじがわ》（幅十四〜十六間、澪幅十間、長約六百間）は、享保十八年（一七三三）から天保十四年（一八四三）までに二回（一部区間のみの浚渫をふくめると三回）の浚渫が実施された。

それではこうした浚渫の実施は本当に堀川が維持されていたことを意味したのだろうか。日本橋川は大規模な浚渫を半世紀に一度程度しか行わなくとも通船が困難な状況にみまわれるほどの支障は生じなかったようだが、両岸や川内には出州が生じていた。竪川は本所・深川地域での度重なる出水による土砂堆積のため頻繁な浚渫が必要で、常浚も行われていたにもかかわらず、万治二年（一六六二）の開鑿時の水深は弘化三年（一八四六）には半減していた。伊勢町堀は、入堀沿いの九ヶ町の町人（地主）と入堀を利用する商人とが享保期に組合を結成し、定期的な浚渫が行われていたものの、二〇年ほどで通船に支障が出るほど入堀の埋まりが早かった。楓川では堀川沿いの町人（地主）や商人によって幾度も浚渫の計画がたてられ、その実施が幕府に出願されたが一九世紀半ばまで実施されなかった。そのため、当時の楓川は大汐のときでさえ干潟のような状況にまで埋まっていたという。以上からは、わたしたちが絵図などから通常イメージするすがたとは異なる江戸の堀川の様相をみてとることができるだろう。

むすびにかえて

江戸の堀川は人為的につくられたインフラであったが、自然を改造して築かれたがゆえに川床への土砂堆積という普遍的な現象を近世をつうじて抱え込んでいた。そのため堀川の機能を保つには浚渫を行う必要があったが、幕府はそのすべてを管理していたわけではなく、その多くは地域に暮らす人びとの手に委ねられていた。そして維持管理の内実——その実施動向や負担関係など――は実に多様で、十分に維持されていたかどうかは堀川沿いの地域社会につよく依存していたのである。逆にいえば、堀川というインフラは地域社会の基盤であると同時に、地域社会そのものを拘束する存在でもあったのである。

第6章

在方町の社会構造と行財政システム

酒井一輔

はじめに

本章は在方町《ざいかたまち》の社会構造と行財政システム、とくに公租公課の賦課・徴収のしくみを分析し、近世後期から幕末明治に至る地域社会の変容とその特質を見通そうとしている。そもそも、在方町とは何か。なぜ在方町から地域社会の変容や特質を見通すことができるのか。多くの説明を要するが、まずは、ある二人の人物の対話を紹介したい。

その人物の一方は、現職の幕府勘定奉行《かんじょうぶぎょう》である柳生主膳正久通《やぎゅうしゅぜんのかみひさみち》である。寛政六年（一七九四）二月二十七日、柳生は荒《あれ》地《ち》起返見分《おきかえしけんぶん》のために下総国香取郡《かとりぐん》佐原村《さわらむら》を訪れた。翌日の実地見分では同村の村役人たちが付き従い、柳生らの案内役を務めることとなった。そのなかの一人として柳生と対話したのが伊能三郎右衛門《いのうさぶろうえもん》、のちに全国を測量して日本地図を作製した伊能忠敬《ただたか》、その人である。

かたわらで案内役を務める忠敬に柳生が声をかけた。これに驚いた忠敬は「御奉行様は私の名前をご存じなのですか」と聞き、柳生は「佐原村で一、二の者であろう。身上《しんしょう》向き（経済状態）も良いのだろう」と述べた。身上向きはあまり良くないと述べる忠敬に対して、柳生はさらに「それでは村方に慈悲や情けをかけられないではないか」と述べたり、忠敬の持高《もちだか》を尋ねたりした。その続きが次のように記録されている〔伊能淳家文書「旌門金鏡類録《せいもんきんきょうるいろく》」伊能忠敬記念館所蔵写真帳、引用は大意〕。

「佐原村は繁華な場所なので、それだけ村内行政経費（「村用《むらよう》」）も多額となり百姓たちが困窮する。商人たちからも経費（「町入用《まちにゅうよう》」）を徴収しているのか」と〔柳生が〕お尋ねになった。そこで、「毎年一定額を戸別に負担させているほか、臨時の出費の際にも戸別賦課している」と〔忠敬は〕答えた。そうしたところ、「「無高《むだか》にても有徳《うとく》の商人」たちが負担しないことでは済まされない（「無高ニ而《にて》も有徳之《の》商人者《は》夫々《それぞれ》助合《たすけあい》無之《これなく》候而《そうらいて》者《は》不相済《あいすまず》」）、彼らにも経費賦課（「町役相懸」）するのが筋である」と〔柳生は〕仰られた。

村内事情に通じていない柳生が述べた用語には不分明なものも多く、記述内容ひとつひとつを正確に理解することは容易ではない。だが、それでも見過ごせないのは、「無高にても有徳の商人」という存在についてである。近世において「無高」といえば通常、高持百姓《たかもちひゃくしょう》と対比されて水呑《みずのみ》とも呼ばれ、自らの土地を所持しない、それゆえ零細で貧窮な百姓を意味する。しかし、「無高にても有徳の商人」を字義に沿って理解すれば、農民ではなく商人であり、また貧窮ではなくむしろ富裕だということになる。これは「無高」の語が持つ当時の社会通念とは大きく異なる。

当時の佐原村は農村ではなく都市化の進んだ、関東でも有数の在方町だった。文化七年（一八一〇）には世帯数一三〇一戸、人口五三三六人を数え、江戸との舟運を介した物資の集散地として、また、酒造業や醬油醸造業の産地として発展していた。柳生が問題視した「無高にても有徳の商人」の背後には、そうした在方町の社会構造がもたらす問題があった。それは、土地の価値を米の生産力で評価する石高制《こくだかせい》の下で非農業経済が成長することによって生じた矛盾である。本章では、近世の統治制度から逸脱していく在方町の社会構造の要点をまずは概観し、そこで生じた矛盾を解決する社会秩序がいかに形成されたのかを検討していく。

1　町なのか村なのか——在方町の社会構造

在方町とは何か

在方町とは、幕藩制支配の下で「在方《ざいかた》」とされる地域に存在した都市的な場を総称する研究用語である（渡辺浩一『近世日本の都市と民衆』）。武士の城下町集住政策に伴って、近世社会では支配空間が大きく「町方《まちかた》」と「在方」のふたつに編成された。町方とは町奉行管轄領域を指し、領主支配の拠点となった主な都市、三都や城下町などがこちらに属した。一方、郡奉行・代官管轄領域を在方と呼び、その他多くの農山漁村がこちらに属した。町方の領民は基本的に「町人」身分に属して商工業経営を公認・奨励されたのに対し、在方の領民は「百姓」身分に位置づけられて農業（広い意味では第一次産業）経営を前提とされるなど、両者は統治のしくみが異なっていた。そうしたなかで多くの農山漁村と同じく在方に位置づけられながらも、商工業が発展し都市化が進んだ地方中小都市。これが在方町のひとつのイメージであるといっても間違いではない。

もっとも、在方町という用語が比較的新しい、いわば、いまだ十分な「市民権」を得ていないことも指摘しておかなければならない。「在方の都市的な場」を表現する場合、日本近世史分野の研究では従来、在町《ざいまち》、在郷町《ざいごうまち》、町村《まちむら》などの語が用いられてきた。また、立地や機能の面から宿場町、港町、門前町などの呼称が用いられることもある。これらは研究上の文脈と固有の意味をそれぞれに持っている。かかる研究用語としての不統一を整理し、三都・城下町とは対置される近世都市の一類型として包括的に理解するため、在方町という用語が新たに提起された。

一八世紀後半から一九世紀前半の日本経済は、「地方の時代」とも称されるように特産品生産や農村工業の発展、地域市場の拡大によって地方分散的な経済発展が進んだ（中西聡『日本経済の歴史』）。こうした経済基調のなかで、三都・城下町の人口が停滞ないし衰退傾向にあったのとは対照的に、地域市場の拠点となった在方町では非農業部門の経済成長や人の移動の活発化がみられ、人口増加をみせたものが少なくなかった（T・Cスミス「前近代経済成長」、高橋美由紀『在郷町の歴史人口学』）。

実態としての「村」

しかし、市場経済化や都市化が進んだとはいえ、在方町の社会構造が近世都市を代表する三都・城下町のそれに近似していった、と考えるのは適当ではないだろう。在方町の社会構造は二つの意味で「村」としての側面を持っていたからである。ひとつは実態としての「村」、もうひとつは制度としての「村」である。

在方町が実態として「村」の側面を持っていたことは、まず土地利用や景観にみることができる。畿内と関東で人口が二〇〇〇〜三〇〇〇人以上の在方町をみていくと、村高が一〇〇〇石を越えるとともに総反別（課税地面積）に占める宅地の比率（宅地率）が二〇%を下回る事例が極めて多い（酒井一輔「近世後期の町場における宅地化と行財政運営の変容」）。宅地率は元禄検地が終了した一七世紀末時点から地租改正に伴う土地丈量調査の終了した一九世紀末時点までに増加している場合も少なくないが、いずれの時点でも宅地率二〇%未満の事例が大半を占めている。在方町の景観については「表通りは都市で裏通りは村落という二面的性格」が指摘されるように、宅地以上に田畑などの耕作地や山林原野が近世期を通じて大きく広がっていたのである。

こうした空間的な特徴は住民の生業とも対応していた。市場経済化や都市化が進んだ在方町では、商人や手工業生産者だけでなく金融業や飲食・宿泊業などに携わる人びと、日雇労働者など、いわゆる第二次・第三次産業にあたる生業を営むものが多数存在した。しかし、これら非農業部門の影に隠れがちだが、兼業・専業を問わず農業に従事する人びとも一定以上いた。幕藩領主が実施した非農業部門に対する生業調査（農間余業《のうかんよぎょう》調査）によると、武蔵国埼玉郡粕壁宿《かすかべしゅく》では総世帯数八八二戸のうち「農業一統渡世《いっとうとせい》」二〇五戸、「農間商い《のうかんあきない》並《ならびに》諸職人」（農業の合間に商売したり職人をしたりする者）六七七戸と記されている（『春日部市史』）。ここでの「農業一統渡世」とは農業を主たる生計とする世帯だと考えれば、それが全世帯の約二〇%強にのぼっていたことは注目してよい。

　また、前述した伊能忠敬は、佐原村内での商人・地主・農民の三者による経済的な循環について言及している（伊能淳家文書「（村方繁昌のため貯金利用に付）」伊能忠敬記念館所蔵）。忠敬によれば、同村では他国から多くの商人が移住して商売を行っているが、旧来から居住している住民たちも、土地所持者ならば土地や店舗・住居を商人らに賃貸して地代店賃を獲得し、非土地所持者ならば野菜を作って売却することで、三者三様に暮らしを成り立たせている、という。

　農業と非農業の併存という意味での住民生業の多様性があり、また人の移動が活発化し経済格差が拡大していく状況下で、住民間の利害の不一致を調整し共通する社会関係を形成していくには、大きな困難を伴ったであろう。商人・地主・農民の経済的循環についての忠敬の言は三者の協調的な側面にのみ言及しているが、現実は必ずしもそうではあるまい。ありうべき紛争や対立を統治し、多様で異質な経済的・社会的属性を持つ人びとを統合する安定的な社会秩序や統治のしくみはいかにして構築しえたのか。これは在方町の社会構造を考察するうえで重要な視角となる。

制度としての「村」

　在方町の統治は幕藩制の在方支配の枠組みに規定されていた。在方支配の特質を象徴的に表現すれば、農業とりわけ米を基軸とした制度設計がなされていたといってもよい。もちろん、実際に在方では（一般的な村落も含めて）商工業が行われなかったわけではない。しかし、在方に暮らす人びとはあくまでも身分上は「百姓」であり、仮に非農業的な生業を営んだとしても、それは「農間余業」であるとされた（深谷克己『百姓成立』）。百姓たる者は年貢米生産に関わる農業こそが本業であり、農耕専一を目指すべきだという一種の規範や理念である。

　こうした規範や理念をよく反映していたのが石高制である。太閤検地で知られるように、近世の領主権力が全国あまねく村々に対して検地を実施したことは周知のことだろう。検地では、村の土地一筆ごとに面積や地目等級、単位面積当たりの米収穫量（石盛）の調査が行われた。検地は稲作を行わない畑や屋敷地にも行われ、米を作ったと仮定して石高が算出された。その結果、石高は個々の百姓の経営（所持地）規模（持高）、村の規模（村高）、大名・旗本の領地の規模（領知高）などを表示する単位とされるなど、在方における社会編成の基本原理になっていたのである。事実、在方町でも他の農山漁村と同じように検地が行われて村高が与えられ、村請制の下で年貢・諸役が賦課された。石高制の規定を受けた在方町は、制度上まぎれもなく「村」であった。

持高と総合的経済力のずれ

石高制では、年貢や村入用などの公租公課は各世帯（家）の持高に応じて配分・賦課されるのが原則である。農業生産者ばかりの村であれば、作物の種類や労働力などの要素はあるものの、各世帯の経済力の高低と持高の多寡とはおおむね相関すると考えてよいだろう。それゆえ持高は一定の合理性を持った賦課基準たりうる。しかし、市場経済化が進み、もはや「余業」の枠を超えて商工業や金融・サービス業などを営むような経営主体が増加していくと、そうした前提は崩れていく。そもそも石高制の枠組みでは非農業生産力は十全に把握されず、また、一八世紀後半以降、土地生産性の上昇を補足する検地もほとんど実施されなかった。その結果、石高制の下で非農業生産が発展していくと、公租公課の負担をめぐって農業部門と非農業部門との不均衡が拡大することになった（谷本雅之「在来経済・産業の発展」）。

とくに在方町には、商工業収益や店賃・貸金利子収入など非農業部門を源泉とする所得を得て、土地（耕地）以外の資産を中心に資産形成を行う人びとが数多く集積した。曲田浩和氏が指摘するように、彼らは非農業部門の資産や所得を含めた総合的な経済力を、その持高からでは推認することが困難な存在であった（曲田浩和「尾張国知多郡下半田村にみる村内百姓の経済力と村入用の負担割合」）。こうした存在こそが「無高にても有徳の商人」の意味するところだと考えられる。

持高からでは経済力の実態を推認できない「無高にても有徳の商人」にも適正水準の公共的負担を求めるべきである。こうした認識が幕府勘定奉行から述べられるほどに、持高と総合的な経済力との乖離は近世後期の在方町あるいは在方の村々に共通する社会的な課題となっていた。冒頭で紹介した柳生久通と伊能忠敬の対話は、このことを示している。かつて津田秀夫氏は、大坂近郊の都市化する農村を分析し、世帯の持高と実質的な経済階層の不一致、高持・水呑という身分秩序の形骸化などの現象が展開したことを指して、これを「石高制国家の原則」からの逸脱であると指摘した（津田秀夫「幕末・維新期の近郊農村の性格」）。こうした近世の統治制度から逸脱していく諸問題へ対応する行財政のしくみ作りが、近世後期の在方町では模索されることになったのである。

それでは、具体的にどのようなしくみが実現していたのか。現時点での研究蓄積は少ないが（近年の研究に、松本充弘「近世中後期における陣屋元在郷町と譜代藩政の動向」や加藤明恵「近世中後期在郷町運営における金融と領主財政」がある）、例えば次のようなものが知られる。耕地の宅地化が進んだ下総国佐原村や摂津国豊島《てしま》郡《ぐん》池田《いけだ》村《むら》では、年貢算用（領主から村へ賦課された年貢総額を村内の高持百姓に配分する）時、耕地よりも宅地に高い税率（年貢配分率）を課し、宅地を選好して土地所持を進める富裕な商人と一般の高持百姓との間で、年貢負担の不均衡を是正しようとした（『新修池田市史』、酒井一輔「近世後期の町場における宅地化と行財政運営の変容」）。

また、醸造業産地として発展した尾張国知多《ちた》郡《ぐん》半田《はんだ》村《むら》では、増大する村入用の財源を賄うために、持高に比例配分する高割という従来の方式に加えて、郷高と家並米という持高とは異なる新たな賦課基準を世帯別に設けていた（曲田浩和「尾張国知多郡下半田村にみる村内百姓の経済力と村入用の負担割合」）。両者は土地を持たない無高の世帯にも設定され、均等割ではなく細かな差等があった。その結果、持高に対して分賦される額が減少し、醸造業を営む有力商人たちに村入用負担が傾斜配分されるようになったという。

本章ではこうした研究の延長線上に立ち、在方町の行財政運営のなかで「無高にても有徳の商人」への公的費用の負担配分がどのように実現しえたのか、具体的には賦課と徴収のしくみについて掘り下げたい。そこでとくに注目されるのが、在方町の内部に成立した非公式な住民組織である「町《ちょう》」（＝町共同体。以下、本文では町《ちょう》と表記）の役割である。

2　行政機構の細分化と「町」

在方町の村請制村と町

町《ちょう》は在方町内部に存立した近隣住民の親睦・互助を本来的な目的とした地縁団体である。一般的な村落でいえば小名《こな》や庭場《にわば》、村組《むらぐみ》などと呼ばれる村内小集落が、在方町の都市化に伴って三都・城下町の町共同体と類似性を持つ都市的な住民組織に変貌したものとみることもできるだろう。ただし、三都・城下町における町《ちょう》と在方町の町《ちょう》とは本質的に異なる存在でもあった。三都・城下町における町《ちょう》は「家持《いえもち》」（家屋敷所持者）を正式構成員とする身分集団であり、領主によってその存在が公的に位置づけられて領主の御用やそれに関わる諸事務を行う支配・行政単位であった。これに対し、在方町における町《ちょう》はそうした公的位置づけを欠く、あくまでも住民によって自生的に形作られた非公式な組織である。在方において三都・城下町の町《ちょう》と同等の位置にあったのは、検地によって成立した村請制の村である。

検地によって成立した近世の村は、単なる生産・生活の場ではなく、独自の領域と住民、法（村掟）を持ち、自ら名主・組頭などの村役人を選出して、独自の財源を備えた行政組織でもあった。領主側も、個々の百姓ではなく村を単位として、さまざまな命令や文書を発し、年貢諸役の賦課・徴収、人別改めなどの支配実務を委ねた。こうした仕組みを村請《むらうけ》制《せい》と呼び、領主に代わって支配実務を担い、住民に必要な公共的な事業の実施主体となった村を「村請制村」と呼ぶ。

在方町においても、このような村請制組織が形成され支配・行政単位となったのは他の村落と変わらない。しかし、都市化の顕著な在方町では、複数あった村請制組織が統合されていく一方で、村請制組織が担うべき支配・行政機能を町《ちょう》が分担・補完していく例がしばしばみられた。ここでは、その代表的な事例として摂津国池田村をみてみよう（松下万里子「畿内在郷町における町政機構」、乾宏巳『近世都市住民の研究』）。

摂津国池田村の五株と二二町

池田村は、慶長国絵図《けいちょうくにえず》では「池田町」、天保郷帳でも「池田村」と表記されて、一村としての一体性を有していたが、内部には「株《かぶ》」と呼ばれる村請制組織が五つ存在していた。近世初頭には一人の庄屋が村全体の支配・行政を担っていたが、正保年間（一六四四〜四八）に庄屋の不正が発生したのを契機として、村高約一七〇〇石のうち四五〇石分が上池田株として分立した。その後の正徳三年（一七一三）までに、中池田株（三〇九石）、下池田株（三一四石）、池田町株（三〇〇石）、西池田株（三五二石）がさらに分立した。以降、これら五株それぞれに庄屋等の村役人が置かれ、領主法令の伝達、土地売買の奥印（公証）、人別改めや人別送りなどが株単位に実施された。また、年貢割付状や皆済目録なども株別に発給され、年貢徴収も五株単位に実施されるなど、株が領主支配の基本的単位となっていた。

一方で、近世後期の池田村には五株とは別におおむね二二の町《ちょう》が存在した。これらの町《ちょう》は町行事《ちょうぎょうじ》（世話役・代表者）を中心として、五株による支配・行政事務を補完・代行していた。例えば、法令伝達では、池田村に発せられた領主触は村役人から各世帯に直接伝達されるのではなく、各町《ちょう》を経由して各世帯へ伝えられた。また、年貢や村入用は、各株の役人が戸別徴収にまわったり各世帯が各株に直接納めに行くのではなく、まずは各株が各町《ちょう》に世帯別年貢額を通知し、通知をうけた各町《ちょう》の町行事が町内各世帯から戸別徴収した後、各株へ一括して納入していた。さらに、人別改めでは、まずは町《ちょう》単位に人別帳が作成され、後に各株別の人別帳が作成されている。このように町《ちょう》が株と個別世帯との間に入って、本来は株が行うべき支配・行政事務をあたかも町《ちょう》が請け負うようなしくみになっていた。

全国の在方町のなかでも池田村はこうしたしくみがもっとも制度化された部類に属すると思われるが、その契機は文政・天保期（一八一八〜四四）の村政機構改革による。この時期の池田村では、村方会計をめぐる紛争が続発するとともに、領主（幕府代官所）から発出されたお蔭踊り禁令の違反者を多数発生させた。その後、領主の介入もあって取締強化を意図した村政機構改革が行われた結果、五株庄屋の上位に村方取締役が、後にこれを解消して五株兼帯庄屋が設置された。

これは「一村一人庄屋」への動きであり、五株による分割統治を統合化していく動きでもあった。と同時に、町行事の月番交代制が廃止され永行事化するとともに、町《ちょう》と五株との関係や村政上での町行事の具体的な役務が成文化されるに至った。これは二二の町《ちょう》を単位とする、より細分化された統治への動きとみることもできる。

なぜ町による支配・行政請負が進むのか

こうした行政機構の統合化と細分化の動きは武蔵・相模国の複数の宿場町でも観察されており（深井甚三「宿と町」）、また、町《ちょう》による支配・行政請負の事例は下総国佐原村や下野国都賀《つが》郡《ぐん》鹿沼《かぬま》宿《しゅく》のほか、近江国栗太《くりた》郡《ぐん》草津《くさつ》宿《しゅく》でも明らかにされている（井出努「江州草津宿における村政機構と「町」共同体」）。そうであれば、次に問題となるのは、なぜ町《ちょう》が既存の村請制組織を補完・代行しえたのか、その要因はどこにあったのか、という点である。

その背景にはまず、既存の村請制組織による統治の機能不全があると考えられる。池田村の場合、町《ちょう》による支配・行政請負が成文化されたのは、町内の治安と取締強化を狙って幕府代官所が命じたからではあったが、その発端は五株庄屋側からの要請であった。庄屋らは「町内限りの事については町行事に任せたい」と要望した。注目すべきは、その理由として「各町《ちょう》は五株入組であるため、各株庄屋らでは一町《ちょう》限りの事については取り調べが行き届かない」と述べていることである。佐原村でも人別改めの事務は従来、村請制組織である「組《くみ》」が実施してきたが「不調義《ふちょうぎ》」があるので天保七年（一八三六）から町《ちょう》単位に実施し、町役人が実務を担う形式に改められている（新橋本町文書〈複写資料〉「諸用日記覚」香取市佐原中央図書館所蔵）。こうした事実をふまえると、既存の村請制組織が住民の情報を十分に把握できず住民を十分に制御できないなかで、町《ちょう》による支配・行政請負が強化されていったことが示唆される。

規模・メンバーシップ・領域

これに対して町《ちょう》は、面接性と包摂性の高さを有し、それゆえに住民の情報を詳細に把握することに優れていた。そもそも町《ちょう》は小規模かつ全世帯が加入する組織であるという点で、村請制組織とは異なる特徴を持っていた。例えば池田村の場

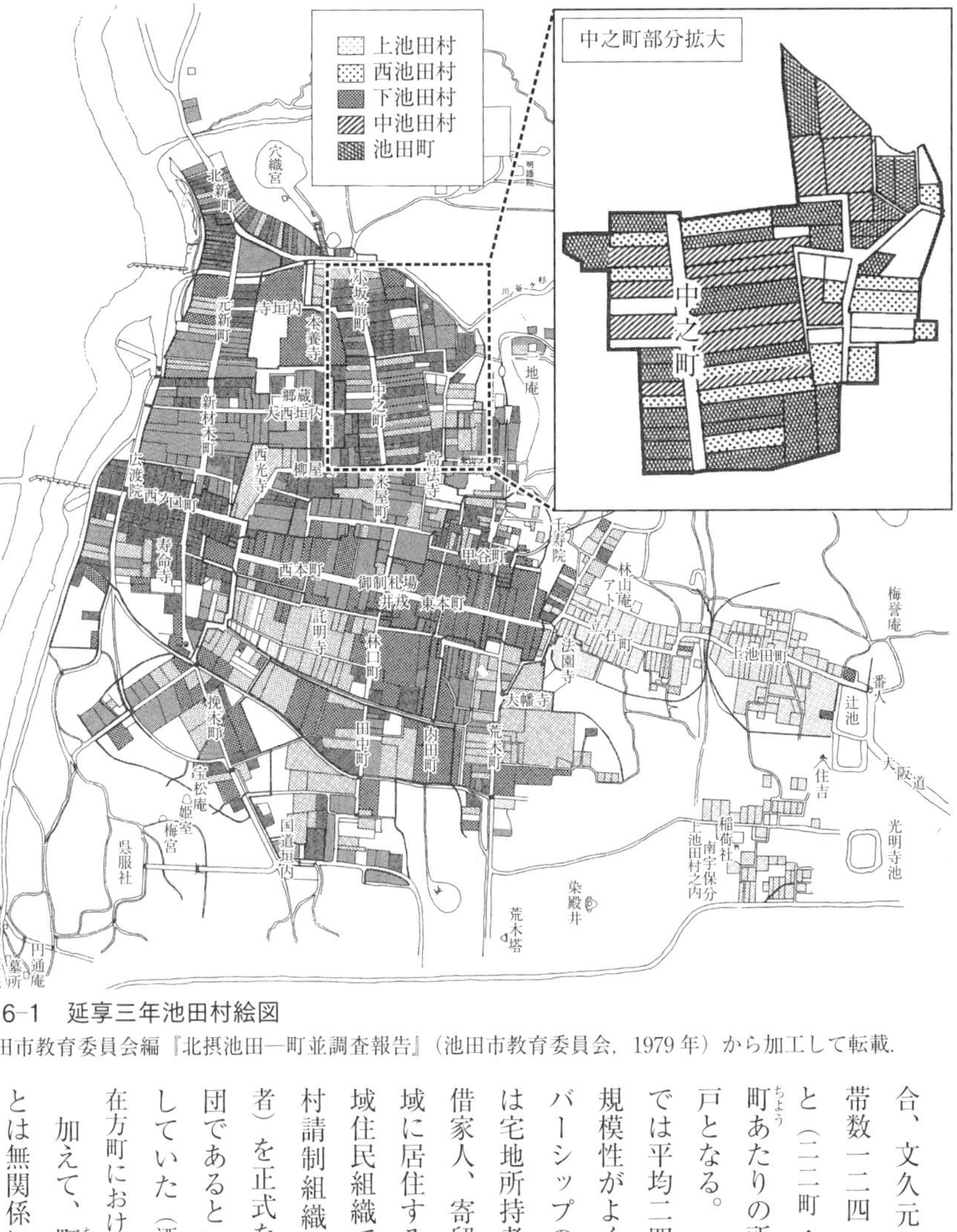

図 6-1　延享三年池田村絵図

池田市教育委員会編『北摂池田―町並調査報告』（池田市教育委員会，1979 年）から加工して転載.

合、文久元年（一八六一）の総世帯数一二四一戸から単純計算すると（二二町・五株で除すると）、一町《ちょう》あたりの所属世帯数は平均五六戸となる。一方、村請制組織の株では平均二四八戸となり、町《ちょう》の小規模性がよくわかる。また、メンバーシップの観点からいえば、町《ちょう》は宅地所持者のみならず借地人や借家人、寄留人を含めた一定の領域に居住する全世帯が加入する地域住民組織であったのに対して、村請制組織は高持百姓（土地所持者）を正式な構成員とする身分集団であるという点で、大きく相違していた（酒井一輔「近世後期関東在方町における町規約と構成員」）。

加えて、町《ちょう》の領域は村請制組織とは無関係に編成され、地理的な近接性と一円性を持っていた。これは、在方町内部に分散錯綜することのある村請制組織の領域編成とは対照的な特徴でもあった。実際に、図6-1をみてみると、各町《ちょう》の領域は一円的にまとまっているのに対して、五株の管轄領域は必ずしもそうではなく、モザイク状に入り組んでいることがみて取れる。その理由は、五株への分割がその当時の高持百姓の持高を基準に属人的に決定されたことに起因すると考えられている。領域の分散性は五株が住民情報を把握するうえで不利に作用する要素であり、また、近隣住民同士であっても、例えば右隣の家と左隣の家とでは所属する株が違うことによって、事務処理が煩雑となり不備を起こしやすい構造を生み出していた。かかる領域編成のあり方は佐原村や鹿沼宿でも類似していた。

町の情報優位性

一方、小規模かつ領域的な一円性を持つ町《ちょう》では日常的な交際を通じて住民相互の関係は極めて緊密であり、町役人のもとには住民に関わる情報がいち早く集約されたようである。佐原村新橋本町《しんはしもとちょう》の町代《ちょうだい》（世話役・代表者）が記した日記（新橋本町文書「諸用日記覚」）には、夜逃げのような形で住民の不測の転出が生じたとしても、隣近所から町代に報告が入り、これをうけて町代から村役人へと届け出がなされる様子が記述されている。佐原村ではこの段階で人別改め事務を町《ちょう》に分任する仕組みが取られていたが、その理由は、町《ちょう》がその面接性と包摂性の高さゆえに住民の生活実態に関する情報をもっとも近い位置で詳細に把握できたこと、すなわち、町《ちょう》の情報優位性が人別改め事務の遂行に適していたからであろう。それでは、かかる町《ちょう》の情報優位性は、石高規模（持高）からでは実質的な経済力を推し量ることの難しい「無高にても有徳の商人」に対してどのような効果をもたらすことになるであろうか。以下では、町《ちょう》が有した行財政機能、とくに賦課と徴収のしくみに着目してこの問題を具体的にみていこう。

3 「町」の財政と賦課・徴収システム

町の財政支出

近世後期の町《ちょう》は、村請制組織に代わって年貢や村入用の徴収を代行するだけでなく、自らの財政を持つようにもなっていたことをまずは確認しておこう。表6-1は下総国香取郡佐原村の新橋本町の財政支出をいくつかの部門に分類して示したものである。典拠史料は安政三年（一八五六）に同町の町代によって作成されたものである。計上されている費目は文政元～七年（一八一八～二四）に限られているが、この間に同町の支出した諸経費を「端口ヲ分テ」て記し「大概知ラシム」ものであるため、同町がどのような費目を支出していたのかを概観するうえで便利である。

表6-1　文政元～7年新橋本町における町入用の構成

費　目	金　額（銭）
①村一統ノ入用	29貫768文（8.2%）
②新宿惣町ノ入用	39貫870文（11.0%）
③祭事遝物費金	250貫142文（68.7%）
④例年日待ノ入用	—（—）
⑤勧化奉加	3貫155文（0.9%）
⑥出火有之節入用	200文（0.1%）
⑦出火有之節道具料	18貫553文（5.1%）
⑧町内持道具入用	22貫170文（6.1%）
合　計	363貫858文（100.0%）

・「記録」（新橋本町文書〈複写資料〉香取市佐原中央図書館所蔵）より作成.
・金額は金1両＝7082文，銀1匁＝119文で換算した.
・典拠に数値記載がない場合に—で示した.
・（　）内は構成比．構成比は小数第2位で四捨五入しているため，合計しても100とはならない.

詳述は避けるが、金額だけみれば③の祭礼関係の費用が最も多くを占めており、住民生活の維持に不可欠な社会基盤事業の支出は必ずしも多くない。しかし、①は主に橋の掛け替えや道普請、水防や川浚いなどに関する費用で占められており、また、⑦⑧は消防関係の費用である。①は佐原村のすべての町《ちょう》に求められた分担金として、⑦⑧は新橋本町が独自に行った事業の費用として支出されたものである。いずれも住民生活に必要なインフラの維持・整備に関わる費目であり、これらについて同町が財政的貢献を果たしていたことがわかる。

なお、表6-1に示した費目が新橋本町の財政支出のすべてではない。例えば、天保七〜八年（一八三六〜三七）の飢饉時、同町は困窮者の救済事業を三回行っている（新橋本町文書「諸用日記覚」）。これは同町あるいは同町が属する町《ちょう》連合（惣町）が事業主体となって実施されたもので、米や金銭の給付が主であった。その際、町内富裕者への財源の拠出（寄附）依頼、町内の給付対象者の選定や給付額の決定、戸別給付作業もすべて町代が担っていた。当然ながら、これら困窮者救済に係る費用は表6-1には含まれていない。しかし、ここで注目したいのは、以上のような町《ちょう》の行財政活動で発生した費用を、町《ちょう》が各世帯に対して、いかなる基準で配分賦課し、どのように徴収したのか、という点である。

増大する祭礼経費と賦課・徴収

町《ちょう》は近隣住民の親睦・互助を基盤とした地域住民組織であり、住民の生活で必要となる葬儀や婚礼などの儀礼を協働し、鎮守社の祭礼行事の運営単位ともなった。佐原村でも宝暦・明和期（一七五一〜七二）頃になると、各町《ちょう》が競い合い趣向を凝らした屋台《やたい》や邌物《ねりもの》の建造・曳《ひ》き回《まわ》しが行われるようになっていった。このような祭礼の大規模化・豪奢化は必然的に各町《ちょう》が支出する祭礼関係経費の増大をもたらすことになる。それでは、増加圧力の高まる祭礼経費を町《ちょう》はどのような基準で各世帯に分賦したのだろうか。ここでは佐原村の八日《ようか》市場町《いちばちょう》の祭礼経費について、同町住民であった伊能豊秋《とよあき》の日記（伊能三郎右衛門家文書「明和五年日記」ほか伊能忠敬記念館所蔵）を素材にみてみよう。

豊秋はかつて佐原村本宿《ほんじゅく》組名主を務めたことのある、八日市場町の顔役である。明和五年（一七六八）七月、豊秋はこの年の祭礼が首尾よく終了したことを安堵しつつも、次のような懸念を漏らしている。すなわち、このままでは「飾りもの」を出すのが毎年の慣例となるので、来年は「随分軽く」しなければいけない、というものである。その理由は、祭礼の豪奢化が「困窮人」にとって「迷惑」、つまり経済的な負担となるからだという。祭礼の豪奢化によって祭礼経費が増大し、その負担に経済力の低い者たちが耐えられなくなるのではないか、と豊秋は恐れたのである。こうした懸念のなかで翌年の祭礼経費の賦課・徴収はいかに行われたのであろうか。

　翌明和六年（一七六九）の祭礼経費は次のようなものだった。まず、総額銭九貫七〇〇文余りのうち、四貫五〇〇文を「ならしニ《均しに》割付」た後、残額五貫二〇〇文を豊秋を含めた一四〜一五人で負担したという。「ならしニ割付」とは同額を均等に分賦する方法であり、おそらくは残額を支払った一四〜一五人も含めた八日市場町の全世帯に四貫五〇〇文を均等割したものと推測される。名主を務めた豊秋は八日市場町内でも高い経済力を有していたと考えられるので、残額を支払った人びとは同町内では経済力の比較的高い者たちであったのだろう。前者の「ならしニ割付」が町内全世帯に均等額を賦課するものであったとすれば、後者は世帯間の経済力の相違に応じて傾斜配分する方法であった。

均等割による混乱

　しかし、経済力の相対的に高い者がより多くの費用を負担する方法は必ずしも制度化されたものではなく、そのつど町内の合意を得て成り立ちうるものであったようである。そのために翌明和七年（一七七〇）には少なからぬ混乱が生じた。この年の祭礼では会計処理の結果、総額約一八貫文を町内各世帯に分賦する必要があった。前年と比べて約二倍の増加である。当初は町内各世帯を「上・中・下」の三等級に分けて賦課・徴収しようと試みたが、各等級の負担額に大きな違いがなかったため、「小前の者」が支出できないなどの混乱があったようである。そして、この混乱の原因は、昨年の祭礼では「よけい《余計》出」（より多くの費用を負担）した「身上相応の者」（一定以上の経済力を持つ者）たちが、本年度は同様な行動をしなかったことにある、と豊秋は考えていた。祭礼経費が倍増する状況下では、「身上相応の者」であっても著しく加重な負担を簡単には受け入れにくかったのではないかと思われる。

　事態が膠着するなかで、結局は一八貫文をすべて均等割にすることに決し、世帯当たりの負担額は一七八文と算出されている。なにゆえ均等割に決着したのか不可解にも感じられるが、豊秋自身もこの決定に不満を抱いていた。「さてさて心得難い割合である」と述べたうえで、「身上相応の者」も「困窮人」も同額を負担するという賦課方法は不適当だと指摘している。豊秋がこのような意見を抱いた理由は、村役人経験にもとづく統治者的な意識のほかに、かかる均等割が実際には実施困難であると考えていたからだと思われる。事実、徴収を行う段階になって、町内の顔役である豊秋のもとには、支払いが困難である（「出銭調いかね迷惑」）との相談が持ち込まれるようになった。

こうした状況に対応するため、豊秋は経済的に極めて困窮している世帯を調査し、一二〜三世帯分の負担額に相当する一貫五〇文余りを拠出して、彼らの支払いを補填している。これは、「身上相応の者」であり名主をも務めた豊秋の個人的な行動と理解される。表面上は全額均等割された費用賦課も、実質的には豊秋のような経済力の相対的に高い者がより多く負担することなしには実際の徴収は実現しなかったのである。

等級割の登場

これ以降の祭礼経費賦課の具体像は詳らかではない。しかし、その後も祭礼が大規模化・豪奢化するなかで、均等割に代わる賦課方法が整備されていったと考えられる。それは、町内各世帯の経済力の相違に即して負担額に差等を設けるものである。史料的制約のためにかなり時期を経るが、天保期（一八三〇〜四四）の事例をみてみよう。

この時期の祭礼経費の賦課では、町内各世帯を等級分けして等級ごとに負担額に差等を設けていることが確認される。天保十一〜十二年（一八四〇〜四一）にかけて、八日市場町では総額一三二両を支出して新たに屋台の建造を行っている。明和期（一七六四〜七二）の祭礼で曳き回されていた屋台や邌物は、毎年祭礼のたびに建造しては取り壊される簡易なものであったが、文政・天保期（一八一八〜四四）になると、継続的な利用を前提に堅牢で耐久性があり、かつ彫刻などの装飾を施した屋台が競って建造されている。しかし、多額となった建造資金を調達するには事後的な賦課・徴収では対応不可能だったと思われ、前年の天保十年（一八三九）に各世帯への賦課方法が決定された。

その方法とは、各世帯が支払うべき金額をあらかじめ定め、一定期間に渡って毎月にこれを拠出し積み立てて、計画的かつ確実な徴収を図るものである（円城寺家文書「新規家臺掛り勘定帳」千葉県立中央博物館大利根分館所蔵）。負担額の設定に

表6-2　町内等級と鎮守社再建寄附金額の相関

寄附額	等級区分と金額					
	壱番	弐番	三番	四番	五番	六番
	(32文)	(20文)	(12文)	(8文)	(4文)	(2文)
2両2歩	2	1				
2両	1	1				
1両2歩～1両		1	1			
3歩～2歩	1	4	4	3		
1歩2朱～1歩			4	10		
3朱～1朱			1	4	10	5
突合不能			3	5	7	7
小計（世帯数）	4	7	13	22	17	12
平均寄附額(両)	1.88	1.21	0.43	0.27	0.12	0.10

「家臺割付」（千葉県立中央博物館大利根分館所蔵，円城寺家文書），「鎮守再建寄進連名帳」（本城家文書〈複写資料〉香取市佐原中央図書館所蔵）より作成．

あたっては、町内各世帯を「壱番」から「六番」まで六等級に分け、等級ごとに三二文から二文までの差等が設けられている。そこで注目すべきは、この等級が各世帯のいかなる状況を反映して設定されたのかである。

等級と持高・寄附金額との相関関係

まず、等級と持高の関係を確認すると両者は必ずしも相関していない。例えば、同町内での持高第一位の世帯が等級では「弐番」に、持高第二位が「三番」に格付けされる一方で、持高では一〇位以下の三世帯が等級の「一番」に格付けされている。そこで、持高ではなく寄附金拠出額との関係に注目したい（表6-2）。ここでの寄附金とは佐原村の鎮守社のひとつ牛頭《ごず》天王《てんのう》社殿《しゃでん》再建のために天保十一年（一八四〇）に集められたものである。①領主から賦課される御用金よりも拠出者の範囲が広いこと、②御用金の負担者と寄附金拠出額の上位者の序列がおおむね一致することから、この寄附金拠出額を各世帯の経済力をある程度反映した代理指標と考えたい。

最上位の「壱番」に格付けされたのは四世帯であるが、そのなかで八日市場町内の最高寄附金額となる二両二歩を拠出したのが二世帯、次いで二両が一世帯、二歩が一世帯となっている。これら四世帯の平均寄附額は一・八両余りとなり、他の等級と比べてその額は

表6-3　安政3年祭礼費用の世帯別祭礼経費負担額と盛数

名　前	盛数	負担額（文）	寄附額（両）
天満屋仁兵衛	25	13,305	45
徳島屋長蔵	16	8,515	20
徳島屋長九郎	10	5,322	16
万年屋久兵衛	10	5,322	12.5
虎屋与兵衛	5.5	2,927	8
岡田八十七	4.5	2,395	7
川島吉兵衛	3.8	2,022	2.5
真砂屋長兵衛	3	1,600	5
銭屋太吉	3	1,600	1.5
天満屋清助	2.5	1,330	4
永田斉兵衛	1.5	802	—
木屋吉左衛門	1.5	802	—
常陸屋文蔵	0.8	426	—
伊勢屋藤介	0.8	426	—
堺屋吉右衛門	0.5	266	1
伊勢屋清七	0.5	266	—
三分亭万兵衛	0.5	266	—
小倉作兵衛	0.5	266	—
大和屋清兵衛	*5.75	3,060	16
両裏分	3	1,600	—

・「別冊」（下分町文書〈筆耕資料〉香取市佐原中央図書館所蔵），「鎮守祭礼年々凡覚並町内盛一条之事」（伊能権之丞家文書第3号，佐原市教育委員会編『佐原山車祭調査報告書』2000年，所収）より作成.
・「寄附額」は嘉永3年（1850）の諏訪神社殿修復寄附金拠出額を示す.
・典拠に数値記載がない場合に—で示した.

多い。下位の等級になるほど、寄附金拠出者の名簿上に記載されていない「突合不能」の世帯が多くなる。「突合不能」であった世帯は、等級設定から寄附金拠出時点までの間に同町から転出したか、もしくは寄附金を拠出しなかったと想定される。いずれにせよ、等級の上下と寄附額の多寡はおおむね正の相関を示していることがわかる。寄附金額を各世帯の経済力の代理指標とする仮定が正しければ、等級には持高では反映しきれない世帯の実質的な経済力が示されていることになる。明和期（一七四六〜七二）に伊能豊秋が主張していた、「身上相応の者」がより多くの費用を負担するという賦課方法が、天保期（一八三〇〜四四）には等級割として整備されていたことをここに確認することができる。

係数化された賦課基準

八日市場町で確認された等級割による祭礼経費の賦課は、同町以外でも用いられていたようであるが、町《ちょう》によってはさらに細分化された方法を用いる場合もあった。それは「盛割《もりわり》」と呼ばれるものである。「盛」とは費用を分賦するために事前に設定された量的な指標（係数）であり、盛一単位当たりの負担額を算出し、徴収すべき総額を盛の係数に応じて比例配分していく。ここでは同じ佐原村の下分町《しもわけちょう》の例をみてみよう。安政三年（一八五六）の祭礼で同町は笠鉾などの邌物を曳き回し、最終的にその費用として金七両三歩と銭五七三文（銭換算総額五二貫四九八文）を町内各世帯に分賦する必要が生じた。同年九月に会計処理が行われ、世帯ごとに定められた盛の係数に従って分賦し世帯別負担額が決定された。表6‐3は、世帯ごとの盛数と負担額などを整理して示したものである。

各世帯の盛数の合計値は九八・六五となり実際に総額五二貫五四七文が徴収されているので、逆算すると盛一単位に対して銭五三二文という基準額が算出される。そこで同額を各世帯の盛数に乗じると、例えば天満屋仁兵衛《てんまやにへえ》の場合、二五盛×五三二文＝一三貫三〇〇文となり、同人の負担額と近似している。明治以降の事例だが「盛壱ツニ付金三銭九厘五毛宛」と表記される場合もあり、実際に右に述べたような手順に沿って世帯別負担額が算定されたのだろう。

各世帯の盛数をみていくと、最大は天満屋仁兵衛の「廿五《にじゅうご》」で、最小は堺屋吉右衛門《さかいやきちえもん》ほか三名の「五分《ごぶ》」（＝〇・五）、その他に「両裏《りょううら》盛三つ分」が計上されている。下分町は街路を挟んで両側に店舗・住宅が立ち並ぶ両側町《りょうがわちょう》を形成しているが、街路に面した店舗・住宅の裏手に貸長屋なども存在していた。「両裏」とは、この裏長屋に居住する世帯住民を指しており、記載された全一二名（世帯）で「両裏」分の盛数三＝一貫六〇〇文を分担している。

また、注目されるのは盛数五・七五の大和屋清兵衛《やまとやせいべえ》について、史料では「半盛」との但し書きが付記されていることである。その意味は、大和屋清兵衛の本来の盛数は倍の一一・五であったがこのときは何らかの理由によって特別に盛数が半分に減じられていたと理解される。裏返せばこの事実は、各世帯の盛数が費用賦課の必要なイベントの都度、つまり事後的に定められるものではなく、あらかじめ設定されて制度的に運用される基準であったことを示している。

「盛割」の広がり

盛割という賦課方法は下分町のみならず佐原村の他町《ちょう》でも用いられるものだったと思われる。というのも、盛割はそも

のうち新宿惣町間での盛割の数値を示したのが表6-4である。

設定されている盛の係数は町《ちょう》によって最大一〇から最小一までばらつきがみられるが、これは各町《ちょう》の世帯数に比例しているというわけでは必ずしもない。盛数を世帯数で除した値で比較すると、新橋本町や下分町でとくに高い。両町は佐原村の中心街区に位置して（図6-2）富裕な商人が多く居住しており、佐原村あるいは新宿惣町のなかでももっとも経済力の高い町《ちょう》であった。そうした経済力の高さが盛数に反映されていると考えられる。

この盛数は固定化されていたわけではなく、各町《ちょう》の経済力やその他の状況の変化に応じて改訂が加えられることもあった。天保八年（一八三七）九月に下新町《しもしんまち》から同町の盛数を減じて欲しいとの要望が出された（新橋本町文書「諸用日記覚」）。その理由は、同町の郡紋左衛門《こおりもんざえもん》が佐原村下宿《しもじゅく》組名主を務めることになり、名主役を務める間は同人が町内経費を負担しないためであるという。下新町にとっては一時的にせよ「高出金衆」（多額の費用負担者）が実質的に不在となり、同町の負担力が低下することを懸念して盛数の引き下げを要望したものと考えられる。結果的に要望は認められて、同人の名主役務期間に限り下新町の係数を一つ減じて五にすることが決定されたようである。

表6-4　嘉永5年新宿惣町の盛数

町　名	世帯数(A)	盛数(B)	B／A
新橋本町	35	10	0.29
下分町	35	7.5	0.21
下宿町	27	2.5	0.09
中宿町	31	4	0.13
上中宿町	26	2	0.08
上宿町	55	2	0.04
上新町	17	1	0.06
下新町	44	5	0.11
若松町	17	1.5	0.06
上川岸町	50	5	0.10
中川岸町	38	4	0.11
下川岸町	54	3.5	0.07
横川岸町	19	1	0.05
田中町	14	1	0.07
北横宿町	39	1.5	0.06
南横宿町	32	2.5	0.08
中郷町	48	3	0.06
居造町	49	2	0.04
総　計	630	59	0.09

「鎮守祭礼年々凡覚並町内盛一条之事」（伊能権之丞家文書第3号，佐原市教育委員会編『佐原山車祭調査報告書』2000年，に所収），「戸籍番号帳」（伊能茂左衛門家文書，国立歴史民俗博物館所蔵）より作成．

そも個別町内ではなく、「惣町《そうちょう》」と呼ばれる町《ちょう》連合において各町《ちょう》へ分賦するための方法だったからである。佐原村では町《ちょう》連合が本宿《ほんじゅく》惣町と新宿《しんじゅく》惣町の二つに分節化されており、これらの町《ちょう》連合の内部で「盛割」や「株割《かぶわり》」と呼ばれる町間分賦の方法が存在していた。こ

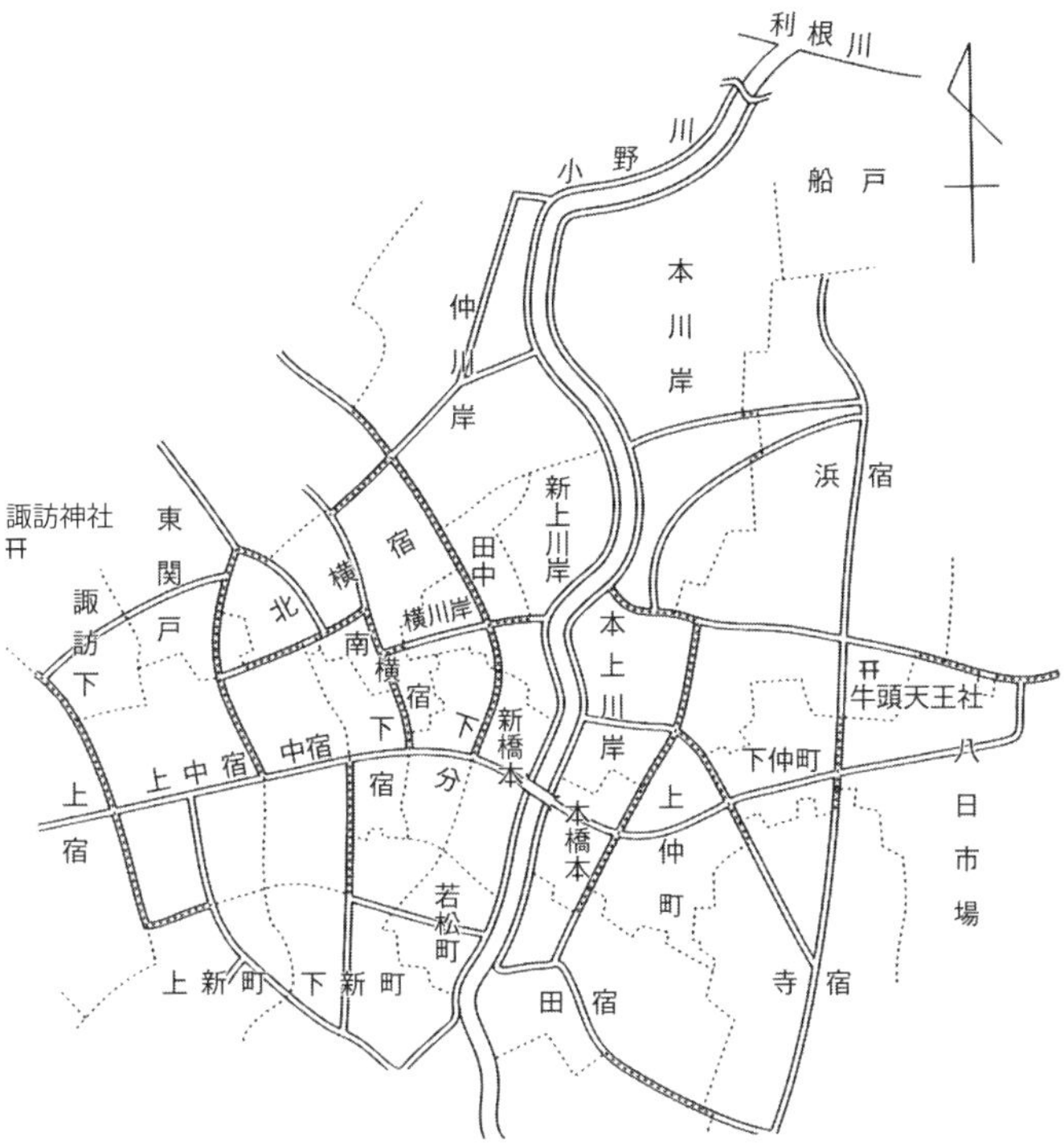

図 6–2　佐原村町区域図
『千葉県の歴史』通史編近世 2，千葉県，2008 年より一部修正して転載.

ここでの盛数改訂、とくに減額の程度がいかに決定されたのかはわからない。おそらく盛数の決定は、客観的な基準や根拠に依ることなく、ごく曖昧に達観的に決められたと理解すべきだろう。しかし、その結果は各町《ちょう》や住民一般に周知されるものであり、そこで大方の了解を得られるだけの一定の合理性を有したことも、また事実であろう。

この点は、すでに述べた下分町における各世帯の盛数でも、やはり同様であったと考えられる。負担能力の高い世帯でも無高が多く、持高が町内の一般的な賦課基準とはなりえないなかで、各世帯の実質的な経済力をある程度反映しえた盛数は、町内における一定の合理的な「課税標準」として機能していたと考えることができる。

「雲龍水」の購入

このような盛割は祭礼経費に留まらず、その他の公共的な費用を分賦する際にも用いられた。文久二年（一八六二）九月、下分町は金七両二歩を投じて「雲龍水《うんりゅうすい》」を購入した（下分町文書〈複写資料〉「永代記録帳」香取市佐原中央図書館所蔵）。「雲龍水」は消防用ポンプのことで、下分町の消防活動に用いられたのだろう。このとき、従来使用していた消防用ポンプ「龍吐水《りゅうどすい》」が金一両で売却されている。これを差し引いた六両二歩を分賦することとなった。

しかし、今回は安政三年の祭礼経費のように町内全世帯に分賦されず、負担したのは天満屋仁兵衛・徳島屋《とくしまや》長蔵《ちょうぞう》・徳島屋長九郎《ちょうくろう》・大和屋清兵衛・万年屋《まんねんや》九兵衛《きゅうべえ》・岡田《おかだ》八《や》十《そ》七《しち》の六名のみだった。うち三名は慶応三年（一八六七）の領主御用金拠出者にも名を連ねており、下分町内でも富裕な商人であったと思われる。彼ら六名の負担額はやはり盛数にもとづいて分賦されていた。このときの彼らの盛数の値を七年前の安政三年祭礼時（表6-3）の値と比較すると、大和屋清兵衛が五・七五から一・五へ、岡田八十七が四・五から五・五へと変更されている以外は同一である。つまり、安政三年の祭礼経費賦課に用いられた盛数が、文久二年の消防経費の会計処理にも用いられていることがわかる。各世帯に設定された盛数が町内経費を分賦するための一般的な賦課基準となっていたのである。

小学校資本金の徴収

盛割による公共的費用の分賦は、幕末維新を経て明治時代以降も継続した。とくに重要な役割を果たしたと考えられるのが、明治二十二年の町村制施行によって基礎自治体レベルでの地方行財政制度が整備されるまでの期間であろう。それが端的に観察されるのが、小学校の建設・運営資金（学校資本金）の徴収である。

佐原村では、明治六年に創立された佐原小学校の学校資本金として総額七〇〇〇円を積み立てることが決定され、一部を有志による寄附で賄い、残りの多くは町《ちょう》単位に分賦されることとなった。具体的には、各町《ちょう》の割当額が決定され、明治十年から約十ヵ年の計画で各町《ちょう》から佐原村学区取締へ完納することが求められたようである。下分町には四六二円、その隣の新橋本町には六一六円が割り当てられており（旧奈良屋佐原支店文書「月懸集積金勘定帳」千葉県立中央博物館大利根分館所蔵）、この金額比が一〇対七・五となっている点をふまえれば、表6-4で示した新宿惣町の盛割を基準として割当額が決定されたものと考えられる。

下分町では明治十年十一月より一ヵ年あたり五〇円、一ヵ月分にして四円一六銭余りを盛割によって町内各世帯に分賦し毎月徴収している（下分町文書「永代記録帳」）。転入などで新規に加入した世帯へはその都度盛数を設定する一方で、既存世帯の盛数についても何度か見直しが行われた。こうした見直しは学校資本金の徴収が行われた間には少なくとも五回実施されている。総額七〇〇〇円にものぼる巨額の学校資本金の造成が可能となったのは、盛数を通じたきめ細やかな賦課・徴収の仕組みが各町《ちょう》に備わっていたがゆえと理解することができよう。

おわりに

近世後期の在方町では、公租公課の分賦にあたって、持高（石高）とは異なる独自の賦課基準を設定し、世帯間の負担額に差等を設ける賦課方法が機能していた。こうした戸別差等割は、持高に応じて比例配分する「高割《たかわり》」あるいは世帯均等配分する「軒割《のきわり》」と比べて、土地所持の多寡に還元することなく、世帯間の経済力の高低に対応して傾斜配分することが可能となった。いわば、石高制の枠組みでは捕捉困難な非農業部門の民富に対して、一定の合理性を備えた賦課方法たりえたとも評価できるだろう。そして、これを有効に機能させていたのは、在方町内部の非公式な住民組織である町《ちょう》の存在である。集団としての面接性と包摂性の高さに優れた町《ちょう》は、各世帯の生活をつぶさに観察（監視）し、非農業部門の所得や資産を含めた各世帯経済力の実態をある程度正確に測定できる情報の優位性を持っていた。それゆえに、町《ちょう》が在方町における行財政運営の担い手となることによって、「無高にても有徳の商人」への有効な賦課と徴収のしくみが整えられつつあったのである。

もっとも、戸別差等割の存在は、近世後期の村入用研究で言及されることもあり、非農業部門の経済成長がみられた近世後期の村でも広く確認されうるのではないかと考えられる（菅原憲二「近世村落と村入用」）。と同時に、この戸別差等割が明治地方自治制下で主要財源となった戸数割《こすうわり》税の賦課方法と類似していることにも注目される。近代地方財政史研究では、戸数割税が必ずしも客観的な指標にもとづかず逆進性を有していたことを指して、近代税制としての「後進性」を評価されることも多かった。こうした指摘や評価には確かに妥当する部分がある。しかし、より長期的な変化を重視する歴史的な視点に立ち、近世から近代への地域社会の変容過程をたどっていけば、別の評価もできよう。すわなち、戸数割税のような方法は、石高制の枠組みでは捕捉することの困難な非農業部門の民富に対して、一定の合理性と実効性を有した賦課・徴収のしくみでもあったのである。

いずれにせよ、近世後期の在方町では、非農業経済の成長と石高制との矛盾が先鋭的に立ち現れ、それゆえに、かかる矛盾を解消する新たな行財政のしくみが模索され形成されていった。そうした幕藩制支配の機能不全に対処しうる近代移行期の社会秩序がいち早く生成される場として、在方町を位置づけることができるのではないだろうか。

〔参考文献〕

池田市史編纂委員会編『新修池田市史』第二巻近世編、池田市、一九九九年
井出　努「江州草津宿における村政機構と「町」共同体」『仏教大学大学院紀要』二七、一九九九年
乾　宏巳『近世都市住民の研究』清文堂出版、二〇〇三年
春日部市教育委員会市史編さん室編『春日部市史』第三巻近世史料編Ⅱ、春日部市、一九八〇年
加藤明恵「近世中後期在郷町運営における金融と領主財政」『ヒストリア』二九五、二〇二二年
酒井一輔「近世後期の町場における宅地化と行財政運営の変容」『歴史と経済』二三六、二〇一七年

酒井一輔「近世後期関東在方町における町規約と構成員」『史学雑誌』一二三—三、二〇一四年
菅原憲二「近世村落と村入用」『日本史研究』一九九、一九九七年
T・Cスミス「前近代経済成長」『増補版日本社会における伝統と創造』ミネルヴァ書房、二〇〇二年
高橋美由紀『在郷町の歴史人口学』ミネルヴァ書房、二〇〇五年
谷本雅之「在来経済・産業の発展」『岩波講座日本歴史14　近世5』岩波書店、二〇一五年
津田秀夫「幕末・維新期の近郊農村の性格」『幕末社会の研究』柏書房、一九七七年
中西　聡『日本経済の歴史』名古屋大学出版会、二〇一三年
深井甚三「宿と町」高橋康夫・吉田伸之編『日本都市史入門Ⅱ　町』東京大学出版会、一九九〇年
深谷克己『百姓成立』塙書房、一九九三年
曲田浩和「尾張国知多郡下半田村にみる村内百姓の経済力と村入用の負担割合」日本福祉大学知多半島総合研究所編『知多半島の歴史と現在』一六、二〇一二年
松下万里子「畿内在郷町における町政機構」梅溪昇教授退官記念論文集刊行会編『日本近代の成立と展開』思文閣出版、一九八四年
松本充弘「近世中後期における陣屋元在郷町と譜代藩政の動向」『ヒストリア』二八九、二〇二一年
渡辺浩一『近世日本の都市と民衆』吉川弘文館、一九九九年

第7章

災害と都市社会

渡辺浩一

はじめに

私たちは連続複合災害の時代を生きている。二〇一一年（平成二十三）の東日本大震災以来、二〇一六年熊本地震・二〇一八年西日本豪雨・二〇一九年台風一九号さらに新型コロナ・パンデミックと続いてきた。災害が社会に与える影響を考えたいのであれば、単種・単独の災害による直接的な被害だけを分析してもあまり意味がないことは、現在を生きる私たちにとっては自明のことであろう。

そこで本章では、近世のおそらくは数多あったであろう連続複合災害のうち、江戸の安政期（一八五四〜六〇）連続複合災害を取り上げる。安政期の江戸は、安政元年（一八五四）十二月二十八日の大火、同二年十月二日の大地震、同三年八月二十五日の東日本台風による高潮と暴風、同五年七月末から九月にかけてのコレラ大流行、同五年十一月十五日の大火と連続して大きな災害に見舞われた。大地震による建物の弱体化が翌年の暴風による倒壊を招いた例もあることから、原因の複合性も指摘できる。

本章で江戸のような巨大都市を対象とする理由は、災害から近世社会全体を見通したいからである。近世社会は中世と比較すると大規模な自然改造を伴って成立しており、都市も農村も人為的自然となっている。自然と人工を対立させる世界観を乗り越えていくためには、一見自然と対極にみえる都市を対象とすることが戦略の一つとなる。

　こうした観点からすると、災害を叙述する場合、自然の状態や現象も分析の要素に組み込まなければならないことに必然的になる。歴史は人間のみで進行するのではなく、自然との連関構造のなかで進行すると考えられるからである。ここでは災害を迎える江戸が立つ大地の様態（人為的自然）、地震や台風をめぐる基礎的知識を叙述に織り込む。

　災害を迎える人間社会の捉え方についても、災害の有無にかかわらず人が死なないで生きていくための条件とは何かという関心からは、人と人との関係、つまり社会的ネットワークをより多く掘り起こし、それらがどのような構造的な関係になっているのかという点が重要である。

　なお、これまでの研究に言及しておく。安政期連続複合災害の分析に本格的に取り組んだ先行研究は存在しないが、すでにこのことは気づかれている。安政大地震の研究では、北原糸子が安政期の町方人口の減少を指摘した。また、「安政度地震大風之記」という史料を説明するなかで、安政大地震と安政台風が一体の災害として認識されたことも指摘している（北原糸子『地震の社会史』）。さらに、上水道などのインフラ復旧などを検証した結果、翌年の台風被害、さらに開港による社会的混乱のために、復興への道筋が掴みにくいと述べている（内閣府中央防災会議編『一八五五安政江戸地震』）。一方、吉田伸之は、浅草寺《せんそうじ》寺院社会の復興を分析する際に、地震と台風の連続被害を指摘している。

　災害史研究ではないが、従来の安政期大地震後の江戸社会の捉え方として「地震から立ち直った江戸」といった表現がみられる（富澤達三『錦絵のちから』）。しかし、如上の災害史研究での部分的な指摘をみただけでも、安政期の江戸が地震から復興していたかどうかは甚だ疑問である。「災害からは復興するもの」という固定観念が私たちには潜在的にあり、そうした「復興パラダイム」の相対化も私たちの未来にとっては必要であろう。

　本論に入る前に、近世後期のなかでの安政期の位置づけについて考えてみたい。そのために、江戸《えど》町会所《まちかいしょ》の臨時救済を概観する（吉田伸之『近世巨大都市の社会構造』）。天明連続複合災害期（一七八一〜八九）には、まだ町会所がなかったため大規模な救済を行うことができなかった。しかし、天保飢饉期（天保四〜七年〈一八三三〜一八三六〉）になると町会所は大規模な臨時救済を繰り返した。さらに安政期には大地震とコレラの際に大規模な臨時救済が実施されている。安政期は、天明期・天保飢饉期に匹敵する時期であることがわかる。

次に、江戸の火災研究の成果からは、焼失面積五〇〇平方メートル以上の火災は、天明期と安政期に多いことがわかっている（西田幸夫『考証江戸の火災は被害が少なかったのか？』）。天保期（一八三〇〜四四）がさほど多くない理由は今のところ不明であるが、飢饉期には放火が増えるという指摘がある（菊池勇夫『非常非命の歴史学』）。火災件数は冬季の乾燥した北西風や春の嵐といった自然条件だけではなく社会性も反映しているとみるべきである。

以上の検討から、安政期は、飢饉期ではないが天明期・天保期と並ぶ都市社会の危機的時期であると判断される。

1 連続複合災害による多重被害状況

本節では、表7-1によって、地震・風水害・コレラの名主番組別被害状況から、江戸町人地のなかのとくにどの地域が繰り返し被害に遭ったのかを分析する。図7-1の地図も併せて参照されたい。

安政大地震

安政大地震は、東京湾北部を震源とするマグニチュード七・〇〜七・一の直下型地震であり、江戸の震度は五〜六であった（内閣府中央防災会議編『一八五五安政江戸大地震』）。

「一八五五年地震死者」「左比率」および「一八五五年地震潰家」「左比率」をご覧いただきたい。比率は一八二八年人口を分母とした比率であるため死亡率ではないが、地区間を比較する材料としては使えるだろう。死者数は十七番組（深《ふか》川《がわ》）、三番組（浅草）、吉原《よしわら》が多い。しかし比率がもっとも高いのは判明する限りでは十八番組（柳島《やなぎしま》）の六・七％であり、十七番組（深川）を上回る。したがって、町人地で人的被害が激しかったのは、深川・柳島・浅草・吉原の四つの地区と把握できるだろう。建物の被害もほぼ同様の傾向を示す。絶対数が多いのは深川と柳島、それに本所《ほんじょ》と本郷《ほんごう》が続く。潰家比率では柳島が九三・六％とやや信じがたい高率となる。武家地では、西丸下の東側にある大名小路の被害が著しく、上述の町人地も含め、地震被害の甚大さはその地区の沖積層《ちゆうせきそう》の厚さであることがすでに指摘されている（松田磐余「江戸の地盤と安政地震」）。

表7―1にはないが、地震に伴う類焼も確認しておきたい。「安政地震焼失図」（『新収日本地震史料』五巻〈別巻二―一〉）を見ると、五番組（京橋北）に面的に広く類焼した場所がある。ここは中世の江戸前島の上にあり地震被害は少ないが地震を原因とする火災で大きな物的被害をうけたことがわかる。そのほか町人地で類焼場所があるのは、三番組（浅草）・十一番組（下谷《したや》ほか）・十七番組（深川）である。深川と浅草の「潰家数」には類焼家数が含まれていないと仮定すれば、この二つの地区は地震による倒壊後、さらに火災によっても大きな被害が出たことになる。

安政東日本台風

この台風は遠州付近から上陸し、そのあと北北東方向に進んだ（平野淳平・財城真寿美「一八五八（安政三）年東日本台風経路の復元」）。東海・関東甲信越・南東北という広範囲にわたって被害をもたらした台風であったと思われる。台風は中心に向かって反時計回りに強風が吹き込み、かつ台風の右側は風速に台風自体の進行速度が加わるためより強風となる（危険半円）。このため江戸は暴風に襲われるばかりでなく、内湾では気圧低下による海面の吸い上げ効果と、南からの暴風による海岸への吹き寄せ効果が相乗して平常海面より約三・八メートル高い高潮が発生した（石神裕之「自然改造の結果としての都市空間・江戸」）。

表7―1の分析に移る。死者が地震に比べて著しく少ない点が特徴である。そのかわり、損壊家数は大地震にはるかに

及ばないものの五九六三とかなりの数字になっている。地震よりも台風の方が、潰家数が多い地区もある。「潰家」数が多いのは十七番組（深川）、九番組（三田《みた》）、十三番組（神田《かんだ》）の順であり、比率としても同様である。深川と三田は両地区とも海に面しているため、高潮と暴風の両方の被害をうけたのであろう。芝《しば》地区（八番組）は海に面しているが海岸沿いはすべて大名屋敷であり、町人地はその西側になるから被害が少ない。

このときの三田地区の海岸沿いの状況を、近代化のなかで活躍した建設業者である平野弥十郎は、以下のように回想し

左比率（%）	1855年地震倒壊家屋・土蔵（軒／棟）	左比率（%）	1856年　台風「潰家」（軒／棟）	左比率（%）
	156		124	
	303		70	
1.2	1088	9.2	289	2.5
	52		31	
	74		162	
	11		70	
	182		330	
2.5	557	7.4	125	1.9
1.4	125	1.1	814	8.1
1.0	29	0.7	203	5.0
	186		151	
	72	1.3	67	1.3
	1663	15.4	699	7.1
	762		331	
	376		301	
	2423		187	
1.4	5688	42.2	1405	12.1
0.2	3437	93.6	253	6.9
	5		43	
0.7	5		184	6.1
	255	0.1	40	
	18		29	
	6		55	
	17,477		5963	

数合計は 12,492 人，死亡率 2.2%.
者・「潰家」はマシュー・デービス編『近世都市の常態と非常

表７-１　安政地震，台風，コレラの名主番組別比較

	1828年家数（戸）	1828年人口（人）	1855年地震死者（人）	左比率（%）	1856年台風死者（人）	1858年コレラ死者（人）
①日本橋北			96		0	459
②堺町ほか			86		5	603
③浅草	11,436	45,744	578	1.9	4	551
④日本橋南			17		0	444
⑤京橋北			29		0	720
⑥京橋南			5		0	669
⑦八丁堀			69		12	1505
⑧芝	6,674	26,696	81	0.5	6	672
⑨三田	10,036	40,144	18	0.1	0	582
⑩麻布谷町ほか	4,028	16,112	10	0.2	0	155
⑪下谷ほか			75		7	337
⑫外神田ほか	5,264	21,056	24	0.2	3	374
⑬神田	9,893	39,572	366	1.4	7	414
⑭本郷ほか			30		0	173
⑮小日向・四谷			63		4	474
⑯本所			384		0	104
⑰深川	11,611	46,444	1,186	4	13	671
⑱柳島	3,649	14,596	474	6.7	0	23
⑲麻布善福寺門前ほか			0		0	46
⑳雑司ヶ谷	3,012	12,048	5	0.1	1	83
㉑浅草安倍川町ほか			65		0	86
品川			6		0	41
古原			630		0	28
合計（計算値）			4,293		62	9,345
町方全体の合計	140,902	564,623				

・○内の数字は名主番組を示す。例えば①が一番組を示す。
・町方全体の合計家数・人口は文政２年．コレラ死者数は８月20日までの数，コレラ町方死者
・典拠：1828年家数・人口，地震死者，倒壊家屋・土蔵は北原糸子『地震の社会史』．台風死
態』．コレラ死者は三井文庫135「聞書」．

ている（『平野弥十郎幕末・維新日記』）。場所は芝田《しばた》町《まち》である。

八月二十五日の夜、江戸は大嵐となり、我が居宅は海岸にあるため、殊《こと》に風が吹き当るため、最初のうちは海に面した庭の方の縁側の雨戸へ畳をたて掛け、八方を防いだが、暴風雨が益々強くなり、遂に雨戸を吹き破り、戸は残らず木の葉の如くに飛び散ると同時に、屋根も残らず吹きめくり、すさまじい勢いであった。……海は震動して今にも津

図 19 をもとに作成）

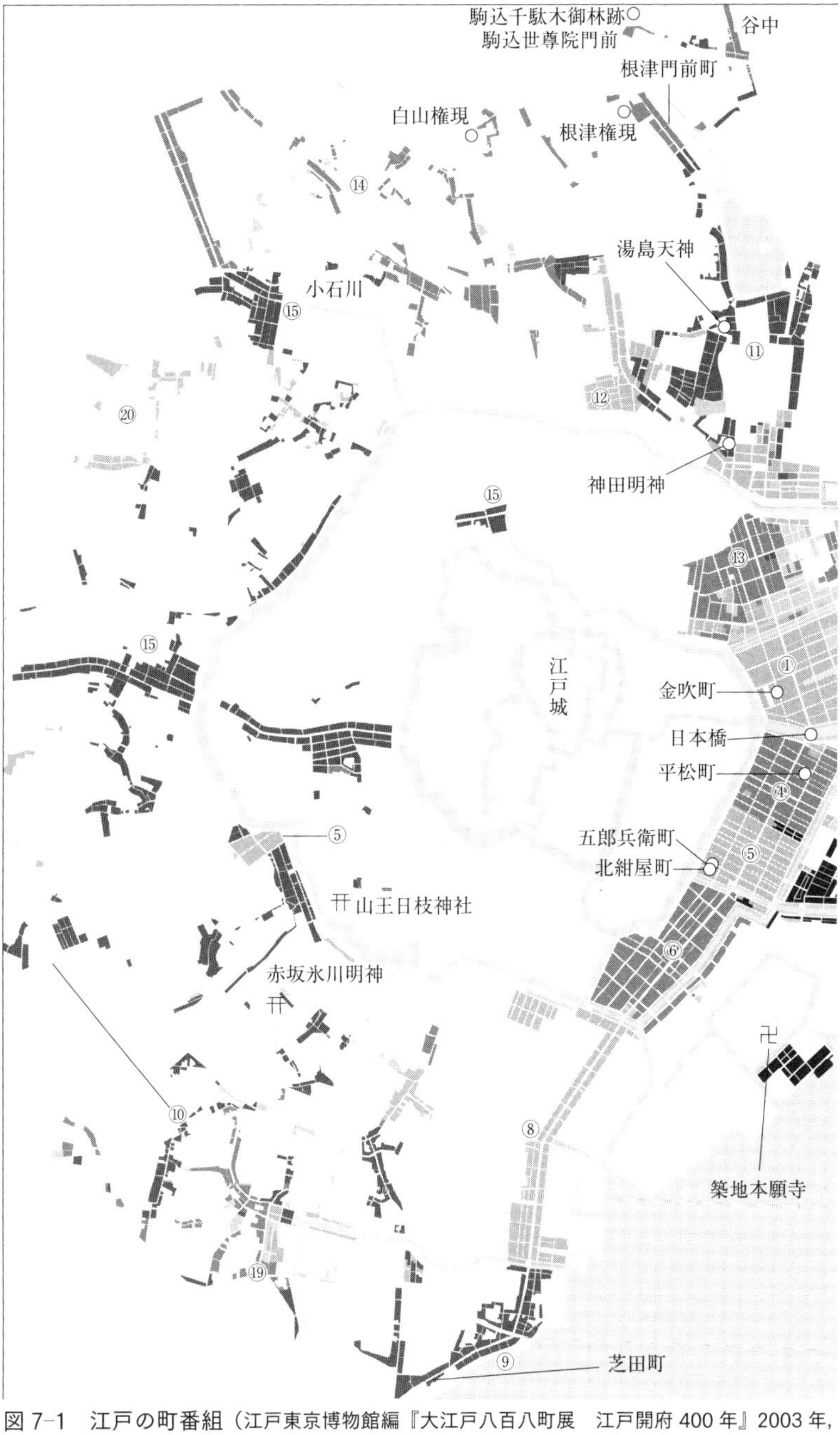

図7-1　江戸の町番組（江戸東京博物館編『大江戸八百八町展　江戸開府400年』2003年，

波の来るような有様であり、高浪が庭先の石垣に打ち付けるごとに家は動き、実に物凄い状況であったが、明け方になって止んだ。

高潮の衝撃で地震が連続しているような状態であったことが描写されている。海に面していない地区は高潮の被害をうけないから、その分「潰家」数は少なくなる。神田地域の「潰家」数が多い理由は今のところ不明である。沖積層が厚い場所ではあるので、大地震で弱った建物が暴風によって多数倒壊したのかもしれない。

安政コレラ

これは、一九世紀第三次コレラ・パンデミックの一部として日本全国で流行した。江戸では安政五年（一八五八）七月末から死者が増え始め、八月中旬にピークに達し、九月末にはほぼ収束するという経過をたどる。町人地の死者数は一万二四九二人、江戸全体では三万から四万人と推定されている（山本俊一『日本コレラ史』）。

表7-1のコレラ死者数は、すべてではない。八月二十日までの数字である。この点に注意して以下みていきたい。七番組（八丁堀《はっちょうぼり》）が一五〇五人と突出して多く、五番組（京橋北）・六番組（京橋南）・二番組（堺町ほか）といった町人地中心部、海岸沿いの八番組（芝）と十七番組（深川）が六〇〇〜七〇〇人台である。コレラ死者は船頭や船関係の者が多く、流行が海沿いから始まったとする町名主の記述と合致している（『江戸町触集成』一六一六〇）。また、深川のコレラ死者数はこの表では六七一人とさほど多くはないが、表に盛り込むことはできなかった数字として、八月上旬の一〇日間では一二二人であったが、次の一〇日間では五四九人と急増している。この変化は、深川はあとから流行が激しくなるとする仙台藩士の息子桜田敬助《さくらだけいすけ》の書状（九月二十日付、「斎美館漫筆」仙台市立博物館所蔵）の記述と一致しており、九月末までには深川が最も多い死者数になっていた可能性がある。

二回の大火

上記三つだけだと深川の三重被害が目立つことになるが、二度の大火もみておきたい。安政元年（一八五四）十二月二十八日の大火では、一番組（日本橋北）の西半分一〇一ヵ町が類焼した。安政五年十一月十五日の大火は、一番組のほぼ全域、さらに四番組（日本橋南）の大半と、かなり広域におよび、合計二五〇ヵ町が類焼した（いずれも播磨屋中井家日記〈国文学研究資料館歴史資料〉に貼付のかわら版、吉原健一郎「江戸火災年表」）。町人地の中心部は中世の江戸前島を中心とした比較的沖積層が薄い、安定した地盤の上にあり、また海にも面していないため高潮も来ない。コレラの初期の流行地にもならない。しかし、地震・高潮・コレラを免れても、中心部も大火により繰り返し被害をうけていたことが判明する。

以上の検討から、災害の地域社会への影響を考える際には、従来の研究のように災害種別ごとに細分化された研究を行なっているだけでは不十分であることが明確となった。

2 「震災風損」不況

今度は数字ではなく文章の史料を根拠に、江戸市中がこの時期、連続複合災害を契機として長い不況に陥っていたことを示す。

商売不振

安政大地震のあと、まだ安政東日本台風の被害にも遭っていない安政三年（一八五六）七月、「去冬の地震以来商ができず、町方の奉公人が日雇いに出ざるをえなくなっている」と町触《まちぶれ》は描写する（『江戸町触集成』一五八五七）。最初の大災害から十ヵ月後になってもまだ商況が悪かったようである。これはかなり長期化したとみられる。白木屋大村家「古今覚帳」（国文学研究資料館写真版）の安政五年（一八五八）十一月二十日の項には、十五日の大火で類焼した本店の仮店を平松町に出しているけれども、近年は「世上」が難しくなり横丁では商売ができないため、表通りの通町北角に店を作った、とある。平松町には通一丁目東側の日本橋本店から地続きの土地があった（岩淵令治「近世中・後期江戸の「家守の町中」の実像」)。それを利用したものと思われる。ここは通二丁目と三丁目の境から東に入った通りで確かに横丁であり、町人地中心部でも少し立地が悪いだけで商売が成り立たない状況がコレラ後も続いていたことがわかる。

コレラによる影響は、以下の史料にみることができる。前出の桜田敬助は、「町人地では、一家全員死亡したり、乳児しか生き残らなかったりした家もある。老人を除く家族が死亡する場合もある。そのなかには金銭を貯蓄する者も死に絶え、それを財産にしようとする者もいる。そのため、空き家が増え古い家財が沢山になり、目も当てられない景気になっている」という(九月二十一日付書状)。このように、致死率も死亡率も高い感染症流行によって、江戸の都市経済はまたも大きな打撃を受けたのである。

金銀不融通と地価の低下

商業の不振は金融にも影響する。前節で説明した五つの災害のすべてを経験した直後、二人の町奉行は以下のような認識を示す(「雑件録」一、旧幕府引継書〈国立国会図書館永久寄託〉)。安政五年(一八五八)十一月二十三日に両町奉行より老中太田資始《おおたすけもと》あてに提出された市中潤沢政策の提案書のなかで、近年は金融が滞りがちであったところに、とくに「地震風損あるいは火災等の患い」つまり安政大地震、安政東日本台風さらに大火などの被害があったため、町人の多くは落ちぶれ、なかには退転する者も少なくない、現在はとても金融が逼塞している、と述べている。

類似の町奉行の認識は安政六年正月にも示される(同前)。両町奉行より吉原以外の遊女稼ぎ許可につき上申書では、近年大名たちは幕府から海外防備を命ぜられ、出費が多くなったところに「天変地妖」すなわち台風と地震が重なり、債権者である町人たちへ返済できないため、武士も町人も金融関係がうまくいっていない状態にある、という。

これに対応する町人の側の認識も同じであることを、播磨屋中井家日記の安政七年四月十四日条は示している。一橋家《ひとつばしけ》から御用金一〇〇〇両を命ぜられたことに対し、中井家は「私たちも天災が続き、類焼のため所有地の長屋や土蔵の再建もいまだに行届かない。そのうえ江戸市中は金融が滞っている」ということを理由に免除を願い出た。一〇家以上の大名に金融を行なっているような大きな両替商《りょうがえしょう》ですら、自己の所有地の土蔵や長屋の再建が思うようにはいかない状況であったようである。

商売が全体的に不振であり、金融も滞りがちの状態であれば、当然町人地の地価も下がることになる。安政四年（一八五七）五月、町奉行より老中あて御肴納屋敷地買下げにつき伺書（「市中取締続類集」一九九）のなかでは、「現在町々の地所の取引は活発ではなく、地価は二割以上下がっている」と述べられている。

天下祭の縮小開催

安政期に天下祭《てんかまつり》は縮小開催されていた。山王日枝《さんのうひえ》神社と神田明神《かんだみょうじん》の祭礼の山車《だし》行列は江戸城内に入り将軍その他の叡覧に浴するという意味で天下祭といわれた。山車行列には、附祭《つけまつり》（踊屋台・地走り・練物）のほか、御雇の太神楽《だいかぐら》・こま廻しも付随していた。文政期（一八一八〜一八二九）に最も盛大化していた天下祭は、天保改革（天保十二〜十四年〈一八四一〜四三〉）の規制により附祭は三組に制限され、その規制は安政期も継続していた。氏子町《うじこちょう》はそれぞれに山車を出すとともに、そのなかの当番町が交代で附祭を担当した（岸川雅範『江戸天下祭の研究』）。

安政二年（一八五五）の神田祭において、山車行列や附祭は江戸城内に入らなかった。その理由は、天保改革以来の華美な祭礼を規制する枠組みがあったことと、前年十二月の大火で氏子町の多くが類焼したためと私は推測している。安政三年・同五年の山王祭と同四年神田祭では附祭全体が休止となった。これらの経緯については別稿（渡辺浩一「安政期連続複合災害期の江戸と天下祭」）を参照していただき、ここでは氏子町の状況をみることにとどめる。

安政三年二月十六日、山王祭礼附祭年番町である五郎兵衛町と北紺屋町《きたこんやちょう》の月行事《がちぎょうじ》は町年寄舘御役所あてに、次のような願書を提出した。安政二年二月の火災と、同年十月の大地震による類焼のため、身元のよい者の土蔵も全て焼失し、表店借の者も離散し、家業が断絶した者が多い、戻ってきた住民も粗末な住居を設え、地主の資金が調達できず裏長屋の再建工事も出来ないため明地のみになっており、地主一同は難渋している、と災害後三ヵ月時点の状況を説明する。そのうえで、これを埋由に附祭を差し出すことを免除してほしいと願い出ている。先にみた「安政地震焼失図」からは、五郎兵衛町は確かに類焼していることがわかる。

安政三年四月二十六日には、附祭当番町である高砂町《たかさごちょう》ほか六ヵ町から、「安政二年十月の大地震とそれに伴う火災により類焼した住居と土蔵が六ヵ月経過してもいまだに修復が完成せず、町々の地主たちは難渋している。そのため私たちは町内から差し出す附祭を今年は休み、再来年に附祭世話番を勤めたい」と願い出た。さらに、そうすれば町入用《まちにゅうよう》の減少にもなるという。ほぼ同文の願書が平松町外六ヵ町および五郎兵衛町外一ヵ町からもそれぞれ提出された。

安政四年七月にも附祭世話番町々の休年願が提出された。「去々卯年地震ならびに去辰年大風雨後」つまり安政大地震と安政東日本台風で被災したのち、家作や土蔵の修復も行届いていないとし、そのようにすれば町入用を格別に減らすことができるので地主たちは助かるという。安政三年八月二十五日の台風から一年後のことであるから、附祭休年の理由に、地震のほか「大風雨」すなわち台風被害が加わっている。老中と町奉行は、踊屋台と地走りだけ休止の意向であったが、祭礼当番町々の意向で附祭全体が休止となった。

安政五年の場合は、当初町奉行は江戸の景気回復を意図して附祭の復活を企図したが、当番町からの要望で附祭は休止となった。もっとも、このときの要望は微妙であり、将軍の上覧がないのであれば附祭を休みにしてほしいという内容である。「震災風損」からの復興はまだ半ばであるので、栄誉を得られるのであれば附祭を行なうという限定付きの実行意志の表明といえようか。しかし、結果として附祭は行なわれなかった（渡辺浩一「安政期連続複合災害期の江戸と天下祭」）。

天下祭以外の動向

天下祭以外では、赤坂氷川明神《あかさかひかわみょうじん》祭礼がやはり縮小開催されている。安政四年（一八五七）閏五月に「全く震災等にて町々は難儀し、町入用省略のため当年に限り附祭を一つ減らすこととし、安政六年（一八五九）より元に復す」旨を名主たちは申し立て、これを市中取締掛が是認した（「市中取締続類集」一三二、旧幕府引継文書）。これは、同年同月の「赤坂氷川明神祭礼附祭数減らしにつき評議書」（「市中取締書留」一三五、同前）のなかでは「去々卯年地震ならびに去辰年大風雨のため町家の破損が少なくないので、なるべく町入用を省略し一同和融の上、祭礼の番附帳を取り決める」とあるので、実際にそうなったことがわかる。大地震と台風を理由として、氷川明神祭礼の付祭りを定例の三つから二つに減らしている。つまり、天下祭と同様の理由で縮小していることが判明する。また、その効果が町入用の減少としている点も、天下祭と同様である。赤坂氷川明神は吉宗《よしむね》以来将軍家との関係が深く、天下祭に準ずる（滝口正哉『江戸の祭礼と寺社文化』）ため、天下祭と同様の扱いになったものと思われる。

もっとも、『武江年表』は、上記三つの祭礼以外の祭礼——湯島天神《ゆしまてんじん》・大久保西向天神・谷中諏訪明神《やなかすわみょうじん》・牛御前《うしごぜん》・根津《ねづ》権現《ごんげん》・白山《はくさん》権現・小石川《こいしかわ》明神——は盛大に行なわれたとする。実際に、『斎藤月岑日記《さいとうげっしんにっき》』安政四年十月十一日条からは、湯島天神祭礼は山車と練物が二〇年ぶりに復活していることがわかる。しかし、根津権現に関しては、文久二年（一八六二）の根津権現神主からの神輿渡御執行願書（「市中取締続類集」一三三）には、天保改革で門前町取払い以後神輿行列を行なわず「休祭」であったとあるので、安政四年に盛大に行なわれたということはあり得ない。すなわち、『武江年表』の記述は全面的には信用できないということになるが、逆に湯島天神のように一次史料によって確認できる記述もある。ただ、それ以前に、この七つの神社は、個々の説明は省くが、安政期連続複合災害で大きな被害を受けていない地区、ないしその近傍に存在している。氏子町の被災の軽重が、祭礼を縮小する天下祭などと、盛大に行なう神社とに分けたという部分もあるのだろう。

したがって天下祭などの縮小開催は、江戸町方中心部分における「震災風損」不況を表現しているといえるだろう。

「震災風損」不況

以上のように、安政期連続複合災害によって江戸は長期の不況に陥っていた。本章ではこれを「震災風損」不況と呼びたい。「震災風損」という表現は町触でも使用され（『江戸町触集成』一六一八四）、中井家のような豪商の手代も用いる（播磨屋中井家日記、安政四年六月十八日条・万延元年五月十三日条）。この表現自体は地震と台風のみを指しているのではあるが、本章では、コレラや大火による被害も含めた状況を象徴的に表す表現として「震災風損」不況という表現を採用した。

なお、従来の研究では、安政大地震後に復興景気があったとしているものがある。しかし、私は復興（景気）の恩恵は一部にとどまっていたと考える。富澤達三『錦絵のちから』では復興景気が鯰《なまず》を善として描く鯰絵を生み出したとする。「地震から立ち直った江戸」という表現までみられる。しかし、富澤が「にわか復興景気」とも表現している通り、もう少し長い期間で状況をとらえようとすると話は少し変わってくるのではないか。土木・建築関係の職人や人足などは恩恵があった可能性は大きいが、建築資材価格や職人・人足賃銀の高騰は幕府が抑制しようとしても不可能であり、その状況はむしろ復旧を遅らせている。さらに価格・賃金統制は安政大地震後と安政東日本台風後には非常に厳しく行われており、大量の捕縛者を出し、厳しい処罰も実行されている（播磨屋中井家日記、安政三年九月六日条）。職人たちにとっても復興景気は全面的に恩恵ではなかった。

なお、近世後期における林業の著しい商業化により幕末には山林荒廃が著しかった可能性があり、大災害が起きて短期的に材木需要が急増すると、材木の高騰を超えて資材不足になる（渡辺浩一『近世都市〈江戸〉の水害』Ⅱ部2章参照）。これにより復旧が進まない状況が現出していた。嘉永三年（一八五〇）二月六日の大火を受けて出された板材木を適正価格で販売することを求める触のなかでは「板材木竹類は最近山方からの出方が減り、売買品が払底している」との願いが「材木屋共」から出ていたところに大火があり、材木高騰を見込んで材木伐り出しを控えている状況があるとの認識が示されている（『江戸町触集成』一五〇四一）。安政大地震十日後の町触でも「材木類払底」との風聞があると述べている（同前一五七二四）。安政東日本台風後の町触も材木が順調に供給されていない状況を描写している（同前一五九〇四）。前述した播磨屋中井家の所有地の建物再建が遅れているのも、材木高騰以前の資材不足という問題があったからではないだろうか。復旧を阻害する社会的背景や自然と人間との関係は、広域的かつ非常に構造的な問題としてこれから解明していく必要があるだろう。

3　それぞれの安政期

両替商播磨屋中井家

播磨屋中井家は、本両替仲間のメンバーであり、幕府の御為替御用を勤める。この時期には一〇家以上の大名に融資している豪商である。奉公人は手代だけでも三八人もおり、近世都市史研究の分野では「大店《おおだな》」と呼ばれる部類に属する。また、中井家の本店・居宅が所在する金吹町《かねふきちょう》（現在の日本銀行本店付近）は山王日枝神社の氏子町である。安政元年（一八五四）の山王祭礼では中井家は山車の当番として活動している。

安政元年大火の類焼範囲に金吹町は含まれており、店舗と土蔵は無事であったが居宅が類焼した。そのため、家族は深川木場《きば》の別荘に居住することとなった。類焼見舞が約一六〇件到来し、さらに上方からも約七〇件の見舞が到来した（「中井家日記」十二月二十八日条）。居宅が類焼したことは中井家の年中行事などに大きく影響した。しかし、店舗や土蔵が類焼したのではないため、通常の営業は継続している。

そのためか、類焼から四ヵ月後の安政二年（一八五五）四月十八日、居宅普請のうち台所向きの建前が行なわれ、その後九月十五日条には居宅普請があらかた出来、木場より金吹町に引移ったとの記述がある。類焼から九ヵ月後のことである。これは、附祭休止願に記される氏子町一般の状況と比べるとかなり早い復旧と思われる。

深川から本店居宅へ移って十六日後の安政二年十月二日に大地震が起きる。本店と居宅は無事であった。一節で述べたように金吹町は一番組に属し、沖積層が薄い地区であったために相対的に被害が少なかった地域である。しかし、深川の別荘が激しい被害をうけた。地震当日の日記には「本所・深川辺りは殊のほか大震で、一瞬にして家々が七、八割程も倒れ、即死・怪我人数はわからない、木場の中井家別荘も他と同様に潰れ、御新造はじめ容易ならざる御怪我をされた。これによってまたまた大当惑している」とあり、この段階ではまだ妻子は大怪我という情報である。当主妻子は金吹町居宅へ転居した直後で、たまたま片付けに来ていたため、深川で被災してしまったのである。

しかし十月八日条には、「成証信女・縁教童子・貞願信女初七日」とある。八日に初七日を行なっていることから、当主の妻と子供二人（法名からすれば少年と成人女性）は最初は大怪我であったが、地震当日のうちに死亡したものと思われる。表7-1でみた震災による町方の死者四二九三人、一番組の死者九六人のなかの具体例がこの三人である。

一方、中井家は震災対応として十月二十七・二十八日に以下のような施行を行った。居町つまり金吹町の家主・店借・書役・番人・抱人足へ、さらに江戸中に散在する所有地三三ヵ所の家主・地借・店借に米金を支給した。さらに所有地の地代・店賃については、金吹町は二ヵ月分を、その他の町々については一ヵ月分を免除した。また、類焼場所の家主・怪我人等へは心付けを出した。これらの合計金額は三五八両余に及んだという（十一月六日・十二月十日条）。中井家の地縁的関係、土地経営関係という、中井家を中心とした求心的なネットワークに沿って施行が行われている。このような様相はすでに越後《えちご》屋《や》三井《みつい》家《け》の飢饉期の事例で詳細に明らかにされている（吉田伸之『近世巨大都市の社会構造』）。

安政三年（一八五六）八月二十五日の東日本台風では、本店と居宅は無事であった。高砂町は高潮被害と無関係の地区である。深川木場の家守宅は床上浸水したが、大きな建物被害は日記にはとくに記されていない。

一節では説明しなかったが、安政四年（一八五七）正月には江戸では風邪が流行した。そのため、店の若者と子供が合計十三人寝込み、その他の奉公人もほとんどが風邪を引いて引き籠ったという（日記同月二十八日条）。このようにこの日記は流行病について記述する。しかし、安政五年（一八五八）七月末から九月にかけて大流行したコレラについては、取引先と思われる人物の死亡記事九件とその葬式への手代の参列の記事はあるものの、家族や奉公人の病気ないし死亡の記事が日記にはない。播磨屋中井家ではコレラによる死者はなく、罹患者もなかったと推測している。

安政五年十一月十五日大火でも、居宅が類焼した。店・土蔵は無事であった。火事見舞は一七八件に加え、上方より二五件あった。この事態への対応は以下の通りである。十一月十八日に奥御家内は新川《しんかわ》酒店（霊岸島《れいがんじま》四日市町《よっかいちまち》にある中井家の別家近江屋吉右衛門、下り酒問屋株の名義人）に逗留し、その後家族が居住する場所として茅場町《かやばちょう》に家作を購入した。十二月七日には茅場町の仮住居が出来たので引き移った。手伝い人が多く群集状態になったという。

類焼した居宅の方は、安政六年正月七日に釿《ちょうな》初め、二月十日に建前、四月二十五日に茅場町仮住居より本宅へ引移りと、五ヵ月と少しで復旧を成し遂げている。これは大地震のときよりも早い復旧である。このあとも文久四年（一八六四）二月三日に居宅が類焼したが、同年（元治元年）八月十一日には居宅普請があらかた出来、深川別荘より旦那様・長三郎様が引き移った。これも六ヵ月足らずで復旧できている。

こうしてみると、播磨屋中井家の場合は、深川の別荘は地震や高潮で被害を繰り返しうけたことに対し、本店は立地がよいという人為的自然条件もあいまって被害はそれほど大きくない。それよりも二度の大火と一度の火災で居宅が類焼している。わずか一〇年間で三度焼けたため、再建に要した費用は少なくなかったであろう。しかし、両替商としての豊かな財力と火事見舞に象徴的に表れる社会関係資本（渡辺浩一『近世都市〈江戸〉の水害』Ⅱ部2章）を背景に順調な復旧を遂げているといえるだろう。コレラによる人的被害も記録されていない。とはいえ、震災による当主妻子の死亡は精神的には大きな打撃であったと思われる。それだけでなく、この死亡は前年末の大火に起因しており、個別事例としての原因の複合をここにみることができる。

呉服商白木屋大村家

元禄期（一六八八～一七〇四）以来の呉服商である。享保期（一七一六～三六）以後に経営規模を拡大し、日本橋店（江戸本店）以下、江戸のなかに四つの店舗を開業した。奉公人数は、天明期（一七八一～八九）には日本橋店だけで一九〇人近くとなった。豪商といってよい。しかし、一九世紀に入ると営業状態は悪化し、京都本店の借財も莫大となり、奉公人からの別家も減少したという（林玲子『江戸問屋仲間の研究』）。

安政元年（一八五四）十二月の大火では、本店は無事だったが、室町京屋店は類焼した。ただし、「古今覚帳」（国文学研究資料館写真帳）にはこの復旧記事見当たらない。ついで、安政二年（一八五五）十月二日の大地震により、本店の壁と瓦がすべて落下し、深川蔵屋敷は大破した後に全焼したという。冨沢町《とみざわちょう》店・室町京屋店も半潰れとなった。しかし、同月十二日には「半戸開」すなわち機能を落とした形で営業を始め、十一月には営業を本格的に再開した。

安政三年（一八五六）三月の嵐で「素建」つまり大地震から臨時的に再建していた深川長屋が倒壊した。しかし、六月に深川の台所の地鎮祭が行なわれ、七月には同じく深川の綿蔵が新築されたというから、大地震で大破後全焼した深川蔵屋敷は、再建されてきたようである。

しかし、安政三年八月の東日本台風では深川の長屋一棟が崩れた。ついで翌安政四年（一八五七）二月十日に、日本橋店の奥蔵と裏建家が焼失し、平松町の長家が半分焼け、室町京屋店も類焼した。しかし十四日より「半戸明商内」、つまり仮にではあれ営業を再開している。安政五年（一八五八）二月十六日に深川蔵屋敷の追加普請が出来たというから、大地震と台風で度重なる被害をうけてきた深川蔵屋敷の復旧は、台風後一年半ほどかかったということになろうか。同年夏の安政コレラの記事は「古今記録帳」にはない。

同じ年の秋、安政五年十一月十五日の大火では日本橋店が類焼したが、上述のようにすぐに平松町に仮店を出し、それをすぐに通丁北角に移し、十二月一日からそこで営業を続けた。翌六年六月には本普請が完成し、店開きとなっている。七ヵ月で復旧している。十二月一日条には「世間は都合が悪いけれども、御店の商売はとても都合がよい」との手代のコメントが添えられている。都市社会全体の状況と比較して順調な復旧過程に入っていると白木屋大村家自身が認識している。

以上のように、白木屋大村家も素早い営業再開と、順調な復旧の様子がみて取れる。経営状態が悪化している時期にもかかわらず、災害の連続という状況のなかでも影響が最小限にとどめられているといえるだろう。

築地本願寺本堂の再建

築地《つきじ》本願寺《ほんがんじ》（西本願寺築地別院）は、安政大地震では、地中寺院（他宗派でいう塔頭《たっちゅう》）ともにひどく破損したものの、倒壊した建物はなかった。その理由は、深川地域（図表7-1の十七番組）とは異なって、築地地区は名前の通り埋立地ではあったが、その下は埋没波食台《まいぼつはしょくだい》（後氷期に日本橋台地が海面下になり波によって浸食された平坦面）であるため、地盤は相対的には安定していたからである。

しかし、安政東日本台風では、本堂（「御堂」）が屋根の形をそのまま残して倒壊した。十ヵ月前の地震により建物が弱っていたところに、暴風が吹き荒れたためであろう。原因の複合である。この本堂再建をめぐっては、親鸞《しんらん》六〇〇回忌（文久元年〈一八六一〉）に間に合わせたい京都本山と、築地本願寺の講中、とくに勘定講との間で微妙な関係となった。播磨屋中井家を含む勘定講は、京都本山に対して「近年災害が続き不都合な時期」であるとの認識を示し、勘定講以外の十二の講中の人びとの気持ちに配慮することを求めた。

このような状況になった背景としては、遅くとも天保三年（一八三二）以降は築地本願寺の財政を勘定講が支えている構造が存在したことがある。嘉永六年（一八五三）には「京都御本山規定書」が勘定講と京都本山の間で取り結ばれていた。勘定講が築地本願寺の支出を立て替えることはそれ以前からあり、その清算が行なわれなかったことがあったため、勘定講の側が本山による監査の仕組みを要求し、本山もそれを容認したのである。この規定書では勘定講による立替え金額の上限は三〇〇両と定められていたが、それはすぐに骨抜きになっていた。そうした状況のなか、本堂が台風によって倒壊し、再建費用の調達が問題になったのである。再建費用の徴集は地中寺院や末寺を通じても行なわれたから、播磨屋中井家は一方では勘定講のメンバーとして築地本願寺の支出を立替えつつ、他方では地中寺院浄見寺《じょうけんじ》の門徒として再建奉加を納めなければならなかった。

こうして資金集めが進むなか、安政四年（一八五七）十一月九日に鍬始《おのはじ》め、つまり着工式が行なわれ、築地本願寺の境内は群集であふれかえった。万延元年（一八六〇）十一月十八日には再建工事が完成した。親鸞六〇〇回忌には間に合った。しかし、工事費用が足りなかったことは噂でも流れており、文久元年五月十八日に播磨屋中井家のところに末寺の僧侶が托鉢に来ている。築地本願寺本堂の再建は、講と末寺門徒に大きな負担を強いながらも、門徒の組織力と信仰心により実現していた（詳細は渡辺浩一「江戸における巨大寺院の復興と講中」）。

以上のように、築地本願寺の本堂は倒壊四年後に再建された。これは今までみてきた豪商の本店や居宅の復旧よりも遅い。工事規模の大きな違いもあるだろうが、寺社の再建奉加《ほうが》は、門徒や檀家《だんか》や氏子といった個々の家の生活が復旧とはいえないまでもまがりなりにも成り立っている状況が不可欠という事情もあったのではないだろうか。そのように考える理由は、次にみる椙森稲荷《すぎのもりいなり》などの復旧はもっと遅いからである。

新材木町椙森稲荷

ここでは、安政期に生起したすべての災害被害をうけた椙森稲荷を取りあげる。椙森稲荷は、名主番組で二番組の町人地のなかに存在する。天明四年（一七八四）時点で、周囲三八ヵ町と浜町の武家屋敷一九ヵ所に祭礼神輿が巡行していた。明和三年（一七六六）から寛政六年（一七九四）にかけて社殿が四回類焼し、氏子の助成だけでは再建不可能となった。そのため、寛政六年類焼以後は江戸町方勧化《かんげ》、境内での稽古相撲興行・土弓場開放などを試みた（竹ノ内雅人『江戸の神社と都市社会』）。こうした状況のもと、この神社は安政期を迎える。

まず、安政二年（一八五五）三月一日に、土蔵作りの本社、神輿蔵と末社蔵の二ヵ所、石鳥居を除く境内の建物が全て類焼した。この火災は神社の南方向にある小網町一丁目から出火し、日本橋から浅草にかけて六八ヵ町が類焼したそこそこの大火である（吉原健一郎「江戸火災年表」）。その後、氏子そのほかの信心ある者の助力によってかなり再建が進んでいた。しかし、同年十月二日の大地震では、本社蔵をはじめとする土蔵四棟が大破した。ついで、翌安政三年八月の安政東日本台風では、ますます大破した。これらの対応として、同年十月には寺社奉行に再建願を提出し、許可を得た。その後、安政五年四月十一日には神楽殿が完成していることは判明する。地震から二年八ヵ月後のことであり、許可を得てから一年半かかっている。その他の建物の再建時期は不明である。

安政五年八月から九月にかけてのコレラ流行の時期には、獅子頭《ししがしら》の巡回、天明四年以来途絶していた神輿巡行、また社宝である白狐の氏子による内拝が行なわれた。いずれも、この神社の神主が、氏子のなかの有力者からの要望をうけて氏子町や若衆と相談しながら行なわれている。この過程は神社の行事が行なわれる際の通常のプロセスである。また、神主は寺社奉行の許可という通常の手続きもとっている。つまり、神輿巡行は七五年ぶりという非常態ではあったが、プロセスは常態であった。このように、コレラへの信仰的対応に尽力した神主であったが、コレラのため実父と妻をあいついで亡くしている。

同年十一月十五日の大火では、拝殿と表門などが類焼した。このとき七ヵ月前に完成したばかりの神楽殿も焼失したと思われる。早速十二月には再建願が寺社奉行に提出され、十二月二十八日には本社の仮庇《かりびさし》が完成した。しかし、大半は類焼したままであったらしく、翌安政六年の元旦は「年越類焼」のため神楽を行なわなかった。同年二月三日の初午《はつうま》では、本社の庇が仮庇のため獅子頭が出ず、初午夜宮も「焼中」のため出店が少なかった。さらに、四月十五日の祭礼夜宮でも「焼原小屋懸」のため獅子頭が出ず、翌十六日の祭礼は神楽殿がないため神楽は休みだった。同六年七月二十七日に拝殿・表門ほかの再建許可が出た。これをうけて九月十一日には神主居宅があらましできた。しかし再建資金が続かなかったらしく、万延元年（一八六〇）閏三月、「相対配札」の許可願を提出した。寄付を募り、それに対して神社のお札を渡すことをしようとした（以上『中央区文化財調査報告書第四集　椙森神社文書』）。

このように椙森稲荷は、安政期の災害被害のすべてをうけつつもコレラへの対応に典型的にみられるように、秩序ある対応を行なっている。決して「狂乱」（高橋敏『幕末狂乱』）していない。

一方で、繰り返し被災したために、境内の建物の再建はなかなか進まない。今までみてきた豪商や築地本願寺と比べると復旧の遅さは歴然としており、浅草寺の塔頭と同様の状況である（『浅草寺日記』二十八、二十九）。巨大な寺社は別として、一般的な寺院や神社の復旧には安政期をはるかに超える時間を要したものと思われる。

一般的な商人の例

播磨屋中井家日記の安政四年（一八五七）七月十二日条からは以下のことがわかる。小網町《こあみちょう》（一番組）治左衛門は商品を加工するために下請け職人に出しており、それが地震に伴う火災で類焼したり台風で濡れたりしたために大きな損害をうけたという。さらに土蔵がこの二つの大災害により破損し、その修繕費用も大きな負担であったらしいことがうかがわれる。そのために中井に五〇両借りに来たのである。

治左衛門（別家手代かも、安政二年十二月十六日条）の商売は不明である。中井家の別家は他の例でも独立採算であったと推定されるため、小網町治左衛門が別家であったとしたら、被害が全壊や全焼でなかったにもかかわらず、連続災害による損害により単独では経営を維持できず、やむなく本家に頼ったとみてよい。別家でなかったとしたら（小網町に釜屋治左衛門というもぐさ商人あるいは鍋釜問屋もいる—『江戸商人名データ総覧』3）、何らかの関係で借金を申し込んできたのであろう。いずれにせよ一般的な商家での連続被害による経営の悪化を指摘できる。

底辺の人びと

「震災風損」を通じて長屋住まいから転落した例を紹介したい。それは古道具渡世の林蔵の家である。彼は駒込世尊院《こまごめせそんいん》門前《もんぜん》（現台東区千駄木一丁目）の店借であり、ふさと再婚した。ふさの連れ子として、いのとやすもいた。ふさは再婚後二男一女をもうけた。林蔵が病気がちで働けず暮らしに差し支えたため、やすは身売りし、身代金一八両で林蔵家は家計を維持することになった。その後、嘉永六年（一八五三）に林蔵は病死し、ふさが賃仕事をして根津門前町《ねづもんぜんちょう》に店借として住んでいた。そこに安政二年（一八五五）十月に大地震が起きて長屋が潰れ、その後は駒込千駄木御林跡《せんだぎおはやしあと》に引っ越した。翌年の大風雨（東日本台風）で長屋が潰れ、菰張《こもばり》の小屋を設えて雨露を凌いだ。ふさ一人の稼ぎでは生活が困難であったため、娘のやす事花岡が客からもらった金子《きんす》を母と弟妹に月々贈ったという。これは遊女の花岡（やす）の褒賞の申渡し（『江戸町触集成』一五九六八）であるので、史料自体は花岡を中心に書かれているが、林蔵後妻のふさと子供たちの生活を中心に書き直すと以上のようになる。

　林蔵が住んでいた駒込世尊院門前は、本郷の北方で江戸の場末にある。林蔵の死後ふさ一家が居住していた根津門前町は、世尊院門前の南東一キロ、不忍池の北方にあたり、世尊院門前よりは店賃は高そうである。やすの身代金も「寄与」したのかもしれない。しかし、そこの長屋が地震で潰れたあと転居した先は、世尊院門前の道路を挟んで向かいにあたる駒込千駄木御林跡地であり、ここは江戸のなかの百姓地である。店賃は根津門前町や世尊院門前よりも安そうであり、大災害によって居住地がより場末に移動せざるをえなかった例と捉えることができるだろう。さらに台風被害によって菰張の小屋で生活することになってしまった。この生活は、この史料が書かれた安政四年六月まで一年半は継続したとみてよい。なぜなら、長屋に転居できたのであれば、それはやすの功績として書かれるはず、そういう性格の史料であるからである。ここでは、大災害の連続による居住環境の極端な低下の例として挙げておきたい。山王日枝神社の氏子町ですら長屋の再建が難しかったのだから、ましてや場末の長屋の再建は相当に困難であったに違いない。菰張りの小屋での生活を余儀なくされた理由は家賃が払えないということもあったであろうが、そもそも長屋が再建されないという状況が生じていたという可能性も考えた方がよい。

　もっとも悲惨な個別事例は行倒れ人である（『浅草寺日記』二八）。この時期に記録された行倒れ人の数は、嘉永四（一八五一）から安政五年（一八五五）はゼロか一であったが、安政六年は大変多く六人が記録されている。そのなかで事情が詳しくわかる二例を紹介する。安政六年九月七日に浅草寺境内で発見された行倒れ人は、下谷山崎町《したややまざきちょう》一丁目茂兵衛店日雇宿金兵衛の寄子吉五郎（三〇歳位）であった。彼は日雇宿（周旋業者）のもとに同居して衣食の世話をうけながら奉公や雇いに差し出されていたと思われる（松本良太『武家奉公人と都市社会』）。しかし日雇宿を解雇され、住居も仕事も失ってしまい、解雇の三ヵ月後に行倒れて死亡してしまったのである。解雇の個別的な理由は不明であるが、背景として「震災風損」不況があったことは間違いないであろう。また、同年十二月十四日にやはり浅草寺境内で首をくっているところを発見され蘇生した男（年齢不明）は、松前の出身で、幕臣の屋敷に奉公していたけれども暇を出され、松前に戻る路銀もなく自殺を試みたという。「震災風損」不況はいったん雇用が失われると次の雇用を非常に見つけにくい状況を生み出していたことが想定される。

おわりに

江戸の都市社会には、火事見舞に典型的にみられるように、直接的な人間関係を通じて相互に援助し合い、それが人間関係のない人びとにも還流するネットワークが存在していた。そのために常態では人びとは生き抜くことが可能であった（渡辺浩一『近世都市〈江戸〉の水害』Ⅱ部2章）。このネットワークは、都市社会全体としては、豪商（「大店」）を核とした求心的ネットワークを補助する役割を果たしていると考えられる。求心的ネットワークの末端に連なる人びとは、それだけでは生活が不安定なために補助的ネットワークが必要不可欠という関係になるだろう。これら二つのネットワークの間には相補性があり、どちらか片方が欠けても都市社会全体は成り立たないという構造として把握することができる。

大災害が連続した場合、豪商を中核とするネットワークは、居町とその周辺の住民や出入の商職人への施行として機能し続ける。しかし、前述の補助的ネットワークは十分には機能せず、災害によって住居が破壊されたり、生活費を稼ぐ人が死亡したり、あるいは災害の有無にかかわらず職を失ったりすると、たちどころに生活が成り立たなくなる人びとが多数生じると把握することができるだろう。

安政期連続複合災害のもとで、社会全体としては不況に陥っていた。そのなかでも、豪商は素早い営業再開と、居宅や店の再建がみられた。一般的な商家の再建は順調ではないため、氏子町という集団として参加する天下祭などの祭礼は縮小開催された。

一方、巨大寺院の再建は、資金調達の過程で軋轢を生じさせつつも早かった。そこでは豪商を中心とした資金力と教団や講集団の組織力と信仰心が貢献した。一般的な寺社はそれよりも遅い傾向があったと想定しているが、とくに本章で紹介した椙森稲荷の場合は、純粋な自然現象である地震と台風、さらに人為性の高い災害である大火とパンデミックの連続複合災害のすべてに被災したために、次第に自力での復旧が難しくなっていった様子がみて取れる。さらに底辺の人びとは住居を失い、はなはだしい場合は自殺や行倒れに至っている。

こうしてみると、安政期江戸の都市社会は全体として決してある時点で復興したということはできない。復興しないまま、安政六年六月開港後の大きな変動の時代に突入していくのである。

〔参考文献〕

石神裕之「自然改造の結果としての都市空間・江戸」渡辺浩一、マシュー・デービス編『近世都市の常態と非常態―人為的自然環境と災害―』勉誠出版、二〇二〇年
岩淵令治「近世中・後期江戸の「家守の町中」の実像」五味文彦・吉田伸之編『都市と商人・芸能民』山川出版社、一九九三年
菊池勇夫『非常非命の歴史学』校倉書房、二〇一七年
岸川雅範『江戸天下祭の研究』岩田書院、二〇一七年
北原糸子『地震の社会史―安政大地震と民衆―』吉川弘文館、二〇一三年
近世史料研究会編『江戸町触集成』一七、塙書房、二〇〇二年

高橋　敏『幕末狂乱―コレラがやって来た！―』朝日選書、二〇〇五年
滝口正哉『江戸の祭礼と寺社文化』同成社、二〇一八年
竹ノ内雅人「江戸の神社と都市社会」校倉書房、二〇一六年
東京大学地震研究所編『新収日本地震史料』五巻〈別巻二―一〉日本電気協会、一九八五年
東京都中央区教育委員会編『中央区文化財調査報告書第四集　椙森神社文書』一九九六年
富澤達三『錦絵のちから』文生出版、二〇〇四年
内閣府中央防災会議編『一八五五安政江戸大地震』二〇〇四年
西田幸夫『考証江戸の火災は被害が少なかったのか？―歴史と工学からわかる都市の安全―』住宅新報社、二〇〇六年
林　玲子『江戸問屋仲間の研究』お茶の水書房、一九六七年
平野淳平・財城真寿美「一八五八（安政三）年東日本台風経路の復元」渡辺浩一、マシュー・デービス編『近世都市の常態と非常態―人為的自然環境と災害―』勉誠出版、二〇二〇年
平野弥十郎『平野弥十郎幕末・維新日記』北海道大学図書刊行会、二〇〇〇年
松田磐余「江戸の地盤と安政地震」『京都歴史災害研究』五、二〇〇六年
松本良太『武家奉公人と都市社会』校倉書房、二〇一七年
山本俊一『日本コレラ史』東京大学出版会、一九八二年
吉田伸之『近世巨大都市の社会構造』東京大学出版会、一九九一年
吉田伸之「安政江戸大震災と浅草寺寺院社会」『年報都市史研究』二〇、二〇一三年
吉原健一郎「江戸火災年表」西山松之助編『江戸町人の研究』五、吉川弘文館、一九七八年
渡辺浩一「江戸における巨大寺院の復興と講中―築地本願寺の場合―」国文学研究資料館・高麗大学編『アジア遊学二五五　東アジアにおける知の往還』勉誠出版、二〇二一年

渡辺浩一『近世都市〈江戸〉の水害―災害史から環境史へ―』吉川弘文館、二〇二二年
渡辺浩一「安政期連続複合災害期の江戸と天下祭」『国史談話会雑誌』六三、二〇二三年

執筆者紹介（生年／現職）―執筆順

志村　洋（しむら　ひろし）　→別掲
岩淵令治（いわぶち　れいじ）　→別掲
萬代　悠（まんだい　ゆう）　一九八七年／公益財団法人三井文庫研究員
小酒井大悟（こさかい　だいご）　一九七七年／東京都江戸東京博物館学芸員
東　幸代（あずま　さちよ）　一九七一年／滋賀県立大学人間文化学部教授
岩城卓二（いわき　たくじ）　一九六三年／京都大学人文科学研究所教授
髙橋元貴（たかはし　げんき）　一九八六年／金沢工業大学講師
酒井一輔（さかい　かずほ）　一九八六年／東北大学大学院経済学研究科准教授
渡辺浩一（わたなべ　こういち）　一九五九年／人間文化研究機構国文学研究資料館教授

編者略歴

岩淵令治

一九六六年、東京都に生まれる

一九九六年、東京大学大学院人文社会系研究科博士課程単位取得退学

現在、学習院女子大学国際文化交流学部教授、博士（文学）

〔主要著書〕

『江戸武家地の研究』（塙書房、二〇〇四年）

『史跡で読む日本の歴史九　江戸の都市と文化』（吉川弘文館、二〇一〇年）

志村　洋

一九六四年、東京都に生まれる

一九九五年、東京大学大学院人文社会系研究科博士課程単位取得中退

現在、関西学院大学文学部教授

〔主要論文〕

「幕末期松本藩組合所と大庄屋「惣代庄屋」」（久留島浩・吉田伸之編『近世の社会的権力』山川出版社、一九九六年）

「地域社会の変容―幕末の「強情者」と寺領社会―」（藤田覚編『日本の時代史一七　近代の胎動』吉川弘文館、二〇〇三年）

日本近世史を見通す4

地域からみる近世社会

二〇二三年（令和五）十二月一日　第一刷発行

編　者　岩《いわ》淵《ぶち》令《れい》治《じ》
　　　　志《し》村《むら》洋《ひろし》

発行者　吉川道郎

発行所　株式会社　吉川弘文館

郵便番号一一三―〇〇三三
東京都文京区本郷七丁目二番八号
電話〇三―三八一三―九一五一〈代〉
振替口座〇〇一〇〇―五―二四四番
http://www.yoshikawa-k.co.jp/

印刷＝株式会社 理想社
製本＝株式会社 ブックアート
装幀＝右澤康之

ISBN978-4-642-06887-1

日本近世史を見通す

全7巻

1 列島の平和と統合　近世前期＊
牧原成征・村　和明編

2 伝統と改革の時代　近世中期
村　和明・吉村雅美編

3 体制危機の到来　近世後期
荒木裕行・小野　将編

4 地域からみる近世社会＊
岩淵令治・志村　洋編

5 身分社会の生き方＊
多和田雅保・牧原成征編

6 宗教・思想・文化＊
上野大輔・小林准士編

7 近世史の課題　討論（仮題）
小野　将ほか編

本体各２８００円（税別）　＊は既刊

吉川弘文館